KALIFORNIEN

Inhalt

Autor: Daniel Mangin und Clark Norton
Aktualisierung: Julie Jares

Redaktion: Sandy Draper
Design: Alison Fenton
Redaktion der Reihe: Karen Rigden
Design der Reihe: Catherine Murray
Übersetzung Magazin: Joachim Nagel
Redaktion der Übersetzung: Dagmar Lutz

© MAIRDUMONT GmbH & Co. KG, Ostfildern,
4., aktualisierte Auflage 2012

„National Geographic" ist eine eingetragene Marke der
National Geographic Society. Deutsche Ausgabe lizenziert durch
National Geographic Deutschland
(G+J/RBA GmbH & Co. KG), Hamburg 2008
www.nationalgeographic.de

Original 4th English Edition
© AA Media Limited
Kartografie: © AA Media Limited 2011
Maps in this title produced from mapping
© MAIRDUMONT/Falk Verlag 2011
(außer S. 72, 184–185, 187)
Transport map: © Communicarta Ltd, UK

Covergestaltung und Art der Bindung
mit freundlicher Genehmigung von AA Publishing

Herausgegeben von AA Publishing, einem Unternehmen der
AA Media Limited, Fanum House,
Basing View, Basingstoke, Hampshire RG21 4EA, UK
Handelsregister Nr. 06112600.

Farbauszug: AA Digital Department
Druck und Bindung: Leo Paper Products, China

A04669

Das Magazin

Zu einem tollen Urlaub gehört mehr als genüssliches Faulenzen oder Shoppen bis zum Umfallen – damit die Reise sich wirklich lohnt, muss man das Besondere seines Ziels kennen und schätzen. Das Magazin gibt einen unterhaltsamen Überblick über die gesellschaftlichen, kulturellen und geografischen Zusammenhänge, die dieser Region ihren besonderen Zauber verleihen.

Klischee Kalifornien?

Sonnengebräunte Blondinen am Pool, Film-Stars in Luxus-Cabrios, Palmen, Summer of Love – das ist Kalifornien? So kann es tatsächlich sein, doch birgt es jenseits solcher Klischees viel Interessanteres, als mancher vermutet.

Was stimmt denn nun? Einerseits wurde Kalifornien im 20. Jahrhundert zum Inbegriff schneller Autos, schillernder Stars, gewagter Mode, Schönheitschirurgie und seltsamer Kulte – ein scheinbarer Sieg des Oberflächlichen auf breiter Front, den Woody Allen in einem frühen Film so kommentierte: »Mit jedem Jahr, das man dort verbringt, büßt man zehn Punkte seines IQ ein«.

Andererseits geht es hier, trotz leichtlebigen Anscheins, seit 150 Jahren um ernsthafte Dinge – wie Bergbau, Ackerbau, Eisenbahn, Filmindustrie, Ölgewinnung, Waffenhandel und technische Innovationen. Bei allem, was seine Einwohnerschaft erreicht hat (achtgrößte Wirtschaftsmacht der Welt, mit 13 Prozent des US-Inlandsproduktes), wundert man sich, wo sie überhaupt die Zeit hernimmt, sich am Strand zu vergnügen.

»Kalifornier sind ein fauler, verschwenderischer Verein, der nichts zu Stande bringt«, giftete der Politiker und Schriftsteller Richard Henry Dana Jr. 1840 in seinem Roman *Two Years before the Mast* (»Zwei Jahre vorm Mast«). Hundert Jahre früher, vor der systematischen spanischen Kolonisation, hätte der Spötter von der Ostküste sich über die Selbstgenügsamkeit der hiesigen Indianer gewundert. Und rund ein Jahrzehnt

»ernsthafte Geschäfte trotz des lockeren Scheins«

später, auf dem Gipfel des Goldrauschs, hätte er erlebt, wie dort helle Köpfe aus aller Welt enormen Unternehmungsgeist entfalteten – drei verschiedene Kalifornien in nur hundert Jahren!

Kreativität und Vielfalt

Mächtig und facettenreich präsentiert sich Kalifornien heute: Es ist einziger US-Bundesstaat (auf dem Kontinent) mit über 50 Prozent nicht weißer Bevölkerung und wohl permanent bereit zum Risiko. Seit die ersten Entdecker aus Asien hier 20 000 Jahre vor Christi Geburt landeten, wurde es immer wieder zum Ziel von Pionieren unterschiedlicher Kulturen – was mitunter zu Konflikten führte, doch trug stets der Geist der Koexistenz den Sieg davon.

Nicht zufällig sind Leute wie George Lucas und Steven Spielberg hier daheim sowie Pixar und Apple. Kalifornien ist oft auch Brutstätte sozialreformerischer Initiativen, und so hat man im Sonnenstaat gar keine Zeit für Klischees und ist stets damit beschäftigt, das nächste große Ding zu landen.

Seite 5: Surfer am Pacific Coast Highway
Unten: Die Golden Gate Bridge vor der Skyline San Franciscos

KINO IN PERFEKTION

Schon vor hundert Jahren entdeckten Filmemacher Kalifornien als idealen Drehort: Vor allem rund um Los Angeles gab es Sonne satt über einer reizvollen Landschaft, und die Grundstückspreise bewegten sich auf akzeptablem Niveau.

Hollywood selbst war noch ländliches Idyll, als der New Yorker Regisseur D. W. Griffith 1910 den ersten Film hier drehte: *In Old California*. Griffith wurde so zu einem der »Erfinder« Hollywoods und siedelte 1915 auch die Produktion des ersten Blockbusters der Filmgeschichte dort an, das gewaltige Epos *Die Geburt einer Nation*. Es markierte den Beginn des US-Kinos in großem Stil.

> »Allein 150 Filme entstanden im Red Rock Canyon«

Kaliforniens Qualitäten als Drehort sprachen sich schnell herum, und manche Scheune bei Hollywood verwandelte sich flugs in ein Filmstudio. Weit im Westen des Kontinents war man auch sicherer vor den Häschern der Edison-Company, die seinerzeit das Patent auf Filmmaterial besaß und Verstöße dagegen gnadenlos verfolgte. Deshalb ließ sich auch Carl Laemmle als deutscher Mitbegründer der Film-Metropole 1913 mit den Universal Studios hier nieder.

Natürliche Kulisse

Fortan bildete die Landschaft Kaliforniens die Kulisse für Filme unterschiedlichster Art, repräsentierte 1923 sogar das antike Ägypten, als die Regie-Größe Cecil B. DeMille in den Nipomo-Dünen im San Luis Obispo County das Set für seinen Monumentalfilm *Die zehn Gebote* bauen ließ. Drehorte für Western wurden naturgemäß auch viele kalifornische Ranches, die teilweise allerdings auch als andere Schauplätze herhielten, wie die tausend Hektar große Paramount Ranch in den Santa Monica Mountains, die nach dem Verkauf 1927 (als der Tonfilm erfunden wurde) abwechselnd das alte China, das koloniale Massachusetts und sogar San Francisco darstellte. Wichtige Szenerien wurden auch die Nationalparks des Staates – so ent-

Malibu Beach, Set vieler Hollywood-Produktionen

standen allein 150 Filme im Red Rock Canyon State Park, mit seiner
spektakulären Fels- und Wüstenlandschaft, darunter 1993 *Jurassic Park*.
Manchmal erscheint die Natur indes wohl nicht ausreichend: Bei dem Film
Für eine Handvoll Geld (1952) mit Kirk Douglas trimmte man die Redwood-
Riesen im Humboldt County auf ein »realistischeres« Aussehen.

Nabel der Filmwelt

Bis auf Paramount sind die großen Studios inzwischen von Hollywood in
andere Gegenden von L. A. umgezogen – es gibt einen Radius von rund
50 km um Hollywood, wo täglich an die 150 Filme, Fernseh-Shows, Re-
klame-Spots und Musik-Videos gedreht werden. Und obwohl Los Angeles
als Film-Metropole an Boden verloren hat etwa gegenüber Marin County
(wo George Lucas residiert), New Mexico und Kanada, bleibt es der Nabel
der Filmwelt Nordamerikas: Mehr als die Hälfte der weltweit verkauften
Kinokarten gehen nach wie vor auf sein Konto.

Insgesamt hat die Bay Area filmisch an Bedeutung gewonnen, seit
Apple-Chef Steve Jobs 1986 die Computer-Grafik-Abteilung von Lucasfilm
erwarb und in Emeryville bei Oakland die Pixar Animation Studios gründete
(seit 1991 zu Disney gehörig). Dort entstanden legendäre Streifen wie *Toy
Story* (1995) und *Bolt – ein Hund für alle Fälle* (2008).

BIG BUSINESS

Rund 250 000 Südkalifornier sind in der Unterhaltungsbranche beschäftigt,
weitere 50 000 auf verwandten Gebieten. Dieser Wirtschaftszweig trägt jährlich gut 30 Milliarden Dollar zum kalifornischen Inlandsprodukt bei.

ERNEUERER DER BRANCHE

Als Produzent und Regisseur von Welterfolgen wie *Krieg der Sterne* oder *Indiana Jones* ist George Lucas eine Hollywood-Ikone par excellence, wobei der Eigenbrötler immer gerne auf Konfrontationskurs mit dem Studio-System ging und ihm neue Wege aufzeigte. Nach einem Studium an der California School of Cinematic Arts in Los Angeles kehrte Lucas heim nach Nordkalifornien und drehte dort (vorwiegend in San Rafael) 1973 seinen ersten Kassenschlager *American Graffiti* über Freuden und Sorgen einer Clique autobesessener Jugendlicher im Jahre 1962.

Ungeachtet dieses Erfolges hatte Lucas anschließend erkleckliche Mühe, Hollywood-Produzenten für sein nächstes Projekt, das Weltraum-Epos *Krieg der Sterne*, zu interessieren – es lief darauf hinaus, dass er auf seine Gage als Regisseur verzichtete zugunsten der Vermarktungsrechte. Dies erwies sich, angesichts des immensen Publikumsechos, als glänzender Coup, der ihm ein Vermögen und künftige Unabhängigkeit von Hollywood bescherte.

Innovativ wirkte Lucas vor allem durch seinen Ehrgeiz, dem Film neue Dimensionen der Trick-Technik zu erschließen. 1975 gründete er das Special-Effects-Unternehmen Industrial Light and Magic, das mit Skywalker Sound und THX für den ersten Teil von *Star Wars* 1977 gleich zwei Oscars gewann. Das Firmenkonsortium von Lucas residiert heute auf der 19 km² großen Skywalker Ranch in Marin County, und es ist wesentlich ihm zu verdanken, dass sich die San Francisco Bay Area als drittes Zentrum des US-Films neben L. A. und New York etablieren konnte.

SZENERIE DES SCHRECKENS

»Leute zu Tode zu erschrecken« sei seine vornehmste Lebensaufgabe, bekundete einst der Brite Alfred Hitchcock und wählte als Schauplatz hierfür häufig die sonnigen Gefilde Kaliforniens. So kommt man bei der Tour durch die Universal Studios (P132) am Bates Motel aus *Psycho* vorbei, und zwei seiner beklemmendsten Filme spielen im Sonoma County: In *Im Schatten des Zweifels* (1943) spielt Teresa Wright eine junge Frau aus Santa Rosa, die entsetzt feststellt, dass ihr Onkel (Joseph Cotten) ein Mörder ist. Den Schocker *Die Vögel* drehte der Altmeister des Schreckens in Bodega Bay (sowie Bodega selbst, Bloomfield und Valley Ford) und verwandelte die dortige Kleinstadt-Idylle durch fliegende Bestien in eine Hölle auf Erden.

Sein Meisterwerk *Vertigo* wiederum wirkt wie eine Postkarte von San Francisco der späten 1950er-Jahre. Logieren Sie doch mal im Empire Hotel auf dem Nob Hill, wo James Stewart zufällig Kim Novak begegnet! Heute heißt es allerdings anders – als Reverenz an seinen Hollywood-Ruhm wurde es umbenannt in Hotel Vertigo.

GOLD RUSH

WIE DAS GOLD KALIFORNIEN VERÄNDERTE

»Ein komischer Stein, der macht uns sicher Ärger«, soll James Marshall geäußert haben, als er am 24. Januar 1848 einen seiner Vermutung nach goldhaltigen Brocken Erz entdeckte. Er sollte mit beidem Recht behalten. Schon bald setzte der Ansturm auf den Fundort östlich von Sacramento ein.

Als erste verfielen Kalifornier selbst dem Goldfieber, als ihnen klar wurde, dass ihnen gegenüber dem Rest der Welt nur wenige Monate Vorsprung blieben. Seeleute ließen ihre Schiffe, Bauern ihre Ernte im Stich. »Jeder Hafen bis San Diego, jede Stadt und fast jede Ranch ist plötzlich entvölkert«, berichtete 1848 der *California Star*.

Als US-Präsident James Polk im Dezember 1848 die Gerüchte von Goldfunden in Kalifornien bestätigte, begannen die Bewohner der Oststaaten auf zwei strapaziösen Routen gen Westen zu ziehen. Entweder fast 5000 km über Land durch Steppe, Gebirge und Wüste oder auf dem Seeweg nach Panama, über die Landenge an die Westküste (der Kanal existierte noch nicht) und von dort auf dem Seeweg nach San Francisco.

Invasion der »Forty-Niners«

Noch 1847 lebten in San Francisco keine tausend Menschen – doch Ende 1849 waren es bereits über 30 000, als im Sog des Goldrauschs die »Forty-Niners« Kalifornien überschwemmten und neue Siedlungen gründeten. Dabei winkte das Glück eines Goldfundes, wenn überhaupt, oft erst nach Monaten harter Arbeit, obendrein herrschte mangels Gesetzeshütern Dieberei allerorten. Wurde einmal durchgegriffen, dann geschah es ohne Gnade: Lynchjustiz durch Bürgerwehren war an der Tagesordnung.

Da Goldgräber von außerhalb planten heimzukehren, sobald ihr Glück gemacht war, ließen sie ihre Familien daheim. So waren Frauen Mangelware – nur für einen Blick auf seine Braut soll etwa jemand fünf Dollar verlangt und vielfach auch bekommen haben! Ein Bombengeschäft machten daraufhin die in Scharen einfallenden Prostituierten, deren Reihen sich indes auch lichteten durch Krankheit und miserable Lebensverhältnisse.

Vermächtnis des Goldes

Der Goldrausch veränderte Kalifornien auf immer, und dies nicht nur zum Besten – rücksichtsloser Abbau verwüstete die Umwelt, und Indianer wurden vielfach Opfer von Landraub. Zugleich jedoch förderte die ungezwungene Atmosphäre in Goldgräbercamps und Städten wie San Francisco einen allgemeinen Aufschwung liberaler Gesinnung. In Kalifornien war es nun erlaubt, auch einmal zu scheitern. Eben hierauf führen manche Historiker den Unternehmergeist zurück, dem sich der Wandel des rückständigen *Golden State* zu einer Wirtschaftsmacht verdankt.

James Marshalls Goldfund (links) zog Tausende Glücksritter an (rechts)

Frisch auf den Tisch

»Sag mir, was Du isst, und ich sage Dir, wer Du bist«, lautet eine berühmte Sentenz des französischen Gastrosophen Jean Anthelme Brillat-Savarin von 1826. Beim Blick auf Amerika hätte es ihn in den vergangenen hundert Jahren geschaudert, angesichts von Fast Food und Fertiggerichten, die bis Ende der 1970er auch in Kalifornien dominierten.

Damals ereignete sich im kulinarischen Bereich eine Art seismischer Erschütterung, als die California Cuisine auf den Plan trat mit dem Prinzip »farm to table«: frische Zutaten aus heimischer Produktion, das heißt von Bauern, Gärtnern und Fischern der Umgebung – wobei man im fruchtbaren Küstenstaat aus dem Vollen schöpfen konnte, auch hinsichtlich seiner ethnisch hoch differenzierten Bevölkerung.

Lokales und Internationales

Im Zuge dieser Entwicklung etablierten sich Restaurants des Spitzenklasse, Wolfgang Pucks Ma Maison (später Spago) oder das Chez Panisse (➤ 64) von Jeremiah Tower und Alice Waters in Berkeley. Wer auf sich hält, folgt jenem Trend auch auf der anderen Seite des Kontinents – so richtete First Lady Michelle Obama 2009 auf dem Grund des Weißen Hauses einen Nutz- und Kräutergarten ein.

Die neuen Restaurantchefs setzen frische Maßstäbe in der amerikanischen Haute Cuisine, indem sie von den schweren, butter- und sahne-

Die Okura Sushi Bar in Palm Springs (oben). Alice Water propagierte lokale Produkte (unten). Traubenernte im Napa Valley (gegenüber)

»ESSEN AUF RÄDERN«

Bei den Kaliforniern in Mode gekommen ist Essen unterwegs – dieses Mal nicht im Sinne von Take-away-Food: Denn hier kommt das Restaurant zum Kunden! So gibt es in Los Angeles den Border Grill Taco Truck (www.border-grill.com) der Köchinnen Mary Sue Milliken und Susan Feniger, und der LA FuXion Truck (http://lafuxion.com) mischt bei seinen Gerichten Einflüsse aus Korea, China, Japan und Lateinamerika.

In San Francisco liefert die berühmte Tamale Lady Bars im Mission District ihre hausgemachten Tamales. Wenn man sie nicht im Zeitgeist (199 Valencia Street) erwischt, folgt man ihr halt auf Twitter (@SFTamaleLady).

---

lastigen Gerichten eines (oft missverstandenen) französischen Vorbilds Abstand nahmen zugunsten einer leichteren California Cuisine, die Anregungen aus Ursprungsländern der Einwohnerschaft des Staates vielfältig aufnahm und etwa asiatische, lateinamerikanische und mediterrane Akzente integrierte.

Weinkultur

Mit dem Interesse an guten Lebensmitteln und deren schmackhafter Zubereitung wuchs in Amerika auch dasjenige am Wein, wobei Kalifornien erneut begünstigt war durch Klima, Topografie und Terroirs. So entstanden entlang der Zentralküste, vor allem aber in Napa und Sonoma Valley Hunderte von Weingütern, und der Handel mit kalifornischem Rebensaft wurde zum internationalen Geschäft im großen Stil.

Nach Erhebung des Wine Institute wird nur in Frankreich, Italien und Spanien mehr Wein hergestellt als in Kalifornien, das 90 Prozent der gesamten US-Produktion abdeckt. (Den höchsten Pro-Kopf-Verbrauch verzeichnet man allerdings nicht hier, sondern im District of Columbia um Washington!) Vielleicht ist das ja auf den gesundheitsbewussten Lebensstil der Kalifornier zurückzuführen: Ein kleines Glas Wein enthält immerhin bis zu 125 Kalorien … Vielleicht lernt man ja bei den Jüngern Brillat-Savarins.

> »beste Zutaten aus heimischer Produktion«

GEISTERSTÄDTE

Kalifornien erfindet sich so häufig neu, dass seine Vergangenheit zuweilen aus dem Blick gerät – nicht so in den Geisterstädten, Freilichtmuseen, die ihre Geschichte zu erzählen haben.

Indianerdorf von Ahwahnee

Die Miwok-Indianer, 4000 Jahre im Yosemite Valley ansässig, widersetzten sich Anfang der 1850er-Jahre vehement, aber erfolglos der Invasion von Goldgräbern. Innerhalb eines Jahrhunderts war der Stamm so gut wie verschwunden, und nur ein Museumsdorf im Yosemite National Park erinnert noch an ihn, unter anderem mit einem Rundhaus für religiöse Zeremonien.

✉ Hinter dem Yosemite Valley Visitor Center ☎ 209/372-0200; www.nps.gov/yose/index.htm

Mission La Pur'sima Concepción

Franziskaner gründeten 1787 die Mission in dieser heute noch einsamen Gegend rund 90 km nördlich von Santa Barbara. Das Museum zeigt anschaulich das Alltagsleben von Siedlern und Ureinwohnern.

✉ Mission Gate Road, neben Highway 246 (westl. US 101, östl. Highway 1) ☎ (805) 733-3713; www.lapurisimamission.org ⊕ tägl. 9–17 Uhr; geschl. 1. Jan., Thanksgiving, 25. Dez. ✋ preiswert

Fort Ross Historic Park

Russlands kurzer Vorstoß nach Kalifornien fand 1812 seinen Höhepunkt in der Gründung dieses Forts, das vorwiegend als Stützpunkt für Trapper diente – um 1821 hatten die Russen den hiesigen Bestand an Seeottern beinahe ausgerottet. John Sutter, bei dessen Mühle in der Sierra Nevada man 1848 Gold fand, erwarb das Fort in den frühen 1840ern und verbrachte den Großteil des Inventars nach Sacramento.

✉ 19005 Coast Highway 1, Jenner ☎ 707) 847-3286; www.parks.ca.gov ⊕ Fr–So 10–16.30 Uhr, auch am Memorial Day ✋ preiswert

Malakoff Diggins Historic Park

Goldminen-Betreiber griffen oft zu rücksichtslosen Mitteln wie dem hydraulischen Bergbau, wobei Hügel unter hohem Druck mit Wasser bespritzt wurden, um Gold und andere Erze freizulegen. Hier sind solche Schäden heute noch sichtbar und zugleich die verblüffende Regenerations-

Mission La Pur'sima Concepc'on (links). Fort Ross (Mitte). Geisterstadt Bodie (rechts)

kraft der Natur. Im nahen North Bloomfield kann man Restaurationen von Drugstore, Gemischtwarenladen und Rathaus besichtigen.

✉ Von Nevada City die Tyler-Foote Crossing Road in nördlicher Richtung zur Lake City Road in östlicher Richtung ☎ (530) 265-2740; www.parks.ca.gov ⊙ Park: tägl. von Sonnenauf- bis -untergang. Museum: Ende Mai–Anfang Sept. tägl. 9–17 Uhr, sonst Sa, So 12–16 Uhr ✋ preiswert

Bodie Ghost Town State Historic Park

Ende des 19. Jahrhunderts galt Bodie (2552 m) auf den Höhen der Sierra Nevada als eines der wildesten Goldgräbercamps des ganzen Westens: Schurken, Sauwetter und Fusel bestimmten hier das Bild. In einem kleinen Museum kann man heute Goldgräberhütten, Schule, Läden, Schächte und Kirche besichtigen. Im Sommer finden täglich Führungen statt.

✉ Highway 270 (die letzten 5 km unbefestigt), östlich der US 395 ☎ (760) 647-6445; www.parks.ca.gov ⊙ Park: Ende Mai–Mitte Sept. tägl. 9–18 Uhr, im Winter kürzer; Museum: Mai–Okt. tägl. 9–17 Uhr, Rest des Jahres häufig geschlossen ✋ preiswert

Colonel Allen Allensworth State Historic Park

Unter den Glückrittern, die nach Westen zogen, fanden sich auch Afroamerikaner wie Colonel Allen Allensworth, der 1908 die nach ihm benannte Stadt mitgründete. Der Bürgerkriegsveteran und Militärpriester hoffte hierdurch einen Beitrag zur wirtschaftlichen Selbstständigkeit dieser Volksgruppe zu leisten. Nach anfänglicher Blüte erlebte die Stadt vor allem durch die Weltwirtschaftskrise ihren Niedergang. Zu Ehren ihres Gründers jedoch wird sie heute wieder restauriert.

✉ Highway 43 (72 km nördlich von Bakersfield) ☎ (661) 849-3433; www.parks.ca.gov ⊙ Fr–So 9–17 Uhr

Künstler-BIOTOPE

Die schöne Landschaft und die Gastfreundlichkeit seiner Einwohner machten Kalifornien seit jeher zu einem Paradies für unkonventionelle Schriftsteller und Künstler aller Art.

Ansel Adams (1902–84)

Als Bub brach sich der berühmte Fotograf während des Erdbebens von 1906 in San Francisco die Nase, was ihn später wohl bewog, Phänomene der Natur aus der Nähe zu betrachten. Mit Edward Weston und Imogen Cunningham gehörte er zur nordkalifornischen Group f/64, die bekannt wurde durch ihre höchst realistischen Fotos in Schwarz-Weiß.

■ Bilder von Adams sind in vielen Museen ausgestellt, seine landschaftlichen Lieblingsmotive in Yosemite (➤ 84–87) zu sehen.

Raymond Chandler (1888–1959)

Vamps, Schläger, Verlierer und korrupte Reiche liefern sich interessante Scharmützel in den sarkastischen Detektivromanen Chandlers, die die Schattenseiten Südkaliforniens in den 1940ern aufzeigen.

■ Als Einstieg in sein Werk empfehlen sich *Der tiefe Schlaf* und *Leb wohl, mein Liebling*, dessen »Bay City« eigentlich Santa Monica (➤ 136) ist.

Richard Diebenkorn (1922–93)

Jazz, klassische Musik, Henri Matisse, W. B. Yeats, Abstrakter Expressionismus und die strahlende Sonne Kaliforniens inspirierten neben anderem das Werk des Malers.

■ Seine Bilder sind im SFMOMA (➤ 49) sowie dem L. A. County Museum of Art (➤ 137) zu sehen.

Jack Kerouac (1922–69)

Ein zentraler Schauplatz in Kerouacs Erfolgsroman *Unterwegs* (1967) ist San Francisco, wo er (wie Allen Ginsberg, Neal Cassady, Gregory Corso, Bob Kaufman und Gary Snyder), in den 1950ern zum Kreis der »Beat Generation« in North Beach gehörte.

■ Seine Kneipe: Vesuvio (255 Columbus Ave, nahe Jack Kerouac Alley).

Ansel Adams wurde berühmt mit ausdrucksvollen Landschaftsfotos

Julia Morgan (1872–1957)

Vormals erste weibliche Studentin ihres Faches an der École des Beaux
Arts in Paris, eröffnete sie als erste Frau in Kalifornien ein Architekturbüro
und erhielt in San Francisco nach dem Erdbeben von 1906 zahlreiche
Aufträge. In 40 Jahren entwarf sie über 700 Gebäude, die meisten in
ihrem Heimatstaat.

■ Hearst Castle (► 106f) entstand nach ihrem Entwurf als private
»Ranch« für William Randolph Hearst in San Simeon.
■ Besuchen Sie in San Francisco auch das Chinese Historical Society of
America Museum (ehemals YWCA) in 965 Clay Street (► 47).

John Steinbeck (1902–68)

Das heimatliche Kalifornien ist meist Schauplatz der Romane und Erzäh-
lungen des Autors aus Salinas, der nach unsteter Wanderzeit seine letzten
Lebensjahre in England und auf Long Island verbrachte. In *Früchte des
Zorns* beschrieb er das Leben von Wanderarbeitern im Central Valley, in
Straße der Ölsardinen die Fischindustrie in Monterey.

■ Gedenkstätte des Autors in Salinas (10 km von Monterey) ist das National
Steinbeck Center.

Frank Lloyd Wright (1869–1959)

Der weltweit tätige, revolutionäre Architekt aus Wisconsin wird in den
USA vorwiegend mit dem Mittelwesten verbunden, obschon er Bauwerke
in 35 Bundesstaaten schuf – Dutzende allein in Kalifornien, von denen
über 30 erhalten sind.

■ Hollyhock House im Barnsdall Park von Hollywood entstand in den
1920ern für die Öl-Erbin Aline Barnsdall (heute Kunstmuseum).
■ Interessant in Palo Alto ist das Honeycomb House (»Honigwabenhaus«) –
so genannt wegen seiner Sechseckform.

Schriftsteller John Steinbeck (links) und Architekt Frank Lloyd Wright (rechts)

Michael Connelly (*1956)

Vielen gilt er als bester Krimimalautor Kaliforniens und würdiger Erbe Chandlers – obwohl er nun in Florida lebt, recherchiert er stets akribisch an Ort und Stelle für seine meist in L. A. spielenden Romane und knüpft damit an frühere Zeiten als Polizeireporter der *L. A. Times* an.

- Mit *Angels Flight* (dt. *Schwarze Engel*) präsentierte er zugleich ein Stück Stadtgeschichte von Los Angeles: So nannte sich eine Drahtseilbahn zwischen Downtown und Bunker Hill.
- Connellys Detektiv Hieronymus »Harry« Bosch wohnt mit herrlichem Blick in den Hollywood Hills. Wenn man dort oben herumfährt, spürt man etwas von der Atmosphäre seiner Lebenswelt.

Joan Didion (*1934)

Die Zwiespältigkeit des kalifornischen Traums tritt in den Essays und Geschichten der Witwe des Schriftstellers John Gregory Dunne häufig zutage, am deutlichsten in *Spiel dein Spiel*, einem Roman über Entfremdung in L. A.

- Protagonistin von *Play It as It Lays* (so der Originaltitel) ist eine frustrierte Nebendarstellerin in Hollywood.

Frank Gehry (*1929)

Der als Sohn polnisch-jüdischer Eltern in Toronto geborene Pritzker-Preisträger (eigtl. Ephraim Owen Goldberg) ist seit langem in L. A. ansässig, allerdings viel unterwegs aufgrund internationaler Aufträge, wie des Guggenheim in Bilbao und der Hafengebäude in Düsseldorf.

- In Los Angeles baute er u. a. die Walt Disney Concert Hall (▶ 137) und die Loyola Law School (9th Street/Olympic Boulevard).
- Auch das »Fernrohr-Gebäude« 340 Main Street in Venice (▶ 136f), mit Skulptur von Claes Oldenburg, stammt von Gehry.

Architekt Frank Gehry (links) und Bestseller-Autorin Amy Tan (rechts)

Walter Mosley (*1952)

Aus South Central L. A. gebürtig, beschreibt der Autor in Kriminalromanen wie *Teufel in Blau* oder *Black Betty* treffsicher das afroamerikanische Milieu im Los Angeles der späten 1940er-Jahre.

Richard Rodriguez (*1944)

In San Francisco geboren, wuchs der Autor (nach eigener Auffassung »komisches Opfer« latino- und angloamerikanischer Kultur) als Sohn mexikanischer Einwanderer in Sacramento auf und avancierte zu einer der provokantesten Stimmen des Kalifornien der Gegenwart.
- In *Days of Obligation: An Argument with My Mexican Father* schildert er, was aus diesen beiden Kulturen lernte.

Amy Tan (*1952)

Im Roman *Töchter des Himmels* verarbeitet die aus Oakland stammende Autorin Erinnerungen ihrer Mutter und deren Freundinnen zu einem Panorama des Lebens chinesisch-stämmiger Einwohner der Bay Area.
- Ein Spaziergang durch die Chinatown (▶ 46f) von San Francisco erhellt manche Aspekte des von Tan thematisierten Immigrantendaseins.

Wayne Thiebaud (*1920)

Als Gebrauchsgrafiker begann der in Long Beach aufgewachsene Thiebaud seine künstlerische Laufbahn. Bekannt wurde er in den 1950ern und 1960ern mit seinen von der Pop-Art geprägten »Americana«-Objekten von Pasteten, Kuchen und Kaugummiautomaten.
- Werke Thiebauds besitzen das Crocker Art Museum in Sacramento und das de Young Museum (▶ 52) in San Francisco.
- Im Dachgartencafé des SFMOMA (▶ 49) können Sie ein »Eat an artist«-Dessert (Thiebaud, Mondrian) bestellen.

Whole Lotta Shakin' Goin' On

KALIFORNIENS »ERSCHÜTTERNDE« GEOLOGIE

In Kalifornien vergehen oft Jahre ohne nennenswerte Erdstöße, und dann ereignen sich Katastrophen (wie 1989 im Norden das Loma-Prieta-Beben mit 7,1 Punkten auf der Richter-Skala oder 1994 im Süden das Northridge-Beben mit 6,7), bei denen Straßen sich auffalten, Häuser und Freeways zusammenbrechen. »Festland« ist hier ein relativer Begriff.

Wie entstehen Erdbeben?

Einfach ausgedrückt folgendermaßen: Die Kontinente ruhen auf Platten der Erdkruste. Kollidieren zwei von ihnen an einer Erdspalte, so entsteht eine Erschütterung, die in unterschiedlicher Stärke auch an der Erdoberfläche zu spüren ist und sie in Bewegung setzt, wobei sich tiefe Risse bilden können.

Zentrum und Epizentrum

Das unterirdischen Punkt, wo sich diese tektonische Kollision ereignet, nennen Seismologen (Hypo-) Zentrum, den genau darüber liegenden an der Erdoberfläche Epizentrum. Je tiefer das Hypozentrum liegt, desto gefährlicher fällt das Beben aus.

Die Richter-Skala

Der Südkalifornier Charles Francis Richter erfand 1935 das nach ihm benannte System zur Messung lokaler Erdbebenstärke, eine Magnituden-skala, die von Seismografen ermittelte Daten in logarhythmischer Einteilung widerspiegelt, das heißt: Ein Erdbeben der Stärke 7,0 ist, was seine Erschütterungskraft angeht, 31-mal stärker als eines von 6,0 und mehr als 900-mal stärker als eines von 5,0.

San Francisco 1906

Das große Erdbeben von 1906 war laut Richter-Skala auf eine Stärke von 8,3 einzustufen. Damals verschob sich ein 400 Kilometer langer Abschnitt der San-Andreas-Spalte binnen Sekunden um 6,5 Meter. 700 Menschen kamen zu Tode, der Sachschaden betrug über 400 Millionen Dollar. Ein Großteil des Schadens rührte dabei nicht vom Beben selbst, sondern den Feuern, die durch geborstene Gasleitungen entstanden und schwer unter Kontrolle zu bringen waren.

Die Erde bebt weiter

Beim Northridge-Beben nahe Los Angeles im Jahre 1994 waren 57 Tote und über 1500 Schwerverletzte zu beklagen, womit es größeren Schaden als alle anderen Erdbeben in den USA seit 1906 verursachte. In den drei Wochen nach der ersten Erschütterung wurden fast 3000 Nachbeben registriert. Seitdem ist es in Kalifornien einigermaßen ruhig geblieben, doch kein Seismologe vermag vorherzusagen, wann die nächste richtige Katastrophe zu erwarten ist.

Was tun, wenn es losgeht?

Wenn die Erde bebt, sofort Schutz suchen unter einem Türrahmen, Tisch oder anderen Möbelstück. Arme über den Kopf, fernhalten von Glas, Fenstern und Beleuchtungskörpern. Nicht ins Freie fliehen – dort kann man von herabstürzenden Objekten erschlagen werden.

Das Beben von 1906 riss tiefe Spalten in die Straßen und zerstörte San Francisco

CALIFORNIA
Dreaming ... and Singing

Surf Rock, Psychedelic Rock, Folk Rock, Punk Rock, Indie Rock, Hip-hop: Musikalisch spielt Kalifornien seit jeher auf der gesamten Klaviatur der Pop-Musik.

Musiker aus Kalifornien haben immer wieder ihre Heimat zum Thema ihrer Songs gemacht, allen voran Mitte der 1960er die Beach Boys, deren Hits – wie *Surfin' USA*, *I Get Around*, *Good Vibrations* – als wahre Quintessenz südkalifornischen Lebensgefühls gelten können: die große Freiheit unter der Sonne. *It Never Rains in Southern California* (Albert Hammond, 1973) war eine Verheißung, die *California Dreaming* auslöste (The Mamas and The Papas, 1965), und Scott McKenzie (aus Florida) lockte 1967 ins *San Francisco* der Blumenkinder …

> **»Jim Morrison wurde zur schillernden Ikone einer Epoche«**

1965 fassten zwei ehemalige Studenten der Filmschule der UCLA, Jim Morrison und Ray Manzarek, an einem sonnigen Strand den Entschluss zur Gründung von The Doors. Bereits ein Jahr später machte die Band Furore mit ihren Auftritten im Whiskey A-Go-Go auf dem Sunset Boulevard und bald auch international Karriere. Bedingt durch Morrisons frühen Tod im Jahre 1971 war der Gruppe nur eine kurze Existenz beschieden, ihr Lead-Sänger jedoch wurde zur schillernden Ikone einer Epoche.

Die Hollywood Bowl in Los Angeles, Ort legendärer Rock-Konzerte

1965 formierte sich in San Francisco eine Band, die zwei Jahre später auf dem legendären Monterey Pop Festival (und 1969 in Woodstock) mit von der Partie war und den kalifornischen Psychedelic Rock jener Zeit vertrat: Jefferson Airplane mit der charismatischen Sängerin Grace Slick (»Acid Queen«). Zwei ihrer Songs schafften es in die Liste der (laut *Rolling Stone*) besten aller Zeiten – *Somebody to Love* und *White Rabbit*. Zu Galionsfiguren der Subkultur avancierte auch die Gruppe The Grateful Dead, die 1967 wesentlichen Anteil am »Summer of Love« in San Francisco hatte. Drei Jahrzehnte hielt Frontman Jerry García die Band am Leben, die als Inbegriff der Hippie-Kultur Rock-Geschichte schrieb.

Alternative Rock

Auch der Alternative Rock (anfangs eher ein Phänomen der Ostküste mit Interpreten wie Lou Reed und Patti Smith) ist in Kalifornien seit langem gut vertreten – angefangen mit Jane's Addiction im Los Angeles der 1980er, in den 1990ern gefolgt von den Stone Temple Pilots aus San Diego, die Elemente des Hard Rock einbrachten. Zur selben Zeit verhalfen Green Day in Berkeley dem Punk zu neuen US-Ehren, die 2004 für das Album »American Idiot« einen Grammy gewannen. Das gleichnamige Broadway-Musical von 2010 bewies einmal mehr, wie sehr Kalifornien in der aktuellen Musikszene präsent ist.

MUSIK-FESTIVALS UND KONZERTE

Festivals und Konzerte gibt es in Kalifornien rund ums Jahr. So pilgern Tausende von Fans zum Coachella Music & Arts Festival (www.coachella.som) bei Palm Springs, ebenso seit einem halben Jahrhundert zum Monterey Jazz Festival (www. montereyjazzfestival.org). Eine große Rolle spielt auch klassische Musik, mit international renommierten Orchestern und Dirigenten wie dem San Francisco Symphony Orchestra (unter Michael Tilson Thomas) und dem L. A. Philharmonic Orchestra (unter Gustavo Dudamel).

Unter **FREIEM HIMMEL**

**Kalifornien ist ein ideales Reiseziel für den Aktivurlaub –
das milde Klima erlaubt ganzjährig die unterschiedlichsten
Outdoor-Sportarten in landschaftlich abwechslungsreicher
Umgebung.**

Radfahren

Von schönen ebenen Straßen bis zu abenteuerlich steilen Routen im Gebirge
hat Kalifornien für Radler eigentlich alles zu bieten. Herrliche Panorama-
wege am Meer, fast ohne Steigung, sind in San Diego der 15 km lange Trip
entlang der Bay oder der 9 km lange um die Mission Bay. In Los Angeles
gilt Ähnliches für Huntington Beach, Long Beach und Manhattan Beach.
Atemberaubend präsentiert sich in San Francisco die Strecke über die
Golden Gate Bridge nach Marin County, und auch im Napa Valley und
dem restlichen Wine Country lässt sich hervorragend in die Pedale treten.

Golf

Kalifornien ist ein wahres Dorado für den Golf-Sport, mit über 1000 Anlagen verschiedenster Art, von denen die meisten im Süden zu finden sind,
beispielsweise in Palm Desert, San Diego und La Quinta. Weiter nördlich,
bei Monterey, liegen der berühmte Cypress Point Club und die ebenso
renommierten Pebble Beach Golf Links. Sie sind zu den besten Nordamerikas zu zählen, weshalb sich rechtzeitige Reservierung empfiehlt.

Wandertouren

Die abwechslungsreiche Landschaft garantiert für begeisterte Wanderer
Naturerlebnisse vieler Art, allein in den neun Nationalparks des Staates,
mit weitläufigem, sorgsam gepflegtem Wegenetz. Hier begegnet man unmittelbar Kaliforniens zahlreichen Natur- und Geschichts-Denkmälern.

Reiten

In den überall vorhandenen Reitställen finden Pferdefreunde reichlich
Gelegenheit zu Ein- oder Mehr-Tagestouren – zum Beispiel entlang der
Meeresküste oder durch die Redwood-Wälder von Mendocino County.
Auch Los Angeles hat hier Erstaunliches zu bieten, bis hin zu Ritten in
die Santa Monica Mountains zu Sonnenauf- und -untergang.

Von links nach rechts: Radler in Venice Beach / Tourengeher im Norden / Windsurfer in der Bay Area / Reiter im Napa Valley / Wanderer im Death Valley und Mosaic Canyon

Ski- und Snowboard-Fahren

Kaum zu glauben, doch Kalifornien birgt einige der schönsten Ski-Gebiete Nordamerikas, auch für Snowboarder, die teilweise über eigene Anlagen verfügen. In Südkalifornien kann man weiße Hänge herabsausen etwa in Mammoth, Bear Mountain und Snow Summit, während im Norden vor allem Lake Tahoe eine gute Adresse ist, mit sage und schreibe achtzehn exzellenter Ski-Resorts. Nicht weit von hier befindet sich Squaw Valley, der Austragungsort der Olympischen Winterspiele 1960 – dort und in Sugar Bowl besteht auch Gelegenheit zum Skilanglauf und Schlittschuhlaufen.

Wassersport

Mit Hunderten Küstenkilometern ist Kalifornien natürlich ein Paradies für Wassersportler, ob man nun die Surf-Beaches im Süden oder die kühleren Gewässer des Nordens vorzieht. So kann man in San Diego, bei Los Angeles und in der Bay Area hervorragend segeln und windsurfen, findet im Sacramento Delta Gelegenheit zu Wakeboarding und Wasser-Ski sowie am American River beim Lake Tahoe zum Wildwasserfahren. In Monterey wiederum erwarten einen Whalewatching und Scuba Diving.

LIVE IM STADION

In Kalifornien sind fünf Major League Basebal -Teams beheimatet: im Süden die San Diego Padres (Tel. 619/795-5000), in Los Angeles die Angels of Anaheim (Tel. 888/796-4256) sowie die Los Angeles Dodgers (Tel. 866/363-4377), im Norden die San Francisco Giants (Tel. 415/972-2000) und die East Bay's Oakland A's (Tel. 510/638-4627)

In der National Football League spielen die San Diego Chargers (Tel. 877/242-7437), Oakland Raiders (Tel. 510/864-5300) und San Francisco 49ers (Tel. 415/656-4900). 49ers-Tickets sind schwer zu bekommen – rufen Sie bei Ticketmaster (Tel. 800/745-3000) an oder durchsuchen Sie den Anzeigenteil des *San Francisco Chronicle*. Los Angeles ist nicht mehr in der NFL vertreten.

Vier Teams der National Basketball Association hat Kalifornien aufzuweisen: Golden State Warriors (Tel. 510/986-2200) aus Oakland, Sacramento Kings (Tel. 888/915-464, Arco Arena), Los Angeles Lakers (Tel. 310/426-6031) und Los Angeles Clippers (Tel. 888/895-8662, Staples Center).

VERANSTALTUNGEN

Festivitäten von Weltniveau hat Kalifornien noch recht wenige zu bieten, dafür das ganze Jahr über viele mit Tradition, von der Hochkultur bis zum Marathon.

Januar

Tournament of Roses Parade: Neujahrs-Blumencorso mit Musikbands in Los Angeles.
www.tournamentofroses.com

Februar

Chinese New Year Festival and Parade: Größtes asiatisches Fest außerhalb Asiens in San Francisco.
www.chineseparade.com

März

L. A. Marathon: Jährlich ausgetragen in Los Angeles.
www.lamarathon.com

April

Toyota Grand Prix of Long Beach: Drei-Tage-Straßenrennen, erstes seiner Art in Amerika.
www.gplb.com

Cherry Blossom Festival: Kirschblütenfest in L. A. (mit Kimono-Modenschau, Kampfkunst, Sumo-Ringen).
www.cherryblossomfestivalsocal.org

Coachella Valley Music and Arts Festival: Drei Tage Kunst und Musik in der Nähe von Palm Springs.
www.coachella.com

Mai

Bay to Breakers: Laufwettbewerb in San Francisco, mit teils kostümierten (zum Teil nackten) Teilnehmern.
www.baytobreakers.com

Juni

Los Angeles Film Festival: Fest des amerikanischen und internationalen Films.
www.lafilmfest.com

Old Globe's Shakespeare Festival: Aufführungen seiner Stücke im Balboa Park von San Diego.
www.theoldglobe.org

Juli

Gilroy Garlic Festival: Dreitägiges Knoblauchfest in dem kleinen Ort südlich von San Jose.
www.gilroygarlicfestival.com

August

Street Scene: Zwei Abende Straßentheater auf fünf Bühnen in Downtown San Diego und im East Village.
www.street-scene.com

September

Monterey Jazz Festival: Ältestes Jazz-Festival der Welt (seit 1958).
www.montereyjazzfestival.org

Oktober

Festival de la Gente: Größtes Festival spanischer Künstler und Entertainer in Los Angeles.
http://eventful.com

November

Macy's Union Square Tree Lighting Ceremony: Lichterbaumfest einen Tag nach Thanksgiving in San Francisco.

Erster Überblick

Ankunft

Die meisten internationalen und US-amerikanischen Fluggesellschaften fliegen San Francisco International Airport (SFO), Los Angeles International Airport (LAX) und San Diego International Airport (SAN) an.

Tipps für den Flughafentransfer

- Am einfachsten kommt Sie mit dem Taxi in die Innenstadt.
- **Mitfahrbusse** sammeln Passagiere, die zu Zielen – Hotels, Wohnungen, etc. – wollen, die mehr oder weniger in der gleichen Gegend liegen.
- Der öffentliche Personennahverkehr ist in Los Angeles schlecht ausgebaut. Es kann mehr als zwei Stunden dauern, bis man sein Ziel erreicht. Mit Zügen von BART (Bay Area Rapid Transit) erreichen Sie San Francisco in 30 Minuten. Die öffentlichen Bussen in San Diego sind praktisch, wenn man ins Zentrum will, Taxis sind aber auch nicht teuer.

Beförderungspreise (ohne Trinkgeld)
$ unter 12 $ $$ 12–20 $ $$$ 21–30 $ $$$$ über 30 $
Flughafentransfair mit öffentlichen Verkehrsmitteln unter 5 $.

San Francisco und die Bay Area

- **San Francisco International Airport** (Tel. 650/821-8211; www.flysfo.com) liegt ca. 24 km außerhalb des Stadtzentrums.
- Auf der unteren (Ankunfts-)Ebene steht man Schlange für **Taxis** ($$$$).
- **SuperShuttle** (Tel. 415/558-8500) bietet Mitfahrbusse ($$). Achten Sie auf Hinweiszeichen (gelbe Buchstaben auf dunkelblauem Grund) auf den Verkehrsinseln vor jedem Terminal auf der oberen Ebene.
- Der **Bayporter Express** (Tel. 415/467-1800) fährt nach Oakland und anderen Orten der East Bay ($$$$) ebenfalls von der oberen Ebene aus.
- Die Buslinien von **SamTrans** (Tel. 800/660-4287; $) fahren nach San Mateo County (Flughafen), Palo Alto und andere Orte von San Francisco.
- **BART** (Bay Area Rapid Transit; Tel. 650/992-2278) bietet das geeignetste öffentliche Verkehrsmittel in die Innenstadt von San Francisco. Die Züge fahren die East Bay als auch Teile des nördlichen San Mateo County an. Von jedem Terminal aus kann zu Fuß oder mit dem AirTrain Shuttle der BART-Bahnhof im International Terminal erreicht werden. Fahrscheine ($) können am Automaten im Bahnhofsgebäude gekauft werden.
- **Selbstfahrer** folgen der US 101 North bis zur Ausfahrt 4th Street.
- **Andere Flughäfen in der Bay Area:** Oakland International (OAK; Tel. 510/563-3300); San Jose International (SJC; Tel. 408/277-4759).

Los Angeles und Umgebung

- Vom **Los Angeles International Airport** (Tel. 310/646-5252; www.lawa.org) sind es 29 km ins Zentrum bzw. 19 km nach Beverly Hills/West Hollywood.
- Alle **Beförderungsmittel** sind auf der unteren (Ankunfts-)Ebene zu finden.
- Die **Taxipreise** variieren je nachdem, wohin man fährt ($$$$ ins Zentrum).
- **SuperShuttle** (Tel. 310/782-6600 oder 800/258-3826) und **Express by ExecuCar** (Tel. 800/427-7483) gehören zu den Mitfahrdiensten ($$), die einen Tür-zu-Tür-Service anbieten.
- Busse der **Metropolitan Transportation Authority (MTA)** (Tel. 213/626-4455 oder 800/266-6883; $) fahren vom Flughafen aus verschiedene Ziele an, manche direkt (wie West Hollywood), andere nur mit kompliziertem Umsteigen. Fragen Sie am *transport desk* nahe der Gepäckabholung.

- Die **Metro Line** (Tel. 213/626-4455 oder 800/266-6883) ist nur praktisch, wenn Sie ins Zentrum wollen ($). Benutzen Sie den kostenlosen Pendelbus zur Aviation Station der Metro Green Line. Steigen Sie an der Imperial/Wilmington Station in die Blue Line in nördlicher Richtung um.
- **Mit dem Mietwagen** nehmen Sie den Center Boulevard östlich zur I-405 (dem San Diego Freeway, den man hier die 405 nennt) in nördlicher Richtung. Nehmen Sie dann die I-10 (Santa Monica Freeway) Richtung Westen nach Santa Monica oder nach Osten ins Zentrum.
- Nach **West Hollywood oder Beverly Hills** nehmen Sie die 405. Achten Sie sofort auf den Wegweiser für den La Cienega Boulevard, den Sie in nördlicher Richtung fahren. (Sie überqueren den La Cienega, unmittelbar bevor Sie auf die 405 kommen, aber es geht schneller über die Autobahn.) Biegen Sie am Wilshire Boulevard nach Westen (links) nach Beverly Hills ab. Bleiben Sie auf dem La Cienega, wenn Sie nach West Hollywood wollen.
- **Andere Flughäfen im Gebiet von Los Angeles:** Bob Hope Airport (BUR; Tel. 818/840-8840); LA/Ontario International Airport (ONT; Tel. 909/937-2700); John Wayne Airport Orange County (SNA; Tel. 949/252-5200).

San Diego

- **San Diego International Airport** (Tel. 619/400-2404; www.san.org) liegt etwa 5 km vom Stadtzentrum entfernt. Nehmen Sie an der Transportation Plaza an den Terminals 1 oder 2 oder an der Straße am Pendler-Terminal (hauptsächlich für Flüge innerhalb Kaliforniens) ein Taxi, einen Shuttle oder einen Bus.
- An allen Terminals stehen **Taxis** für Fahrten in die Innenstadt ($) bereit.
- **Cloud 9 Shuttle** (Tel. 858/505-4998 oder 800/258-3826) betreibt einen Mitfahr-Kleintransporterdienst ($–$$) ins Stadtzentrum und auch weiter.
- Die Buslinie 992 von **San Diego Transit** (Tel. 619/233-3004) fährt vom Flughafen aus ins Zentrum.
- Wenn Sie **mit dem Wagen fahren,** nehmen Sie den North Harbor Drive nach Osten ins Zentrum und nach Westen nach Shelter Island und Point Loma. Harbor Island liegt gegenüber dem Flughafen. Nach La Jolla fahren Sie die I–5 nach Norden, nach Mission Valley die I-8 nach Osten.

Zugbahnhöfe

Amtrak-Züge (Tel. 800/872-7245; www.amtrak.com) verkehren in ganz Kalifornien. Reisende nach San Francisco steigen am Bahnhof Emeryville (5885 Horton Street) in der East Bay aus und nehmen den Pendlerbus in die Stadt. In Los Angeles hält Amtrak an der Union Station (800 North Alameda Street) und in San Diego am Santa Fe Depot (1050 Kettner Boulevard).

Busbahnhöfe

Die Überlandbusse von **Greyhound** (Tel. 800/231-2222; www.greyhound.com) verbinden San Francisco (Transbay Terminal, 1st und Mission Street), Los Angeles (1716 E 7th Street), San Diego (120 W Broadway), Sacramento (715 L Street) mit vielen andere Städte.

Wegweiser

San Francisco
Der Union Square ist das Herz der City. Hier, an der Market Street oder im SoMa (South of Market Street area), befinden sich die meisten Hotels.
San Francisco Visitor Information Center
✉ Hallidie Plaza, Lower Level, Powell und Market Street ☎ (415) 391-2000; www.onlyinsanfrancisco.com ◉ Mai–Okt. Mo–Fr 9–17, Sa–So 9–15 Uhr; sonst nur Sa; geschl. 1. Jan, Thanksgiving und 25. Dez. Ⓜ Muni Metro J, K, L, M, N und BART (Powell Street) 🚌 Muni Bus 5, 6, 21, 27, 30, 31, 38, 45; F-line Trolley; Powell-Mason und Powell-Hyde-Straßenbahnen

Los Angeles
Die Innenstadt von Los Angeles ist eher für Geschäftsreisende als für Touristen von Interesse, die Hollywood, West Hollywood, Beverly Hills oder Badeorte wie Santa Monica bevorzugen.

Los Angeles Visitor Information Center
✉ 685 S. Figueroa Street ☎ (213) 624-7300; www.discoverlosangeles.com
◷ Mo–Fr 8.30–17 Uhr Ⓜ Metro Red Line (7th & Figueroa) 🚌 MTA Bus 20, 460; DASH A, E, F

Hollywood und Highland Visitor Information Center
✉ 6801 Hollywood Boulevard ☎ (323) 467-6412 ◷ Mo–Sa 10–22, So 10–19 Uhr
Ⓜ Metro Red Line (Hollywood & Highland) 🚌 MTA Bus 163, 210, 212, 217; DASH Hollywood

San Diego
San Diego breitet sich von seinem am Ufer des Pazifiks gelegenen Zentrum aus. Touristenattraktionen liegen nördlich des Zentrums.

International Visitor Information Center
✉ 1043 1/2 W. Broadway, Harbor Drive ☎ (619) 236-1212;www.sandiego.org
◷ Sommer und Herbst tägl. 9–17 Uhr; sonst tägl. 9–16 Uhr
Ⓜ Trolley (American Plaza) 🚌 Bus 30, 992

Unterwegs in Kalifornien

Mit dem Auto
Man kann in San Francisco und Teilen von San Diego ohne Auto auskommen, aber um ganz Kalifornien sehen zu können, sollte man einen Mietwagen nehmen. Die I-5 und US 101 sind die wichtigsten Autobahnen in Nord-Süd-Richtung. Landschaftlich reizvoll führt der Highway 1 entlang der Küste und verschmilzt mehrmals mit der US 101. Die I-80 verläuft in der Mitte Nordkaliforniens von Osten nach Westen, die I-10 und I-15 in Südkalifornien von Osten nach Westen.

Auf der Straße
- In Kalifornien benötigen Sie einen **gültigen Führerschein** Ihres Heimatlandes. Autovermietungen verleihen oft nur an Personen, die mindestens 21 Jahre oder älter sind (für Kunden unter 25 kann mehr berechnet und nur ein bestimmter Fahrzeugtyp erlaubt werden).
- Alle Insassen müssen **stets einen Sicherheitsgurt tragen.**
- Für Kinder unter sechs Jahren und 27 kg Gewicht ist ein **Kindersitz** Pflicht. Diesen erhält man in der Regel gegen eine zusätzliche Gebühr.
- Sofern nicht ausdrücklich verboten, ist es **erlaubt, an roten Ampeln rechts abzubiegen**, nachdem man angehalten hat. Das Abbiegen von einer Einbahnstraße in eine andere ist unter dieser Voraussetzung auch erlaubt.
- Es ist verboten, mit einem **Blutalkoholspiegel über 0,8 Promille** zu fahren.
- Die **zulässige Höchstgeschwindigkeit** auf Autobahnen beträgt in ländlichen Gebieten 65 oder 70 Meilen/Stunde (105 oder 112 km/h) und 55 bis 65 Meilen/Stunde (88 bis 105 km/h) auf Stadtautobahnen.
  In der Stadt beträgt die zulässige Höchstgeschwindigkeit grundsätzlich 25 oder 30 Meilen/Stunde (40 oder 48 km/h), sofern nichts anderes angezeigt ist.
- In der San Francisco Bay Area, Los Angeles und San Diego sollten Sie die **Hautpverkehrszeiten auf den Autobahnen** von 7–10 und 16–19 Uhr meiden.

Inlandsflüge innerhalb Kaliforniens
- Bei frühzeitiger Planung sind Flüge zwischen Nord- und Südkalifornien erschwinglich. Dennoch lohnt sich die Landschaftserkundung mit dem Auto.

Innerstädtische Beförderungsmittel
San Francisco Bay Area
- **Hotels erheben hohe Parkgebühren**, und Parkplätze an der Straße sind selten. Dies sind zwei Argumente für den öffentlichen Personennahverkehr.
- Die **Transit Information Line** (Tel. 511 oder 817-1717 von allen Orten in der Bay Area aus) informiert über den kompletten öffentlichen Nahverkehr.
- **Muni** (Tel. 415/673-6864) betreibt Busse, Schnellbahnen, historische (cable cars) und moderne Straßenbahnen (trolleys) in San Francisco. Fahrscheine für letztere sind etwas teurer.
- Für Touren von der Market Street nach Castro oder entlang dem Embarcadero **sind die altmodischen Straßenbahnen bequem**. Passendes Fahrgeld erforderlich.
- **Umsteigetickets**, gültig für ca. zwei Stunden und für zwei Wechsel von Bussen oder Straßenbahnen, erhält man beim Einstieg kostenlos.
- **Tagestickets** sind z. B. im Visitor Information Center (➤ 31) erhältlich.
- **BART-Züge** (Tel. 415/989-2278 oder 510/465-2278) verkehren im Stadtzentrum und südlichen San Francisco. Sie fahren auch zur East Bay und zum nördlichen San Mateo County. Tickets in den BART-Bahnhöfen.

Los Angeles und Umgebung
- Es ist schwierig, L. A. mit öffentlichen Verkehrsmitteln zu erkunden. Aber es ist möglich und z. B. für die Besichtigung der *Queen Mary* vorzuziehen.
- Wenn Sie den öffentlichen Nahverkehr benutzen wollen, sollten Sie sich eine Unterkunft im Zentrum suchen, von wo aus die U-Bahnen und Buslinien verkehren. **MTA**-Busse (Tel. 213/626-4455) und die Schnellbahnen der **Metro Line** verkehren im Stadtgebiet. MTA betreibt auch **DASH**-Minibusse für kürzere Touren auch in die nähere Umgebung. Santa Monica und andere umliegenden Städte haben ein eigenes Bussystem. Außer für Schnellbahnen ist passendes Fahrgeld erforderlich.

San Diego
- Im Zentrum werden Balboa Park und Old Town gut und Coronado und SeaWorld ausreichend versorgt. Man braucht aber viel Zeit, um nach La Jolla und zu anderen Zielen zu gelangen, und zu manchen Orten gibt es nur schlechte oder auch gar keine Verbindungen.
- **San Diego Transit** (Tel. 619/233-3004) betreibt Buslinien im Stadtgebiet und Straßenbahnen im Zentrum, nach Old Town, Mission Valley und Kaliforniens Grenze zu Tijuana, Mexiko. In Bussen ist abgezähltes Fahrgeld erforderlich. Straßenbahntickets gibt es an Automaten in den Bahnhöfen.

Taxis
In allen drei Städten ist nur schwer ein Taxi zu bekommen. Man bestellt es besser telefonisch oder stellt sich an den Taxiständen an.
- **San Francisco:** Yellow Cab (Tel. 415/626-2345) und Veteran's Cab (Tel. 415/552-1300).
- **Los Angeles:** Yellow Cab (Tel. 877/733-3305) und United Independent Taxi (Tel. 323/653-5050).
- **San Diego:** Silver Cabs (Tel. 619/280-5555) oder Yellow Cab (Tel. 619/234-6161).

Eintrittsgelder
Für die Eintrittspreise für Museen und Sehenswürdigkeiten, die im Text erwähnt werden, gelten drei Kategorien:

preiswert unter 7 $ **mittel** 7–13 $ **teuer** über 13 $

Übernachten

Der Standard in ganz Kalifornien ist hoch, aber die besten Unterkünfte befinden sich in San Francisco, Los Angeles und in Urlaubsorten wie dem »Weinland«, der Monterey-Halbinsel, Santa Barbara und Palm Springs.

Hotels und Motels

- Hotels und Motels sind die **verbreitetsten Unterkunftsarten**. In großen Städten fährt man mit Hotels am besten, während die Motels sich an den großen Ausfallstraßen anbieten.
- **Vollservice-Hotels** in Kalifornien bieten Annehmlichkeiten wie Fitnessräume, Hallenbäder, Wäschereien, Modems und Zimmersafes, Parkplatzservice und Portier. Motels haben häufig Swimmingpools und Heißwasserbäder ebenso wie Kabelfernsehen und Haartrockner.
- Viele Hotels und Motels lassen Kinder (das Höchstalter variiert) im Zimmer ihrer Eltern **kostenlos wohnen**. Manche erlauben Haustiere. Außer ab und zu einem kontinentalen Frühstück sind Mahlzeiten nicht im Preis enthalten.
- Ein **Nachteil bei Motels** ist die Sicherheit, da Sie nur die Zimmertür von der Außenwelt trennt.

Bed-and-Breakfast-Gasthäuser

- B&B in Kalifornien (Califonian Association of Bed & Breakfast Inns; www.cabbi.com) sind teuer. Man erwartet üblicherweise an Wochenenden mindestens zwei und in der Ferienzeit mindestens drei Übernachtungen. Viele wünschen nur Paare und sind wenig kinderfreundlich.

Urlaubsorte

- In Kalifornien gibt es zahlreiche erstklassige, luxuriöse Urlaubsgebiete mit Golf- und Tennisplätzen sowie Swimmingpools und Heißwasserbädern.

Hostels

- Hostels berechnen pro Nacht und Person nur 20 bis 30 Dollar. Die meisten haben getrennte Schlafsäle für beide Geschlechter, manche auch Räume für Paare und Familien. In den meisten kann man nur einige Tage am Stück bleiben. **Hostelling International – USA** (Tel. 301/495-1240).

Die Diamantenskala

- Die Hotelspezialisten der AAA bewerten jede Unterkunft nach Qualitätsniveau, Service und den angebotenen Leistungen. Die Kriterien zur Einstufung in das Diamantensystem basieren auf den Design- und Servicestandards der Hotelindustrie und den Ansprüchen unserer Mitglieder.
- Die Bewertung mit einem (◈) oder zwei (◈◈) Diamanten steht für ein sauberes und gepflegtes Haus, zwei Diamanten bedeuten eine komfortablere Ausstattung. Eine Unterkunft mit drei (◈◈◈) Diamanten verfügt über ein außergewöhnliches Ambiente und besonderen Komfort sowie weitere Vorzüge. Eine Einstufung in vier (◈◈◈◈) Diamanten bedeutet, dass dieses Haus einen sehr hohen Servicestandard und gehobene Einrichtungen anbietet. Fünf (◈◈◈◈◈) Diamanten weisen ein Hotel der Oberliga aus, mit sämtlichem Luxus und äußerst individueller Betreuung.

Übernachtungspreise
Pro Nacht im Doppelzimmer (ohne Steuern):
$ unter 100 $ $$ 100–175 $ $$$ über 175 $

Essen und Trinken

Kulinarisch gesehen ist der »Vielvölkerstaat« Kalifornien ausgeprägt kosmopolitisch.

Regionale Spezialitäten

- Der fruchtbare Boden Kaliforniens versorgt Küchenchefs mit einer **Unmenge frischer Zutaten** wie Sonoma-Lamm, Castroville-Artischocken, Gilroy-Knoblauch, Modesto-Mandeln und Datteln aus dem Coachella Valley.
- **Fisch und Meeresfrüchte sind eine weitere Spezialität**. Eine der begehrtesten örtlichen Speisen ist die für ihre Süße bekannte Dungeness-Krabbe. In San Francisco bekommt man *cioppino*, ein stark gewürztes Muschelgericht.
- San Francisco ist ebenfalls **für »seine« asiatische Küche bekannt**. *Dim sum* – eine Auswahl chinesischer Klöße und anderer leckerer Kleinigkeiten – muss man zum Mittagessen einmal probieren, ebenso wie *phó*, eine delikate vietnamesische Nudelsuppe mit Rindfleisch und Gemüse. Generell gehören asiatische Restaurants zu den preisgünstigsten.
- Die **kalifornische Küche**, die sich in den letzten 25 Jahren stetig weiterentwickelt hat, basiert auf frischen regionalen Zutaten und zeichnet sich durch innovative, häufig leichte Gerichte aus, in denen amerikanische mit asiatischen, mediterranen oder lateinamerikanischen Elementen verschmelzen.
- **Die neue amerikanische Küche** basiert im Wesentlichen auf erstklassigen, ungewöhnlich zubereiteten Zutaten. Ein Schweinekotelett wird z. B. nur wenig gebraten und mit einem Fond mit frischen Kräutern serviert, während der dazugehörige Kartoffelbrei mit einem Hauch Knoblauch gewürzt ist. Regionale und ethnische Einflüsse sind spürbar.
- **Lateinamerikanische Gerichte** sind überall im Bundesstaat zu haben, insbesondere in Gegenden nahe der mexikanischen Grenze.

Getränkespezialitäten

- **Kalifornische Weine** gehören zu den weltweit besten. Die Sorten aus dem Napa Valley und dem Sonoma Valley sind zwar am bekanntesten, man sollte aber keinesfalls die aus Regionen wie jenen in der Nähe von Monterey oder Santa Barbara vernachlässigen.
- **Der Martini**, der in Kalifornien erfunden worden sein soll, hat seine Popularität wiedererlangt. Gute Martini-Bars finden sich überall. Irish Coffee – Kaffee mit einem Schuss irischem Whiskey und geschlagener Sahne – soll im **Buena Vista Café** (► 67) in San Francisco erstmals serviert worden sein. **Margaritas**, eigentlich ein Import aus Mexiko, gelten heute als kalifornisches Nationalgetränk.
- In den letzten Jahren hat es ein Revival **lokaler Kleinbrauereien** gegeben, deren zahlreiche Spezialbiere heute im ganzen Bundesstaat erhältlich sind.
- **Die besten Bierkneipen** sind das **Beach Chalet** (► 64) und das **Gordon Biersch Brewery and Restaurant** in San Francisco (► 69) sowie das **Father's Office** (1018 Montana Avenue, Santa Monica; Tel. 310/736-2224).

Die Qual der Wahl

- Beliebt sind die überall aus dem Boden schießenden neuen Bistros und Cafés. Hier arbeiten oft gefeierte Küchenchefs. Zu den besonders populären gehören das **Delfina** (► 64) San Francisco, **The French Laundry** in Napa Valley (► 94) sowie das **Patina** und das **Spago** Beverly Hills (► 147) in L. A.
- Viele der beliebtesten Restaurants haben eine **full bar,** wo man auch ohne Reservierung einen Platz bekommt und ein Essen bestellen kann, manchmal von einer speziellen Bar-Karte, manchmal von der normalen Karte.

- **Saloons und Brauereikneipen,** die auf Getränke spezialisiert sind, aber auch vorzügliche Speisen anbieten, stehen besonders hoch im Kurs.
- Die Qualität eines Restaurants lässt sich **nicht immer anhand seines Äußeren beurteilen.** In Los Angeles kann ein sehr gutes Restaurant in einer kleinen Einkaufsstraße versteckt sein, und in San Francisco mag ein unscheinbares Lokal in einer bescheidenen Wohngegend einer ethnischen Minderheit Gerichte servieren, die zu den besten in der gesamten Stadt gehören.

Einige Top-Tipps

- **Das beste Essen unter freiem Himmel:**
  Campanile, Los Angeles (➤ 145), George's at the Cove, San Diego (➤ 175), Tra Vigne, St. Helena (➤ 94)
- **Das beste kalifornischer Küche:**
  Café Beaujolais, Mendocino (➤ 93), Chez Panisse, Berkeley (➤ 64), The French Laundry, Napa Valley (➤ 94)
- **Die beste Küche in Wohngebieten ethnischer Minderheiten:**
  La Super-Rica, Santa Barbara (➤ 117), Slanted Door, San Francisco (➤ 65), Ton Kiang, San Francisco (➤ 66)

Praktische Hinweise fürs Essengehen

- **Sie können schon für 15 Dollar pro Person gut essen**, besonders in ethnischen Restaurants. Bedenken Sie aber, dass Steuern, Trinkgeld und Getränke noch einmal 50 Prozent und mehr ausmachen können.
- Die typischen Essenszeiten: **Frühstück** etwa 7–9.30/10 Uhr (obwohl einige Lokale den ganzen Tag und sogar abends Frühstück servieren); **Mittagessen** 11.30/12–14/14.30 Uhr; **Abendessen** 17–21.30/22 Uhr oder bis spätabends. Einige Esslokale sind rund um die Uhr geöffnet.
- **Rufen Sie vorher an.** Einige Restaurants verändern häufig ihre Öffnungszeiten und -tage oder bewirten zuweilen geschlossene Gesellschaften.
- Außer in Imbissstuben und Cafés **können Sie in allen Restaurants Tische reservieren.** Für populäre Lokale der Großstadt ist dies empfehlenswert.
- **In Kalifornien wird ein Trinkgeld erwartet,** in der Regel zwischen 15 und 20 Prozent. Einige Restaurants berechnen für Gruppen von sechs oder mehr Personen eine zusätzliche Servicegebühr (15 bis 18 Prozent).
- **Legere Kleidung vielfach akzeptiert.** Einige Lokale haben jedoch Kleidervorschriften – ein Jackett und eine Krawatte für Herren – oder gewähren keinen Einlass mit Jeans, kurzen Hosen oder Sportschuhen.
- In allen Restaurants ist **das Rauchen in geschlossenen Räumen gesetzlich verboten.** Einige gestatten das Rauchen auf der Veranda. Auch in Bars herrscht Rauchverbot, obwohl einige diese Regelung nur lax handhaben.
- Mit Kreditkarten kann in den meisten, aber keineswegs allen Restaurants bezahlt werden. Wenn Sie sich nicht sicher sind, **sollten Sie Bargeld oder Reiseschecks dabeihaben,** die fast überall akzeptiert werden.

Diamantenskala

Neben Unterkünften (➤ 34) bewerten Experten der AAA jedes Restaurant nach dem Gesamteindruck aus Essen, Service, Einrichtung und Ambiente, besonderes Augenmerk gilt dem Essen und dem Service. Ein Diamant (♦) steht für ein einfaches, familienorientiertes Lokal, fünf Diamanten (♦♦♦♦♦) zeichnen ein hervorragendes kulinarisches Erlebnis aus.

Preise
Für ein Essen (ohne Getränke und Service):
$ unter 15 $ $$ 15–25 $ $$$ über 25 $

Einkaufen

In Kalifornien kann man alles von feiner asiatischer Seide bis hin zu farbenfroher mexikanischer Töpferware bekommen. Wenn Sie eher nach einheimischen Dingen suchen, sind vielleicht von örtlichen Künstlern hergestellter Schmuck, indianische Korbwaren oder kalifornische Weine, Mandeln und Datteln das Richtige.

Örtliche Spezialitäten

An der Nordküste, besonders in und um Mendocino, sollten Sie nach Schmuck und Bildern von örtlichen Künstlern suchen. In Carmel gibt es ebenfalls zahlreiche Galerien. Im San Joaquin Valley kann man gut Mandeln kaufen und in Reedley, in der Nähe von Fresno, von Mennoniten produzierte Decken (World Handcrafts, 1012 G Street, Reedley, Tel. 559/638-3560). In San Franciscos Chinatown und Japantown gibt es Unmengen aus Asien importierte Waren. Für Filmsouvenirs ist Los Angeles prädestiniert, während man in der dortigen Olivera Street und San Diegos Old Town nach mexikanischen und zentralamerikanischen Importen Ausschau halten sollte. Eine Spezialität des Gebiets um Palm Springs ist indianisches Kunsthandwerk.

Preise

Kleidung zum normalen Ladenpreis ist in Kalifornien keineswegs ein Schnäppchen. Factory Outlets geben allerdings Rabatte auf Designermode. Importe aus Asien und Lateinamerika sind häufig günstig. Kalifornischen Wein, Nüsse, getrocknete Früchte und andere vor Ort produzierte Lebensmittel bekommt man nirgends preiswerter.

Praktische Tipps

- **Öffnungszeiten:** Läden und Geschäfte öffnen zwischen 9 und 12 Uhr. Besonders kleine Spezialgeschäfte öffnen oft erst um 12 Uhr, wie es sonntags die meisten Läden praktizieren. Mehrheitlich haben die Geschäfte bis 17 oder 18 Uhr geöffnet, in Einkaufsstraßen und -zentren häufig sogar bis 21 Uhr oder noch länger. Einige Läden haben an einem Wochentag, meistens donnerstags oder Freitags, länger geöffnet.
- **Bezahlung:** Geschäfte akzeptieren Kreditkarten und Reiseschecks.
- **Verhalten:** Es ist fast überall erlaubt zu stöbern. Häufig ist der Service sogar zu »diskret« – zuweilen ist es schwierig, überhaupt bedient zu werden.

Die besten Einkaufsgegenden

- **Für den eleganten Einkauf** ist der Rodeo Drive in Beverly Hills (➤ 148) ideal.
- **Für den normalen Einkauf zu akzeptablen Preisen** geht man am besten in die Großstadt oder eine Vorort-Einkaufsstraße. San Franciscos Fisherman's Wharf ist trotz ihrer Popularität häufig überraschend preiswert. Hier finden Sie eine riesige Filiale von **Cost Plus World Market** (2552 Taylor Street, Tel. 415/928-6200), der billige Importe aus aller Welt verkauft. Außerdem gibt es Einkaufszentren – darunter Ghirardelli Square, die Cannery, die Anchorage und Pier 39 (➤ 67) –, die mit Hunderten Fachgeschäften, Lebensmittelmärkten, Blicken auf die Bucht und Straßenkünstlern aufwarten.
- **Die besten Kaufhäuser** liegen an San Franciscos Union Square (➤ 66). Macy's, Neiman-Marcus und Saks Fifth Avenue sind alle hier, Nordstrom sowie Bloomingdale befinden sich ganz in der Nähe des **Westfield San Francisco Centers** (➤ 66).

Ausgehen

Die abwechslungsreiche Landschaft Kaliforniens ermöglicht viele verschiedene Aktivitäten unter freiem Himmel, während die Städte und Urlaubsgebiete Zentren des Nachtlebens und der Künste sind.

Information

- **Die örtlichen Zeitungen** bieten Informationen über Veranstaltungen.
- Mehrere Städte und Urlaubsorte unterhalten kostenlose 24-Stunden-Hotlines, die über bevorstehende Ereignisse informieren.
- Die **regionalen Visitor Bureaus und Information Centre** (➤ 31f) geben Jahreskalender oder Saison-Broschüren mit Musik-, Theater- und Tanzveranstaltungen heraus. Adressen finden Sie im örtlichen Telefonbuch.

Nachtleben

Los Angeles, San Francisco und, in geringerem Maße, San Diego und Palm Springs sind die Orte, wo sich das kalifornische Nachtleben abspielt.

- **Bars:** In San Francisco und Los Angeles finden Sie die beste Auswahl. Sie reicht von edlen Hotelsalons und schicken Bars in angesagten Restaurants bis zu atmosphärischen Etablissements in aufregenden Gegenden (➤ 67f).
- **Nachtclubs:** Wer pure Unterhaltung sucht, ist in den Nacht- und Tanzclubs in Los Angeles, besonders am Sunset Strip, bestens aufgehoben (➤ 149).
- **Kultur:** Die Gegend um San Franciscos Civic Center mit ihrer Oper und Sinfonie der Weltklasse und dem Theater District, wo man Tourneetheater im Broadway-Stil und andere Aufführungen besuchen kann, ist eine Top-Adresse für die darstellenden Künste (➤ 68 für Informationen). In Los Angeles hingegen verteilt sich das kultuelle Angebot auf verschiedene Distrikte, bietet dafür aber mehrere Aufführungsorte im Stadtkern (➤ 150).

Zuschauersportarten

Fünf Baseball-, drei Football- und vier Basketballteams Kaliforniens spielen in der jeweils höchsten US-Liga. Darüber hinaus gibt es hier professionellen Frauen-Basketball, drei Hockeyteams in der nationalen Liga, mehrere Pferderennbahnen, eine Reihe von professionellen und Amateur-Fußballteams und viele College-Mannschaften in zahlreichen Sportarten.

Freiluftaktivitäten

Kalifornien ist weltweit einer der herausragenden Orte für Freiluftaktivitäten.

- Tausende Meilen **landschaftlich reizvoller und häufig anspruchsvoller Wanderwege** durchziehen die Berge und Wälder.
- In der Sierra Nevada und anderen Gebirgsregionen gibt es Dutzende **alpiner Ski- und Snowboardpisten** sowie Langlaufloipen und Schneeschuhpfade.
- **Mountainbiking, Reiten und Felsklettern** erfreuen sich in der zerklüfteten kalifornischen Landschaft großer Popularität.
- **Die unterschiedlichsten Wassersportarten** – darunter unter anderem Kanu- und Kajakfahren, Angeln, Floßfahrten, Segeln, Schwimmen, Surfen, Wasserski und Windsurfing – werden entlang der langen Küste und in den zahlreichen Flüssen und Seen Kalilforniens massenhaft betrieben.
- Während der Wanderung der Grauwale starten im Winter **Walbeobachtungsfahrten** von Monterey und anderen Küstenorten aus.
- **Fahrradfahren, Laufen und Joggen** sind beliebte Aktivitäten auf den vielen befestigten Wegen wie dem 51 km langen Jedediah Smith Memorial Bicycle Trail entlang dem American River Parkway nahe Sacramento.
- **Heißluftballonfahrten**, die vor allem im »Weinland«, aber auch in Südkalifornien und der Sierra gestartet werden, ermöglichen eine Vogelperspektive.

San Francisco und die Bay Area

Erste Orientierung

Gutes Essen, ein sorgloses Leben und eine aktive Kulturszene sind seit den Tagen des Goldrauschs San Franciscos Markenzeichen. 1880 schrieb Robert Louis Stevenson die herzliche Atmosphäre dieser Stadt ihrem Völkergemisch zu: »Die Stadt ist im Kern nicht angelsächsisch, vor allem aber nicht amerikanisch. Die Geschäfte an den Straßen sind wie Konsulate der unterschiedlichsten Völker. Die Passanten unterscheiden sich voneinander wie die einzelnen Bilder einer »Laterna magica.«

Auch an anderen Stellen in seinem Werk geht Stevenson auf das Zusammentreffen der Kulturen im San Francisco des 19. Jahrhunderts ein. Die Stadt toleriert, ja zelebriert Exzentrik und Individualität mehr als jede andere in Amerika. Es ist kein Zufall, dass hier die Schriftsteller der *beat generation*, die psychedelische Rockmusik und Aktionskünstler gediehen, ganz zu schweigen von den Pionieren der Frauenbewegung wie auch der Bewegung zur Gleichberechtigung der Homosexuellen.

Die ersten Siedler, Ohlone-Indianer, angezogen vom angenehmen Klima, ließen sich in der Nähe der heutigen Mission Dolores nieder. Spanische Seeleute entdeckten hinter der später Golden Gate getauften Meerenge einen »sehr edlen und großen Hafen«. Eine Masseneinwanderung wurde jedoch erst durch die Goldfunde ausgelöst. San Francisco erlebte eine 50-jährige Blütezeit, bis es 1906 durch das Große Erdbeben und Feuer zerstört wurde. Als die Stadt sich wieder erholt hatte, war ihr in Los Angeles eine große Rivalin erwachsen, die Wirtschaft hatte sich nach Süden orientiert. Dennoch zog San Francisco weiterhin Unternehmer und Künstler an und ist nach wie vor das Herz Nordkaliforniens. Die lebendige Historie aber auch die Dynamik des 21. Jhs. mit ihren Multimediafirmen macht sich deutlich bemerkbar.

Vorhergehende Seite: Die Golden Gate Bridge verbindet die Stadt mit Marin County

Erste Orientierung
41
0   30 km
0   20 Meilen

Point Reyes National Seashore
22
Vallejo
Muir Woods National Monument
23
Concord
Berkeley
Sausalito
24
Oakland
San Francisco
Daly City
San Francisco Bay
Hayward
San Mateo
Fremont
Palo Alto
Filoli
25
Sunnyvale
Winchester Mystery House
26
San Jose

Alcatraz Island

Fisherman's Wharf
2
BOULEVARD
THE EMBARCADERO
Telegraph Hill
kurvenreichste Straße der Welt
North Beach
11
10
Coit Tower
11
RD ST
Haas-Lilienthal House
13
Nob Hill
14
3
Ferry Building
12
VAN NESS AVE
GEARY ST
Chinatown
WEBSTER ST
Union Square
15
MARKET ST
South of Market
4
Hayes Valley
17
6
Civic Center
6TH ST
Haight Street
18
9TH ST
80
3RD ST
DOLORES ST
MISSION ST
280
Mission Dolores
19
Castro District
21ST ST
Mission District
21

Nicht verpassen!
1 Alcatraz Island ➤ 44
2 Fisherman's Wharf ➤ 45
3 Chinatown und North Beach ➤ 46
4 South of Market ➤ 48
5 Golden Gate Park ➤ 50

Nach Lust und Laune!
6   Cliff House ➤ 54
7   California Palace of the Legion of Honor ➤ 54
8   Golden Gate Bridge ➤ 54
9   Palace of Fine Arts ➤ 55
10 »Die kurvenreichste Straße der Welt« ➤ 55
11 Coit Tower/ Telegraph Hill ➤ 55
12 Ferry Building ➤ 56
13 Haas-Lilienthal House ➤ 56
14 Nob Hill ➤ 56
15 Union Square ➤ 57
16 Civic Center ➤ 57
17 Hayes Valley ➤ 58
18 Haight Street ➤ 58
19 Mission Dolores ➤ 59
20 Castro District ➤ 59
21 Mission District ➤ 59

Etwas außerhalb
22 Point Reyes National Seashore ➤ 60
23 Muir Woods National Monument ➤ 60
24 Sausalito ➤ 61
25 Filoli ➤ 61
26 Winchester Mystery House ➤ 61

In drei Tagen

Die folgende Route ist eine Möglichkeit, wie Sie einige der interessantesten Sehenswürdigkeiten von San Francisco und der Bay Area in drei Tagen abklappern können. Nutzen Sie die Karte (➤ 40f) zur Orientierung, die einzelnen Highlights werden im Folgenden (➤ 44ff) näher beschrieben.

Erster Tag

Vormittags
Nehmen Sie – nach einem herzhaften Frühstück – die Fähre nach ❶ **Alcatraz Island** (unten; ➤ 44f), dem Standort des berüchtigten Gefängnisses.

Nachmittags
Begeben Sie sich nach ❸ **North Beach** (➤ 47f), wo sie im Tommao's (➤ 65) oder in der L'Osteria al Forno (519 Columbus Avenue, Tel. 415/982-1124) italienisch essen. Durchstöbern Sie die Geschäfte in der Columbus und Grant Avenue. Fahren Sie dann nach ❸ **Chinatown** (➤ 46f).

Abends
Genießen Sie von der Cocktail-Lounge des Top of the Mark (➤ 67) den Sonnenuntergang. Ein Essen im Gary Danko (➤ 64) ist ein echtes Erlebnis. Einen etwas günstigeren Abend erleben Sie im nicht weniger beliebten Zuni Café (➤ 66).

Zweiter Tag

Vormittags

Nehmen Sie die Powell-Mason-Linie zum **Cable Car Museum** (➤ 57). Gehen Sie nach Norden bis zur Greenwich Street, von hier aus vier Straßenblocks weiter nach Osten zum **11 Coit Tower** (➤ 55f). Steigen Sie die Greenwich- und-Filbert-Treppe hinab.

Nachmittags

Essen Sie im Fog City Diner (1300 Battery Street, Tel. 415/982-2000, S$) zu Mittag. Gehen Sie südlich den Embarcadero am Wasser entlang, und genießen Sie das Panorama. Fahren Sie anschließend mit der historischen Straßenbahn der Linie F (oben) die Market Street hinauf. Steigen Sie an der 3rd Street aus und gehen Sie südlich in den **4 SoMa-Bezirk** (➤ 48f). Sitzen Sie in den Yerba Buena Gardens oder nutzen Sie das kulturelle Unterhaltungsangebot, darunter Museen, Galerien, einen Hightech-Video- palast, das für Kinder gedachte Zeum und ein altmodisches Karussel.

Abends

Ein Tee im Café oder ein Cocktail in der Bar des West San Francisco Hotels (181 Third Street, Tel. 415/777-5300) weckt Ihre Lebensgeister wieder. Das Town Hall (342 Howard Street, Tel. 415/908-3900) überrascht mit Cajun-Küche und bringt einen Hauch New Orleans nach San Francisco.

Dritter Tag

Vormittags

Im wunderschönen **5 Golden Gate Park** (unten; ➤ 50ff) ist von der städtischen Hektik nicht viel zu spüren. Beginnen Sie Ihre Expedition mit Blumen – beim im östlichen Parkbereich befindlichen Conservatory of Flowers und der nahe gelegenen Rhododendron Dell. Spazieren Sie weiter in westlicher Richtung zum Strybing Arboretum, wo Sie der Pracht botanischer Vielfalt frönen. Verpassen Sie nicht die beiden Hauptattraktionen: das de Young Museum (➤ 52) und die California Academy of Sciences (➤ 50).

Nachmittags

Essen Sie im Beach Chalet (➤ 63) und gehen Sie entlang der Ocean-Beach- Promenade nach Norden zum **6 Cliff House** (➤ 54).

Abends

Genießen Sie ein chinesisches Abendessen im günstigen Yuet Lee (1300 Stockton Street, Tel. 415/982-6020). Nach dem Essen sehen Sie die Dauerbrenner-Show *Beach Blanket Babylon* (➤ 68). Tickets vorbestellen!

❶ Alcatraz Island

Die Überfahrt nach Alcatraz und der Besuch gelten als einer der Höhepunkte in San Francisco. Die 15-minütige Schifffahrt und das Panorama der Stadt üben ihren Reiz aus. Was die Besucher aber noch mehr fasziniert, ist der Rundgang über »The Rock«, wo berüchtigte Gangster wie Al »Scarface« Capone, »Machine Gun« Kelly und Robert Stroud, der »Vogelmann von Alcatraz« eingesessen haben, da andere Vollzugsanstalten vor ihnen kapituliert hatten.

Der Gang durch Zellenblock und Hof vermittelt einen anschaulichen Eindruck des einstigen Gefängnislebens, untermalt von Informationen und bewegenden Kommentaren ehemaliger Insassen und Wachen auf dem Audioguide. Während der drei Jahrzehnte, in denen das Bundesgefängnis in Betrieb war (1934–1963), gab es 14 Ausbruchsversuche: So ertranken 1962 vermutlich drei Männer bei dem Unterfangen, auf Regenmänteln als Flößen das rettende Ufer zu erreichen. Acht

»The Rock« erlebte viele Fluchtversuche von Häftlingen – alle scheiterten

Morde und fünf Suizide ereigneten sich auf der Insel, niemals jedoch eine Exekution. Die Schließung erfolgte 1963 auf Anordnung des damaligen Justizministers Robert. F. Kennedy. In seiner bewegten Geschichte war Alcatraz auch schon Militärposten und 1969–1971 von Indianern besetzt, die das Eiland stellvertretend für alle Indianerstämme der USA als ihr Eigentum beanspruchten. Rechnen Sie für Überfahrt und Rundgang mindestens vier Stunden und buchen Sie im Sommer vorab.

KLEINE PAUSE

Cafés und Restaurants gibt es hier nicht, aber zumindest ein **Picknick-Areal**: Achtung: Dies ist der einzige Platz auf der Insel, wo Essen und Trinken erlaubt sind.

✚ außerhalb Karte 197 A5 ✉ Fisherman's Wharf, Pier 41 ☎ (415) 981-7625 (Fährzeiten und Information); www.alcatrazcruises.com; www.nps.gov/alcatraz ◷ Ende Mai–Aug. Fähren Ende März–Ende Okt. tägl. 9.10–15.55 Uhr (Abendfahrten 18.10 und 18.45 Uhr); Sept.–Ende Mai tägl. 9.30–14.15 Uhr (Abendfahrt 16.20 Uhr) ▯ teuer ▯ 30-Stockton, 19-Polk; Powell-Hyde-Straßenbahn; historische Straßenbahnen der Linie F (auf der Market Street in östlicher Richtung und um den Embarcadero)

2 Fisherman's Wharf

Die kleine Flotte, die mit dem Morgenfang anlegt, zählt an der Wharf zu den wenigen Überbleibseln der einst blühenden Fischindustrie der Stadt. Heute beherrschen hier auf den Piers 39 bis 45 Seafood-Restaurants, T-Shirt- und Kramläden die Szene, die stets bevölkert ist von Straßenhändlern und Gauklern.

Billigkommerz und Touristentrubel kann man hier kaum entfliehen, aber immerhin ein paar echte nautische Attraktionen bestaunen, wie die USS *Jeremiah O'Brien* (Tel. 415/544-0100), ein »Liberty Ship« aus dem Zweiten Weltkrieg, das am 9. Juni 1944 an der Invasion der Alliierten in der Normandie teilnahm, sowie 1994 an der Jubiläumsfeier. Sein Maschinenraum ist im berühmten *Titanic*-Film von 1997 zu sehen. In rührender Weise antiquiert wirken die Apparaturen des U-Boots USS *Pampanito* (Tel. 415/775-1943), das vorwiegend im Pazifik seinen Dienst versah.

Von Menschenmassen umlagert ist stets Pier 39 (Embarcadero, Ecke Powell Street) mit dem Aquarium of the Bay und dem Hard Rock Café. Die unterhaltsamste Attraktion hier ist kostenlos: Seehunde, die an der Westseite der Pier herumlümmeln und bellend um die Vorherrschaft streiten

Ein Snack auf Pier 39 unter freiem Himmel bei frischer Brise, begleitet von der Musik der Seelöwen

KLEINE PAUSE

Frittierte Muscheln, Krabbencocktails und andere Meeresfrüchte an den **Imbissstände** bei Pier 47 und 39.

✚ 197 A5   ☎ (415) 674-7503; www.fishermanswharf.org   🚌 30-Stockton, 19-Polk; historische Straßenbahn der F-Linie (Market Street in östlicher Richtung und um den Embarcadero); Powell-Hyde Straßenbahn

FISHERMAN'S WHARF: INSIDER-INFO

Top-Tipp: Am großartigen **Hyde Street Pier** kann man historische Schiffe besichtigen, darunter einen Schoner und einen Schaufelraddampfer. Das Pier gehört zum **San Francisco Maritime National Historic Park**.

Geheimtipp: Entlang dem Kai warten Schiffe für die **Hafenrundfahrt** sowie **Fähren** in Richtung Sausalito (► 61) und andere Küstenorte. Schöne Naturerlebnisse bietet ein Tagesausflug (Proviant einpacken!) nach **Angel Island** (einem ehemaligen Auffanglager für Immigranten). Die Insel mit ihren historischen Sehenswürdigkeiten inmitten anmutiger Landschaft lässt sich gut per Pedes, Bahn oder Fahrrad erkunden (Verleih saisonal am Pier).

❸ Chinatown und North Beach

Im 19. Jahrhundert ließen sich Chinesen in der heutigen Chinatown und Italiener im angrenzenden North Beach nieder. Viel stärker als andere Einwanderer bewahrten sie ihre Traditionen. Heutzutage leben Südostasiaten jeglicher Couleur in Chinatown, während in North Beach nur noch wenige Italiener verblieben sind. Aber der prägende Einfluss dieser beiden Volksgruppen ist immer noch spürbar.

Der nördlich an den Financial District angrenzende Broadway ist die traditionelle Grenze zwischen Chinatown und North Beach. Von der Columbus Avenue und dem Broadway aus bieten sich zwei gemütliche Spaziergänge an.

Chinatown ist ein der größten chinesischen Gemeinden außerhalb Chinas.

Chinatown

In den letzten Jahrzehnten hat sich Chinatown über den Broadway, die Bush, Kearny und Stockton Street, hinaus ausgedehnt. Manche beklagen, es gebe kaum authentisch chinesische Elemente. Wenn Sie das »wirkliche« Chinatown sehen wollen, schlendern Sie besser durch Seitenstraßen und Gässchen.

Biegen Sie von der Grant Avenue rechts in die Jackson Street und links in die Ross Alley ab und sehen Sie den Bäckern von **Golden Gate Fortune Cookies** (56 Ross Alley) beim backen der Glückskekse zu. Gehen Sie die Ross Street weiter in südlicher Richtung, überqueren die Washington Street. Hier befindet sich die **Superior Trading Company** (837 Washington Street), eine Apotheke für chinesische Naturheilmittel. Östlich befindet sich der Waverly Place mit dem **Tin How Temple** (125 Waverly

Place, 3. Stock). Ein Infoblatt fasst die Geschichte des kleinen Buddhistentempels für Sie zusammen. Hier stehen auch der **Jeng Sen Temple** (Nr. 146) und **Norras Temple** (Nr. 109); seien Sie leise und respektvoll wenn Sie einen betreten.

Der Clay Street folgen Sie einen halben Häuserblock nach Westen (rechts) zur Stockton Street. In den Fenstern der Geschäfte können Sie Pekingenten, Sojasoßen, Hühner und gegrilltes Schweinefleisch bewundern. Einige Läden haben sich auf getrocknete Delikatessen wie schwarze und weiße Pilze, Haifischflossen, Jakobsmuscheln und Seeohren spezialisiert.

North Beach

Im noch heute unkonventionellen **City Lights Books** (➤ 67) auf der Columbus Avenue verkauften Schriftsteller der beat generation wie Jack Kerouac (➤ 18) ihre Werke und hielten sich häufig im **Vesuvio** (➤ 67) auf. Auf der Grant Avenue finden Sie Designer-Boutiquen und originelle Läden, aber auch alteingesessene Geschäfte wie die **Italian French Baking Co.** (1501 Grant Avenue). Nach einer Pause im Park des Washington Square bietet sich als nächstes Ziel Chinatown in südlicher Richtung auf der Columbus Avenue oder **der Coit Tower** (➤ 55ff) in nördlicher Richtung an.

Vom Washington Square sind Sie schnell auf der Filbert Street mit der katholischen **Saints Peter and Paul Church**, 1971 Schauplatz im Film *Dirty Harry* mit Clint Eastwood.

Beat Poet Jack Kerouac ließ sich im City Light Books in North Beach inspirieren

KLEINE PAUSE

Bei der **Ten Ren Tea Company** (949 Grant Avenue) können Sie exotische Teesorten kosten. Gehen Sie weiter auf der Grant Avenue bis zum Broadway zum **Caffe Trieste** (601 Vallejo Street). Der Treffpunkt der beat generation, ist für einen Espresso gerade recht, ebenso das **Caffe Puccini** (411 Columbus). Die **Golden Gate Bakery** (1029 Grant Avenue) verkauft leckere Mond-, Eierkuchen, und anderes chinesisches Gebäck. Das **New Asia** (772 Pacific Avenue) serviert chinesisches *dim sum* (mit Fleisch gefüllte Klöße) und andere Leckereien.

Chinatown
✛ 197 C3, North Beach 197 B4   🚌 1 California
(nur Chinatown), 30-Stockton, 45-Union/Stockton

Tin How Temple
✉ 125 Waverly Place, 3rd floor   ☎ (415) 391-4841
🕐 tägl. 10–16 Uhr   ✋ frei (Spenden willkommen)

CHINATOWN UND NORTH BEACH: INSIDER-INFO

Geheimtipp: Julia Morgan, Architektin von Hearst Castle (➤ 106f), entwarf das geschmackvolle **Backsteingebäude** (vormals Heimat der Chinesischen Vereinigung Junger Christlicher Frauen) in 965 Clay Street, westlich der Stockton Street.

4 South of Market

Geschäftsleben, Kultur und Unterhaltung verschmelzen im Bezirk SoMa. Im Moscone Center finden Messen und Konferenzen statt, während das San Francisco Museum of Modern Art aus einer Vielfalt kultureller Einrichtungen herausragt und die Vergnügungsmöglichkeiten von einem 100 Jahre alten Karussell bis hin zu Virtual-Reality-Spielen reichen. Viele der Attraktionen sind erst in den letzten zehn Jahren entstanden.

SoMa erstreckt sich vom Embarcadero nach Westen bis zur Division Street. Im westlichen Teil liegen einige beliebte Nachtclubs und Restaurants, aber die **Yerba Buena Gardens** stellen das eigentliche Herz des Distrikts dar. Es gibt hier Restaurants, eine Bowlingbahn, eine Eishalle, das **Moscone Convention Center** und Zeum, ein Museum und Veranstaltungszentrum für Kinder. Der Metreon-Komplex beherbergt das IMAX sowie weitere Kinos und futuristische Spielzonen – die HyperBowl-Video-Bowlingbahn ist herausragend – für Kinder und Erwachsene. Weiden, Kiefern und andere Baumarten umschließen den grasbewachsenen Hügel im ruhigen **East Garden**, vielleicht der schönste kleine Park der Stadt.

Das SFMOMA besitzt eine weltberühmte Sammlung moderner Kunst

San Francisco Museum of Modern Art

Der Schweizer Mario Botta entwarf den kühnen Bau des **San Francisco Museum of Modern Art (SFMOMA)** aus dem Jahre 1995. Zu den hier vertretenen Künstlern gehören prominente wie Henri Matisse, Georgia O'Keeffe und Andy Warhol, aber auch Lokalmatadoren wie Richard Diebenkorn (► 18). Die Fotografiesammlung zählt zu den besten Kaliforniens. Unbedingt einen Besuch abstatten sollten Sie den neuen **Rooftop Gardens** mit seinen Skulpturen und einer Cafébar.

Am Rande der Yerba Buena Gardens warten unter anderen kulturellen Institutionen das **Cartoon Art Museum** für Comics, Cartoons und Zeichentrickfilme sowie das **Museum of the African Diaspora**, wo man interaktiv und anhand von Kunstwerken die Geschichte Afrikas und seine Rolle in der Welt erlebt. Das 2008 eröffnete **Contemporary Jewish Museum** wiederum, erbaut von Star-Architekt Daniel Libeskind, zeigt Historie, Kunst und Kultur der Juden.

KLEINE PAUSE

Im Erdgeschoss des Metreon gibt es mehrere Restaurants, wie das **Firewood Café** und der japanische **Sanraku Grill**. Bei schönem Wetter kann man auch ein kleines Picknick im **East Garden** oder auf einer der Terrassen darüber abhalten.

Yerba Buena Gardens
✚ 197 C1　✉ eingegrenzt von Mission, 4th, Folsom und 3rd Street　☎ (415) 820-3550; www.yerbabuenagardens.com　🚇 Muni Metro J, K, L, M, N und BART (New Montgomery)　🚌 9-San Bruno, 14-Mission, 15-Kearny, 30-Stockton

San Francisco Museum of Modern Art (SFMOMA)
✚ 197 C1　✉ 151 3rd Street　☎ (415) 357-4000; www.sfmoma.org　🕐 Ende Mai–Anfang Sept. Do–Di 10–17.45 Uhr (Do auch 18 bis 21 Uhr); Rest des Jahres ab 11 Uhr　✋ mittel

Cartoon Art Museum
✚ 197 C2　✉ 655 Mission Street　☎ (415) 227-8666; http://cartoonart.org
🕐 Di–So 11–17 Uhr　✋ mittel

Museum of the African Diaspora
✚ 197 C2　✉ 685 Mission Street　☎ (415) 358-7200; www.moadsf.org
🕐 Mi–Sa 11–18 Uhr　✋ mittel

Contemporary Jewish Museum
✚ 197 C2　✉ 736 Mission Street　☎ (415) 655-7800; www.thecjm.org
🕐 Do 13–20, Fr–Di 11–17 Uhr　✋ mittel

SOMA: INSIDER-INFO

Top-Tipps: Um Yerba Buena angemessen zu würdigen, muss man mindestens **einige Minuten im East Garden** sitzen (Eingang in der Mission Street, in der Mitte des Häuserblocks zwischen 3rd und 4th Street).
■ Die Haltestellen von Muni Metro und BART sind ein Block entfernt. **Parkhäuser** an der 5th und Mission Street.
■ In SoMa (► 67) finden sich mehrere **Factory Outlet**

5 Golden Gate Park

Ungefähr 75 000 Menschen strömen an einem sonnigen Tag in den Golden Gate Park. Das 405 Hektar große Naherholungsgebiet spielt also eine wichtige Rolle im Leben der Stadt.

Die Magie des Golden Gate Park beruht weniger auf einzelnen Örtlichkeiten – wie Seen, Gärten, Hainen, Spielplätzen, Büffelherde, Windmühle und Lokal mit Seeblick –, sondern seinem harmonischen Gesamtensemble. Hier erwartet einen jedoch nicht nur teils urwüchsige, teils kunstvoll gestaltete Natur, sondern als kulturelles Highlight auch das 2005 nach jahrelanger Renovierung wiedereröffnete **de Young Memorial Museum**. Auch die **California Academy of Sciences** residiert hier seit 2008 in einem neuen Domizil, das der Pritzker-Preisträger Renzo Piano ganz im Sinne eines »grünen Museums« entwarf, mit einem üppigen Dachgarten über Planetarium, Aquarium, Naturkundemuseum und Regenwald-Treibhaus: ein auch bezüglich seines Energiehaushalts sensationeller Bau, der die höchste Auszeichnung des »Leadership in Energy and Environmental Design«-Programms errang.

Planetarium und Aquarium

Das hochmoderne, digitale **Morrison Planetarium** bietet Vorführungen zur Welt der Sterne und Planeten – wochentags alle halbe, am Wochenende alle dreiviertel Stunde. Hierfür werden gratis separate Eintrittskarten ausgegeben, die jeweils für die

Besucher genießen die Ruhe am Stow Lake, eines der Highlights im Golden Gate Park

Das viktorianische Conservatory of Flowers nach seiner Renovierung

nächste Vorstellung mit verfügbaren Plätzen gültig sind. (Deshalb sollten Sie sie sofort erwerben, noch bevor Sie das Museum erkunden, sonst können Sie Pech haben).

Im Untergeschoss befindet sich das **Steinhart Aquarium**, wo es (manchmal in drangvoller Enge) 38 000 Lebewesen zu bewundern gibt, im Obergeschoss das **Kimball Natural History Museum** mit sehenswerten Dioramen zur Naturgeschichte.

Spitzenköche verwöhnen den Gast in beiden Lokalen des Museums, dem **Academy Café** und dem eleganten **Moss Room**. Donnerstagsabends von 18 bis 22 Uhr richtet das Museum Besichtigungs-Festivitäten mit Umtrunk und Tanz aus.

Highlights im Park

Die bedeutendsten Sehenswürdigkeiten befinden sich in den östlichen und westlichen Ecken des Parks. Der John F. Kennedy Drive führt – unmittelbar oder doch sehr nahe – auf 5 km Länge zwischen der Stanyan Street und Ocean Beach an einigen von ihnen vorbei. Frisches Grün ist ein solch unverzichtbares Element des Golden Gate Park, dass man sich kaum vorstellen kann, dass fast seine gesamte Fläche einst von Sanddünen bedeckt war. Die heutige Pracht hat der Park John McLaren, seinem Leiter von 1890 bis 1943, zu verdanken. Er hatte aber auch Glück: Der Golden Gate Park befindet sich unmittelbar oberhalb einiger unterirdischer Flüsse.

Wenn Sie nur wenig Zeit haben, konzentrieren Sie sich auf den Ostteil. Fahren Sie zur 8th Avenue (5-Fulton-Bus) und gehen Sie auf dem John F. Kennedy Drive in östlicher Richtung an der Rhododendron Dell vorbei zu den Attraktionen zwischen der 8th Avenue und dem Cross-Over Drive: dem **Japanese Tea Garden** und dem **San Francisco Botanical Garden at Strybing Arboretum**. Wenn Sie etwas mehr Zeit mitbringen können Sie mit dem 5-Fulton-Bus in westlicher Richtung zum Ozean fahren. Gehen Sie an der 36th Avenue auf den Kennedy Drive und nach Süden zum **Buffalo Paddock** oder zur 47th Avenue, in deren Nähe die **Dutch Windmill** und das **Cliff House** liegen.

Das **Conservatory of Flowers**, eine Kopie der Königlichen Botanischen Gärten im englischen Kew Gardens, ist nach einem Sturmschaden Mitte 1990 wieder sehr schön hergestellt. Das Gebäude aus dem 19. Jahrhundert lohnt einen Blick ebenso wie die tropischen und subtropischen Pflanzen der jahreszeitlichen Gärten. Auf der anderen Straßenseite liegt westlich die üppige Rhododendron Dell. Südlich, am Bowling Green Drive, finden Sie den schönen National AIDS Memorial Grove, dahinter den Children's Playground, dessen Karussell 1912 erbaut wurde.

Das mit Kupferplatten verkleidete Gebäude des **de Young Memorial Museums** ist ein Werk des Baseler Architektenbüros Herzog & de Meuron, das 2000 durch den Bau der Tate Modern in London international bekannt wurde. Neben afrikanischen und indianischen Sammlungen bildet das Glanzstück des Museums die John D. Rockefeller III Collection of American Paintings. Außerdem lockt ein Skulpturenpark, und vom markanten **Aussichtsturm** hat man einen grandiosen Blick auf die Bay Area. Freitagabends von 18 bis 20.45 Uhr gibt es im Museum gratis Live-Entertainment.

Japanischer und Botanischer Garten

Teiche, Pagoden und bambusgesäumte Wege schaffen eine friedvolle Atmosphäre im **Japanese Tea Garden**. Magnolien, Kamelien, Azaleen, japanischer Ahorn, Zwergkiefern und andere Pflanzen wachsen in diesem Garten, der für die Midwinter Exposition des Golden Gate Park von 1894 angelegt wurde.

Der sehr gepflegte Japanese Tea Garden

Sie können den Anblick bei einer Tasse Tee vom Teehaus aus genießen. Allerdings wird die Ruhe im Sommer häufig durch Touristenscharen gestört. Ruhiger geht es im nahe gelegenen **San Francisco Botanical Garden at Strybing Arboretum** zu, der zu jeder Jahreszeit einen Besuch wert ist. Über eine Fläche von 22 Hektar verteilen sich biblische Gärten, Duft- und Sukkulentengärten sowie Bäume und Pflanzen von mehreren Kontinenten. Die Naturkunde spielt hier auch eine große Rolle.

KLEINE PAUSE

Die breiten Fenster der im ersten Stock des **Beach Chalet** (► 63), eines 1925 im spanischen Kolonialstil erbauten Gebäudes, gelegenen Kneipe öffnen sich zum Ocean Beach. Lucien Labaudts beeindruckendes Wandgemälde stellt San Francisco in den 30er-Jahren dar.

✚ außerhalb Karte 197 A1
N-Judah (Südseite des Parks)   5-Fulton (Nordseite des Parks)

California Academy of Sciences
✉ 55 Music Concourse Drive   ☎ (415) 321-8000; http://www.calacademy.org
🕐 Mo–Sa 9.30–17, So 11–17 Uhr   ✋ teuer

Conservatory of Flowers
✉ John F. Kennedy Drive zum Conservatory Drive   ☎ (415) 666-7001;
www.conservatoryofflowers.org   🕐 Di–So 10–16.30 (letzter Einlass 16 Uhr)
✋ preiswert

de Young Memorial Museum
✉ 50 Tea Garden Drive, vom John F. Kennedy Drive abzweigend
☎ (415) 750-3600; http://deyoung.famsf.org
🕐 Di–So 9.30–17.15 Uhr (Jan.–Nov. Fr bis 20.45)   ✋ mittel

Japanese Tea Garden
✉ Tea Garden Drive, vom John F. Kennedy Drive abzweigend
☎ (415) 752-1171; http://japaneseteagardensf.com
🕐 März–Okt. tägl. 9–18 Uhr; sonst 9–17 Uhr   ✋ preiswert

San Francisco Botanical Garden at Strybing Arboretum
✉ 9th Avenue at Lincoln Way; www.sfbotanicalgarden.org
☎ (415) 661-1316   🕐 Mo–Fr 8–16.30, Sa–So 10–17 Uhr   ✋ frei

GOLDEN GATE PARK: INSIDER-INFO

Top-Tipps: Besuchen Sie den Park am Wochenende, wenn viele Straßen für den Verkehr gesperrt sind.

■ Im Sommer sollten Sie für einen Besuch des Japanese Tea Garden **spätestens um 9.30 Uhr dort sein**, um lange Warteschlangen zu vermeiden. Sportliche Besucher können Fahrräder oder Inlineskates in den Läden an der Stanyon Street zwischen Page and Waller Street mieten.

Geheimtipp: Wenn Sie von Osten nach Westen gehen, erwarten Sie **weitere Attraktionen des Parks**, darunter Konzerte auf der Bühne beim Music Concourse, der Rose Garden, Stow Lake, der Buffalo Paddock und die Dutch Windmill.

Nach Lust und Laune!

❻ Cliff House

Schon seit mehr als hundert Jahren kommen die Menschen für einen Drink oder eine Mahlzeit zum Cliff House um den phantastischen Seeblick zu genießen. Direkt vor der Küste liegt **Seal Island**, ein Lieblingsplatz für Vögel und Seelöwen. Wenn es nicht zu windig ist, macht es auch Spaß, durch die unmittelbar nördlich vom Cliff House gelegenen Ruinen der **Sutro Baths** zu spazieren, eines gigantischen Badehauses und Schwimmbeckens, das in den 1960-Jahren abbrannte. Zu Essen gibt es nur wenig aufregende amerikanische Kost. Der Brunch ist jedoch nicht schlecht und die Aussicht ist kaum zu übertreffen. ✚ außerhalb Karte 197 A1 ✉ 1090 Point Lobos Avenue ☎ (415) 386-3330; www.cliffhouse.com ⊛ Mo–Sa 9–21.30, So 8.30–21.30 Uhr (Bar So–Do bis 24, Fr bis 1 Uhr) 🚌 18-46th Avenue; 38-Geary (aber nur mit Endstelle Point Lobos oder Fort Miley)

❼ California Palace of the Legion of Honor

Der Palast der »Ehrenlegion«, 1924 im Stil des französischen Klassizismus fertiggestellt, ist eine geschmackvolle, verkleinerte Adaption des Pariser Palais de la Légion d'Honneur aus dem 18. Jahrhundert. Seine Lage auf einer windumwehten Klippe lohnt einen Halt. Es bietet sich ein Panorama der sich nach Osten und Süden ausdehnenden Stadt und der Blick auf das Golden Gate im Norden durch knorrige Zypressen und Kiefern. Auch die Sammlung des Museums ist reizvoll, darunter europäische Kunstwerke bis zum 20. Jahrhundert, Porzellan und Skulpturen von Auguste Rodin. ✚ außerhalb Karte 197 A1 ✉ 34th Avenue an der Clement Street ☎ (415) 750-3600; http://legionofhonor.famsf.org ⊛ Di–So 9.30–17.15 Uhr (letzter Einlass 16.30) 🚌 2-Clement, 18-46th Avenue, 38-Geary ✋ mittel

❽ Golden Gate Bridge

Der Anblick dieses 2,7 km langen Wahrzeichens, das die Stadt mit Marin County verbindet, zählt zu den erhebendsten in San Francisco. Die Türme der Hängebrücke verjüngen sich bis

Das wellenumtoste Cliff House des California Palace of the Legion of Honor

zu ihrer auf einer Höhe von 227 Metern gelegenen Spitze. Das prägnante Orange der Brücke harmoniert mit dem blauen Himmel, dem dunkelgrauen Wasser der Bucht, den braunen bis grünen Hügeln und der Skyline von San Francisco. (Die Navy wollte die Brücke schwarz-gelb streichen, damit sie von den Schiffen aus besser gesehen werden konnte.) Ein Spaziergang über das robuste und elegante Bauwerk kann an einem sonnigen Tag ein umwerfendes Erlebnis sein. Wolken und Wind hingegen sorgen für eisige Kälte. Die Aussichtspunkte an beiden Enden der Brücke bieten großartige Blicke. Eine luftigere Perspektive, bei der die Trossen der Brücke die Stadt quasi einrahmen, haben Sie, wenn man von der nördlichen (Marin-) Seite die Alexander-Avenue-Ausfahrt und die erste Straße links nimmt. Sie unterqueren die US 101, fahren dann rechts und die Conzelman Road zur Landspitze Marin Headlands.

✚ außerhalb Karte 197 A4
☎ www.goldengatebridge.org ⊛ Autos und Fahrräder: rund um die Uhr; Fußgänger: im Sommer 5–21 Uhr; sonst 5–18 Uhr

9 Palace of Fine Arts

Die Stadtväter von San Francisco veranstalteten 1915 die aufwändige Panama-Pacific International Exposition, um zu dokumentieren, dass sich die Stadt vom Erdbeben und Feuer des Jahres 1906 erholt hatte. Die nur für kurze Zeit errichteten Gebäude dieser Messe wurden bis auf den klassizistischen Palast wieder abgebaut. Die Einheimischen hatten ihn so in ihr Herz geschlossen, dass er in den 1960er-Jahren nochmals nachgebaut wurde. Seine elegante Kolonnade grenzt an eine mit Sitzbänken gesäumte Lagune. Im Inneren findet sich das **Exploratorium**, ein interaktives Museum für Naturwissenschaften.

✚ außerhalb Karte 200 A4 ✉ Beach and Baker Street ☎ (415) 561-0360 (Exploratorium); www.palaceoffinearts.org; www.exploratorium. edu ⊛ Exploratorium: Di–So 10–17 Uhr (meist Mo wenn Feiertag); geschl. Thanksgiving, 25. Dez. 🚌 30-Stockton ▯ mittel (1. Mi im Monat freier Eintritt)

»Die kurvenreichste Straße der Welt«

10 »Die kurvenreichste Straße der Welt«

Man kann Wichtigeres mit seiner Zeit anfangen. Aber, was soll's, stürzen Sie sich also diesen unwiderstehlichen Hügel hinunter, dessen Einbahnstraße acht Kurven hat, durch die Autos hindurchmanövriert werden müssen.

✚ 197 A4 ✉ Lombard Street zwischen Hyde und Leavenworth Street (biegen Sie in die Hyde-Street ein) 🚌 19-Polk; Powell-Hyde Straßenbahn

11 Coit Tower/Telegraph Hill

Die exzentrische Lilie Hitchcock Coit stiftete das Geld für die Errichtung des Turms, der die von ihr so bewunderte städtische Feuerwehr ehrt. Die Blicke auf die Bucht und die Innenstadt von diesem 1933 erbauten Gebäude aus suchen ihresgleichen. Wandgemälde stellen Kalifornien in der Zeit der Weltwirtschaftskrise dar. Sollten Sie amouröse Gefühle empfinden, wissen Sie, warum die Leser einer örtlichen Zeitung Coit Tower zum besten Ort für Liebende wählten. Zwei mit Blumen gesäumte Treppen führen vom Coit Tower an Craftsman-Bungalows und

Bronzeskulptur eines Feuerwehrmannes vor dem Coit Tower auf dem Telegraph Hill

anderen Gebäuden entlang den Osthang von Telegraph Hill hinunter. Die **Greenwich Steps** münden in die Montgomery Street, wo sich ein paar Schritte weiter südlich die hölzernen **Filbert Steps** nach Osten fortsetzen. Am Fuß von Telegraph Hill kann man an der Battery Street einen Bus ins Zentrum nehmen oder ein paar Blocks in nördlicher Richtung zur Fisherman's Wharf gehen. Der Spaziergang von North Beach (➤ 47) zum Coit Tower und die Treppen hinunter sorgt für ein paar schöne Stunden.

✚ 197 C4 ✉ Telegraph Hill Boulevard und Greenwich Street ☎ (415) 362-0808 🕐 tägl. 10–18 Uhr (im Sommer bis 18.30) 🚌 39-Coit (vom Washington Square Park, Union-Street-Seite) ✋ preiswert

🔟 Ferry Building

Das 1896 erbaute Ferry Building, das die beiden größten Erdbeben San Franciscos überstand, ganz zu schweigen von dem einstigen Freeway, der drei Jahrzehnte lang die Sicht auf die Fassade dieses Fährhafengebäudes versperrt hatte, ist heute – nach dem Umbau – schließlich als luxuriöse Markthalle mit Feinkost lokaler Produkte wie Fleisch, Fisch und anderer Leckereien auferstanden. Die Bodegas sind das ganze Jahr über geöffnet.

Viermal in der Woche findet der Farmers' Market statt (Di, Do 10–14, Sa 8–14 Uhr), eine großartige Gelegenheit, um sich für ein Picknick am Wasser auszustatten. Besonders beeindruckend: das im natürlichen Licht erstrahlende dreistöckige »Hauptschiff« der Markthalle (von den Einheimischen *skylit nave* genannt).

✚ außerhalb Karte 197 C2 ✉ Ecke Embarcadero und Market Street ☎ (415) 983-8000; www.ferrybuildingmarketplace.com 🕐 Mo–Sa 10–18, So 11–17 Uhr (unterschiedl. Öffnungszeiten der Restaurants); geschl. 1. Jan, Thanksgiving, 25. Dez 🚇 Embarcadero Station (BART u. alle Muni-Bahnhöfe); F-line Straßenbahn 🚌 1-California

🔟 Haas-Lilienthal House

Viele Häuser an der breiten Van Ness Avenue wurden 1906 gesprengt, um das Vordringen der Feuer zu stoppen, die auf das Erdbeben gefolgt waren. Das imponierende, im Stil der englischen Architektur des frühen 18. Jahrhunderts erbaute Haas-Lilienthal-Haus gehörte zu den Nutznießern dieser Strategie. Mit seinen 24 im Stil der Zeit dekorierten Räumen war dieses 1886 für den bekannten deutschstämmigen Kaufmann William Haas erbaute Haus im Vergleich zu den zerstörten Anwesen bescheiden. Es ist aber immer noch ein luxuriöses Gebäude, von dem Sie sich während der einstündigen Führung selbst einen Eindruck verschaffen können. Rundgänge durch Pacific Heights beginnen hier sonntags um 12.30 Uhr.

✚ 197 A2 ✉ 2007 Franklin Street, nahe der Washington Street ☎ (415) 441-3004; www.sfheritage.org 🕐 Mi, Sa 12–16 Uhr (letzte Führung 15 Uhr), So 11–17 Uhr (letzte Führung 16 Uhr) 🚌 1-California, 27 Bryant, 47–49 Van Ness/Mission ✋ mittel

🔟 Nob Hill

Nob Hill ist eines der reizvollsten Viertel der Stadt. Es entwickelte sich zu der Adresse des 19. Jahrhunderts, als die »vier Großen« der Eisenbahnfürsten – Charles Crocker, Leland Stanford, Mark Hopkins und Collis Huntington – Tausende Dollar ausgaben, um sich in der Nähe der California und Mason Street Anwesen

WIE FUNKTIONIERT DIE CABLE CAR?

Unter der Powell, der Hyde, der Mason und der California Street verlaufen Drahtseile. Um eine *cable car* in Gang zu setzen, benutzt der »Greifer« eine lange Stange gleichen Namens, die sich in das Drahtseil einklinkt, sodass die Bahn mitgezogen wird. Um anzuhalten, löst dieser die Stange wieder vom Drahtseil. Im **Cable Car Museum** sieht man die Antriebsräder für die Kabel. (Mason und Washington Street, Tel. 415/474-1887; April–Sept. tägl. 10 bis 18 Uhr; sonst 10–17 Uhr; geschl. 1. Jan, Ostersonntag, Thanksgiving, 25. Dez. Bus: 1-California; Powell-Hyde and Powell-Mason cable cars; Eintritt frei).

zu bauen. Die **Grace Cathedral** (California und Taylor Street) steht auf dem Grund des ehemaligen Hauses von Crocker, das ebenso wie die Anwesen seiner Freunde im Erdbeben und Feuer von 1906 zerstört wurde. Das Fairmont Hotel (California und Mason Street) brannte kurz vor seiner Eröffnung aus, die Hülle aber überlebte, auch die der James Flood Mansion aus rotem Sandstein auf der anderen Seite der Mason Street (heute der Pacific Union Club). Um die

Aussicht zu genießen, sollten Sie **Top of the Mark** (➤ 69) besuchen, die Bar des Mark Hopkins International Hotel mit Blick auf die Skyline (California und Mason Street). ✚ 197 A2 1-California Bus; alle Cable-Car-Linien

15 Union Square

Die Warenhäuser Niketown, Tiffany & Company, Neiman Marcus und Macy's sind im Trubel des Zentrums und des Financial District zu Hause. An der Westseite des Platzes liegt das Westin St. Francis, wo Fatty Arbuckles Karriere mit der verhängnisvollen Party endete. Gegenüber liegt Maiden Lane, im 19. Jahrhundert der Rotlichtbezirk, heute Heimat feiner Geschäfte. Die runde Rampe an der Galerie in 140 Maiden Lane soll Frank Lloyd Wrights Probe für das Guggenheim Museum in New York gewesen sein. Drei Blocks südlich vom Union Square auf der Powell Street liegen das San Francisco Visitor Information Center (➤ 31) und der Wendepunkt für zwei Straßenbahnlinien. ✚ 197 C2 3-Jackson, 30-Stockton, 38-Geary, Powell-Hyde und Powell-Mason-Cable-Cars

Die mächtige Kuppel des von einem Park umgebenen Civic Centers

16 Civic Center

Die Lichtstrahlen und die marmornen Stufen seiner massiven Rotunde scheinen vom Himmel auf das Hauptstockwerk von San Franciscos flotter **City Hall** (Polk und McAllister Street) herunterzufallen. Kostenlose Führungen (Tel. 415/554-602) durch dieses 1915 im Stil des französischen Barockrevivals errichtete Gebäude, in dem Marilyn Monroe den Baseballstar Joe DiMaggio heiratete, finden täglich statt. Auf der anderen Seite der Civic Center Plaza liegt das **Asian Art Museum** (Larkin und McAllister Street; Tel. 415/581-3500; mittel) mit Ausstellungsstücken aus über 30 Ländern.

✚ 197 A1 ✉ Ecke Polk und McAllister
☎ (415) 554-6023; http://sfgsa.org Ⓜ Civic Center (BART und alle Muni); Van Ness (Muni) G5-Fulton, 19-Polk, 21-Hayes, 47-Van Ness

Asian Art Museum
✚ 197 A1 ✉ Ecke Polk und McAllister
☎ (415) 581-3500; www.asianart.org
🕐 Di–So 10–17 (Feb.–Sept. bis 21 Uhr)
✋ mittel

17 Hayes Valley

Die westlich von der Van Ness Avenue gelegene Hayes Street wird von Geschäften gesäumt, die originell, aber nicht zu verrückt, unkonventionell, aber nicht zu ausgeflippt sind. Ein Milchkaffee, was Süßes oder ein Sandwich im La Boulange (500 Hayes Street, Tel. 415/863-3376, tägl. 7–19 Uhr) ist nach einer Shoppingtour ideal.

Malerisches altes Haus mit bunter Fassade in Haight-Ashbury

18 Haight Street

Ein Musikkritiker aus San Francisco schrieb, dass der »Summer of Love« von 1967 niemals stattgefunden habe, sondern er nur ein Hirngespinst von Journalisten gewesen sei. Dies würde es nur noch ironischer machen, dass die Ecke Haight und Ashbury Street, das Zentrum der Flower-Power-Zeit, bis zum heutigen Tag eine Art Pilgerziel für viele Besucher ist. Ob es nun einen »Summer of Love« gegeben hat oder nicht, bis auf die abgemagerten Gestalten in ihren gefärbten Hemden, die um Kleingeld betteln und Joints verkaufen wollen, deutet heute kaum etwas darauf hin. In der Ben-and-Jerry's-Filiale an der Ecke Haight und Ashbury bekommt man immerhin Cherry-Garcia-Eiscreme, die nach dem verstorbenen Grateful-Dead-Musiker Jerry Garcia benannt ist, der in 710 Ashbury Street in der Nähe wohnte. Eine Oase des Idealismus der Sechzigerjahre ist das **Red Victorian Bed, Breakfast & Art** (1665 Haight Street, nahe Cole Street). In seiner Peace Center Arts Gallery finden sich Poster und T-Shirts.

✚ außerhalb Karte 197 A1
🚌 33-Stanyan, 71-Haight-Noriega

19 Mission Dolores

Das älteste Gebäude San Franciscos, 1791 entstanden, heißt offiziell Misión San Francisco de Asis. Die aus Adobe-

Von San Franciscos zweithöchstem Punkt **Twin Peaks** aus sieht man im Norden Marin County, im Osten Oakland. Trotz gelegentlich heftigen Windes ist das Panorama grandios. (Twin Peaks Boulevard, von Portola Drive abzweigend; nehmen Sie von Castro aus die Market Street Richtung Westen.) Bus 37-Corbett (von der Nordseite der Market Street westlich der Castro Street).

ziegeln gebauten 1,2 m dicken Wände der Kapelle haben schon mehrere Erdbeben überstanden. Hier befinden sich noch die ursprünglichen, in Mexiko gegossenen Glocken wie auch die originalen Stützpfähle aus Redwood-Holz. Für die Deckenmalereien wurden Gemüsefarben benutzt.

✝ außerhalb Karte 197 B1 ✉ Ecke Dolores und 16th Street ☎ (415) 621-8203; www.missiondolores.org 🕐 tägl. 9–16 Uhr (Mai–Okt. bis 16.30); geschl. 1. Jan., Thanksgiving und 25. Dez. 🚇 J-Church (Muni), historische Straßenbahn der F-line; BART (16th und Mission Street) 🚌 22-Fillmore ✋ preiswert

20 Castro District

In den Siebzigerjahren ließen sich in diesem Wohnviertel der Mittelklasse Homosexuelle nieder. Schon bald hatte sich die Gegend einen internationalen Ruf als ein Mekka der Schwulen-Szene erworben. Die neuen Bewohner unterstützten die Wahl von Harvey Milk, der ein Fotogeschäft auf der Castro Street betrieb und das erste offen homosexuelle Mitglied der Stadtregierung war. Zwei weitere wichtige Orte liegen auf der anderen Seite der Castro Street. Die **Twin Peaks Tavern** (401 Castro Street) war eine der ersten Bars für Homosexuelle, deren Fenster sich zur Straße öffneten. Wenige Türen weiter steht das im spanischen Stil erbaute **Castro Theatre** (429th Castro Street), das 1922 ursprünglich als Stummfilmkino fungiert hatte. Zwischen den Shows spielt fast jeden Abend ein Organist die Mighty Wurlitzer. Die Nachbarschaft wimmelt von Läden mit homosexuellen Besitzern.

✝ außerhalb Karte 197 A1 🚇 Muni (K, L, M), Straßenbahn der F-line 🚌 24-Divisadero, 33-Stanyan, 37-Corbett

21 Mission District

Die Mission Dolores liegt an der nördlichen Grenze des Mission District, viele Jahre eine der wichtigsten lateinamerikanischen Wohngegenden. Heute erlebt dieser Bezirk einen Aufschwung, da viele Asiaten, Araber und erfolgreiche junge Leute hierhin ziehen. Ein beliebter Abschnitt ist der Valencia Corridor, die acht Blocks der Valencia Street zwischen der 16th und der 24th Street, wo es zahlreiche billige Geschäfte, preiswerte Lokale und Buchläden gibt. An der 24th Street, zwischen Mission und Bryant Street ist der lateinamerikanische Einfluss am stärksten. Im **Precita Eyes Mural Arts & Visitors Center** (2981 24th Street, nahe der Alabama Street, Tel. 415/285-2287, tägl.), führt Sie eine dort erhältliche Lagekarte zu den Wandmalereien dieser Gegend, darunter die Werke vieler lateinamerikanischer Künstler. In der **Galeria de la Raza/Studio 24** (2857 24th Street, an der Bryant Street, Tel. 415/826-8009, Di–Sa) werden Werke von Amerikanern und Lateinamerikanern ausgestellt und verkauft.

✝ außerhalb Karte 197 B1 🚇 BART (16th Street, 24th Street) 🚌 14-Mission, 22-Fillmore, 26-Valencia, 27-Bryant, 48-Quintara/24th Street

Mission District: bekannt für seine dramatischen Wandgemälde

Etwas außerhalb

22 Point Reyes National Seashore

Küsten-Miwoks besiedelten vor Jahrhunderten die möglicherweise schönste Wildnis in der ganzen Bay Area, die heutige Point Reyes National Seashore. Ein guter erster Stopp, das Bear Valley Visitor Center 61 km nordwestlich von San Francisco, erreichen Sie von Olema aus über den Highway 1. Der kürzere von zwei leicht zu bewältigenden Spazierwegen führt zu **Kule Loklo**, einem nachgebauten Miwok-Dorf. Der etwas längere Earthquake Trail kreuzt die San-Andreas-Spalte. Hier steht ein Zaun, der sich während des Bebens von 1906 um fünf Meter verschob. Das 34 km vom Besucherzentrum gelegene **Point Reyes Lighthouse** thront auf einem Felsvorsprung, zu dem 308 steile Stufen hinabführen. Die Klippe oberhalb wird als der windigste Punkt an der amerikanischen Westküste bezeichnet. Eine Besichtigung des Point Reyes und Muir Woods National Monument ist ein schöner Tagesausflug von San Francisco aus.

198 C1 Highway 1 (nehmen Sie von San Francisco aus die US 101 in nördlicher Richtung zur Ausfahrt Mill Valley/Stinson Beach und folgen Sie den Wegweisern) Besucherzentrum: (415) 464-1500; www.nps.gov/pore visitor center; Leuchtturm: (415) 669-1534 Park: täglich 24 Stunden; Besucherzentrum: Mo–Fr 9–17 Uhr, Sa–So 8–17 Uhr; Leuchtturm: Do–Mo 10–17 Uhr (Treppe geschl. ab 16.30 Uhr) frei

23 Muir Woods National Monument

Die Redwoods in diesem 18 km von der Golden Gate Bridge entfernten Küstenwald werden über 60 Meter hoch. Wenn Sie auf Ihrer Reise durch Kalifornien keine anderen Redwood-Wälder besuchen, stoppen Sie in Muir Woods. Von Mai bis Oktober besucht man ihn am besten vor 10 oder nach 16 Uhr, wenn weniger Menschen da sind. Aber die meisten verlassen ohnehin nicht die befestigten Wege. Um einen guten Eindruck vom Pflanzen- und Tierleben zu bekommen, sollten Sie den Hauptweg bis zu Bridge 4 folgen, von da aus zum Eingang, aber den nicht so überlaufenen Hillside Trail benutzen. Für die 3 km benötigt man etwas mehr als eine Stunde (Wegekarten am Parkeingang).

198 C1 Muir Woods Road, neben dem Panoramic Highway (nehmen Sie von San Francisco aus die US 101 nach Norden zur Ausfahrt Mill Valley/Stinson Beach und folgen Sie den Wegweisern) (415) 388-2595; www.nps.gov/muwo tägl. 8 Uhr bis Sonnenuntergang preiswert

Ideal für einen Strandspaziergang ist Point Reyes mit seinen Austernbänken

Redwood-Baumriesen im Muir Woods National Monument

24 Sausalito

Die Stadt auf der gegenüberliegenden Seite der Bucht ist so bieder geworden, dass Spuren ihrer bewegten Vergangenheit kaum erhalten sind. Im 19. Jahrhundert verkehrten hier Schmuggler und Seeleute. Ihnen folgten Mitte des 20. Jahrhunderts viele Künstlern und Nonkonformisten. Am besten besucht man die zu Fuß zu bewältigende Stadt mit dem Boot, entweder der **Golden Gate Ferry** (Tel. 511, gebührenfrei, oder 415/455-2000 von außerhalb der Bay Area) vom Ferry Building (Market Street und Embarcadero in San Francisco) aus oder mit der **Blue & Gold Fleet** (Tel. 415/773-1188) von Pier 41 aus. Der Bridgeway, die örtliche Hauptstraße, bietet Geschäfte und Restaurants.

✚ 200 A5　✉ neben der US 101 (nehmen Sie die Alexander-Avenue-Ausfahrt am Nordende der Golden Gate Bridge und folgen Sie den Wegweisern ins Zentrum)
🚌 Route 10/Golden Gate Transit

25 Filoli

6,5 Hektar Garten umgeben das 42 km südlich von San Francisco gelegene 43-Zimmer-Anwesen, das für William Bowers Bourn II. errichtet wurde, dessen Imperium unter anderem die **Empire Mine** (► 84) umfasste. Das Äußere dieses im palladianischen Stil erbauten Gebäudes diente in der Ein-führungssequenz der Fernsehserie Denver Clan als Anwesen der Carringtons. Wenn Sie schon europäische Herrenhäuser oder Hearst Castle in Kalifornien besucht haben, werden Sie die Hausführung nicht allzu spektakulär finden. Die als eine Reihe von »Räumen« angelegten Gärten aber sind herausragend.

✚ 200 A5　✉ Canada Road, westlich von der Edgewood-Road-Ausfahrt der I-280　☎ (650) 364-2880; www.filoli.or 🕓 Di–Sa 10–14.30, So 11–14.30 Uhr (Rundgänge ohne Führung), Di–Do 10–14.30 Uhr (Führungen; Reservierung empfohlen), Mitte Feb.–31. Okt.　✋ mittel

26 Winchester Mystery House

Die Waffenfabrikerbin Sarah Winchester glaubte einer Prophezeiung, derzufolge sie sterben werde, wenn die Bauarbeiten an ihrem Haus endeten. Folglich wurde von 1884 bis zu ihrem Tod 38 Jahre später unaufhörlich erweitert. Die 160 Zimmer umfassen Kuriositäten wie an der Decke endende Treppenhäuser, aber auch modische Elemente wie Tiffanyfenster und Parkettböden mit Einlegearbeiten.

✚ 200 B5　✉ 525 S. Winchester Boulevard, neben der I-280, San Jose　☎ (408) 247-2101; www.winchestermysteryhouse.com
🕓 April–Sept. tägl. 8–17 (Anwesen), 8–19 Uhr (Wohnhaus); Okt.–März 9–15 (Anwesen), 9–17 Uhr (Wohnhaus)　✋ teuer

AMÜSIEREN SIE SICH

Das **Tech Museum of Innovation** (201 S. Market Street, San Jose, Tel. 408/294-8324, mittel) widmet sich interaktiv Kommunikationstechnik, Medizin, Computern, Astronomie und dergleichen.
Six Flags Discovery Kingdom (2001 Marine World Parkway, neben Highway 37, Vallejo, Tel. 707/643-6722, teuer) 56 km nordöstlich von San Francisco kombiniert Fahrgeschäfte mit Meerestiershows.
Vergnügungspark **California's Great America** (Great America Parkway, neben der US 101, Santa Clara, Tel. 408/988-1776, teuer) südlich der Stadt. Beide Parks im Winter geschlossen.

Wohin zum ...
Übernachten?

Preise
Pro Nacht im Doppelzimmer (ohne Steuern):
$ unter 100 $ $$ 100–175 $ $$$ über 175 $

◈◈◈ Chancellor Hotel $$

Das 15-stöckige Hotel bietet Komfort zu gemäßigten Preisen. Die hohen Räume sind von mittlerer Größe und besitzen Deckenventilatoren. Tiefe Badewannen verleihen dem Bad einen Hauch von Luxus. Die meisten der 137 Zimmer können nicht mehr als drei Personen beherbergen, aber es gibt auch einige Suiten, die über zwei Zimmer verfügen. Zudem besitzt das Hotel ein eigenes Restaurant und eine Bar.
✚ 197 C2 ✉ 433 Powell Street, San Francisco, CA 94102 ☎ (415) 362-2004 oder (800) 428-4748; www.chancellorhotel.com

◈◈ Cow Hollow Motor Inn & Suites $–$$

In angenehmer Umgebung nahe Union und Chestnut Street gelegen, gut geführt und mit zivilen Preisen, kostenlosem Internet-Zugang und Parkplatz.
✚ außerhalb Karte 197 A2 ✉ 2190 Lombard Street, San Francisco, CA 94123 ☎ 415/921-5800; www.cowhollowmotorinn.com

◈◈ Hotel Del Sol $–$$

Anders als die Billig-Motels auf der Lombard Street westlich der Van Ness Avenue gehört dieses individuellere, farbenfrohe Haus mit 57 Zimmern zur soliden Kette »Joie de Vivre« und liegt in einer ruhigen Seitenstraße des Marina Districts, unweit Chestnut und Union Street mit ihren schönen Läden und Restaurants. Town Car Service und beheizter Swimmingpool.
✚ außerhalb Karte 197 A4 ✉ 3100 Webster Street, San Francisco, CA 94123 ☎ (415) 921-5520 oder (877) 433-5765; www.jdvhotels.com/hotels/sanfrancisco/del_sol

◈◈◈ Hotel Diva $$

Zentral, nur einen Block vom Union Square entfernt im Theaterbezirk gelegen, bietet das moderne Haus mit 116 komfortablen Zimmern ein gutes Preis-Leistungsverhältnis auch für Gäste mit Hunden. Gewöhnungsbedürftig sind das Edelstahl-Design der Lobby und entsprechende Kopfenden als Pendant in den Zimmern mit kobaltblauem Teppichboden, coolem Licht und Schlafkomfort. Zu den Annehmlichkeiten gehören außerdem High-Speed Internet, private iPod Docking Stations und ein Fitness-Raum.
✚ 197 B2 ✉ 440 Geary Street, San Francisco, CA 94102 ☎ (415) 885-0200 oder (800) 553-1900; www.hoteldiva.com

◈◈◈ Hotel Monaco $$$

Nahe dem Union Square gelegenes, sehr eindrucksvolles und luxuriöses Hotel. Es besitzt eine Beaux-Arts-Fassade, ein aufregendes Foyer – wo Sie unter der bemalten Gewölbedecke abends auf Kosten des Hauses Wein am Kamin trinken können – sowie 201 lebhaft dekorierte Zimmer, einige mit Whirlpools.
✚ 197 B2 ✉ 501 Geary Street, San Francisco, CA 94102 ☎ (415) 292-0100 oder (866) 622-5284; www.monaco-sf.com

◈◈◈ Hotel Rex $$–$$$

Das Rex ist eine stilvolle Replik der Literatensalons des San Francisco der 1920er-Jahre. Es besitzt ein Foyer, dessen Wände voller Bücher stehen, und die 94 Zimmer sind mit Walnuss-Schränkchen dekoriert. Marmorbäder verleihen einen Hauch von Luxus. Im Foyer lädt eine heimelige Lounge zum Verweilen ein.

✜ 197 B2 ✉ 562 Sutter Street, San Francisco, CA 94102 ☎ (415) 433-4434 oder (800) 433-4434; http://jdvhotels28-px.trvlclick.com/hotels/rex

◈◈◈ Ritz-Carlton $$$

Das Ritz-Carlton dürfte San Franciscos feinstes Hotel sein. Alles atmet hier Luxus. Das klassizistische Gebäude selbst ist sehr eindrucksvoll. Das Foyer und die Flure sind mit Antiquitäten und Gemälden ausgestattet, die Zimmer üppig möbliert, und die Bäder quellen über vor italienischem Marmor, der Service ist bemerkenswert liebenswürdig.
✜ 197 C3 ✉ 600 Stockton Street, San Francisco, CA 94108 ☎ (415) 296-7465 oder (800) 241-3333; www.ritzcarlton.com

◈◈◈ Taj $$$

Nicht weit vom Union Square gelegen setzt das Taj den Maßstab für erstklassigen Service in San Francisco. Intim, ruhig, luxuriös und mit nur 110 Zimmern. Sobald Sie das Foyer betreten sind Sie von Eleganz umgeben. Zu den Glanzstücken Ihres komfortablen Zimmers gehören ein antiker Schreibtisch und ein Marmorbad. Viele Zimmer haben Sitzecken. Das Hotelrestaurant Campton Place (◈◈◈) gilt als die Top-Adresse der Stadt.
✜ 197 C2 ✉ 340 Stockton Street, San Francisco, CA 94108 ☎ (415) 781-5555 oder (866) 332 1670; www.tajhotels.com/sanfrancisco

◈◈ White Swan Inn $$–$$$

Der White Swan ist unter den zahlreichen zentralen Bed & Breakfasts das eleganteste. Die Innendekoration des edwardianischen Gebäudes von 1908 erinnert an ein englisches Stadthaus. Dieses Gefühl hat man auch in den 26 großen Zimmern mit Kaminen und Himmelbetten ebenso wie in der Bibliothek, wo nachmittags kleine Häppchen serviert werden. Man kann das Frühstücksbüfett auf dem Zimmer oder im Salon genießen.
✜ 197 B2 ✉ 845 Bush Street, San Francisco, CA 94108 ☎ (415) 775-1755 oder (800) 999-9570; http://jdvhotels49-px.trvlclick.com/hotels/white_swan_inn

Wohin zum ...
Essen und Trinken?

◈◈ Absinthe $$$

Dieses feine französische Bistro im Gebiet des Civic Center gehört zu den besten Lokalen für einen Drink oder eine Mahlzeit vor oder nach einem Sinfoniekonzert, einer Oper oder einem Ballettbesuch. Die Appetithäppchen und Vorspeisen sind großzügig bemessen und sehr delikat. Probieren Sie die verführerische kalte Meeresfrüchteplatte. Die Sitzgelegenheiten sind bequem.
✜ 197 A1 ✉ 398 Hayes Street, San Francisco ☎ (415) 551-1590; www.absinthe.com ⊕ Di–Fr 11.30–24, Sa 11–24, So 11–22 Uhr (Do–Sa Bar bis 2); geschl. 1. und 2. Jan, Thanksgiving und Tag danach, 25. und 26. Dez.

◈◈ Beach Chalet $–$$

Diese Kombination aus Brauereikneipe und Restaurant nimmt das obere Stockwerk eines historischen Gebäudes am Westrand des Golden Gate Park ein. Als eines der malerischsten und freundlichsten Lokale in San Francisco ist es gegen Sonnenuntergang und zum Sonntagsbrunch häufig überfüllt. Wenn Sie essen wollen, können Sie von einer speziellen amerikanischen Karte mit Fisch und Meeresfrüchten, Nudelgerichten, Sandwiches und Snacks wählen. Vom Park Chalet Garden Restaurant auf der Rückseite haben die Gäste Blick auf den angrenzenden Park.

✚ außerhalb Karte 197 A1 ✉ 1000 Great Highway, Golden Gate Park, San Francisco ☎ (415) 386-8439; www.beachchalet.com ◷ Frühstück: Mo–Fr 9–11, Sa–So 8–14 Uhr; mittags: tägl. 11–17 Uhr; abends: So–Do 17–22, Fr–Sa 17 bis 23 Uhr; geschl. 25. Dez

Bix $$–$$$

Abendlokal im Art-déco-Stil der 1930er-Jahren. Suchen Sie sich einen Platz an der Theke, bestellen Sie einen Martini oder Cosmopolitan und hören Sie dem Klavierspieler zu. Oder aber bitten Sie um einen Tisch im Unter- oder Zwischengeschoss und kosten Sie die amerikanischen Gerichte. ✚ 197 C3 ✉ 56 Gold Street, San Francisco, zwischen Montgomery und Sansome Street ☎ (415) 433-6300; www.bixrestaurant.com ◷ mittags: Fr 11.30–14.30 Uhr; abends: Mo–Do 17.30–23, Fr–Sa 17.30–24, So 17.30–23 Uhr

Boulevard $$$

Das Boulevard gehört innen wie außen zu den schönsten Restaurants. Es nimmt das Erdgeschoss des Audiffred Building ein, eines 1889 erbauten Schmuckstücks auf dem Embarcadero. Die Dekoration könnte direkt aus Paris stammen. Aber die Kreationen der Küchenchefin Nancy Oakes sind kalifornisch ausgerichtet und durchsetzt von mediterranen, asiatischen und lateinamerikanischen Elementen. Die Karte basiert auf Zutaten der jeweiligen Saison und wechselt häufig. ✚ außerhalb Karte 197 C2 ✉ 1 Mission Street, San Francisco ☎ (415) 543-6084; www.boulevardrestaurant.com ◷ mittags: Mo–Fr 11.30–14 Uhr; abends: So–Do 17.30–22, Fr–Sa 17.30–22.30 Uhr; geschl. 1. Jan, Thanksgiving, 25. und 31. Dez.

Chez Panisse $$$

Seit den 1970er-Jahren hat Alice Walkers Gastronomietempel immer wieder die kalifornische Küche revolutioniert. Es ist seit dieser Zeit eines der Toprestaurants in der Bay Area und für besondere Gelegenheiten sehr geeignet. Jeden Abend wird zweimal ein Menü serviert, das aus frischen jahreszeitlichen Zutaten besteht. Auch wenn es hier recht kostspielig ist, sind Montagabende vergleichsweise preiswert. Im oberen Stock gibt es ein legeres Café (Tel. 510/548-5049), das mittags wie abends außergewöhnliche Salate, leckere Pizzen und mehr serviert. ✚ 200 A5 ✉ 1517 Shattuck Avenue, Berkeley ☎ (510) 548-5525; www.chezpanisse.com ◷ Chez Panisse: Mo–Sa 18–22.30; Café: mittags: Mo–Do 11.30–15, Fr–Sa 11.30 bis 15.30 Uhr; abends: Mo–Do 17–22.30, Fr–Sa 17–23.30 Uhr

Delfina $$–$$$

Die lebhafte Trattoria im zwar leicht heruntergekommenen, aber dennoch stets ansehnlicher werdenden Mission District San Franciscos ist nach wie vor beliebt und die Speisen sind ein kulinarischer Genuss. Aufgrund seiner ungünstigen Lage mag es dem italienischen Speiselokal vielleicht an Charme mangeln, dies aber machen Geschmack und Qualität der Köstlichkeiten längst wieder gut. Die Gerichte variieren je nach Saison, auf der Karte könnte aber z. B. stehen: Stahlkopfforelle mit Lauchgemüse an Zitronenkapernbutter (von Meyer-Zitronen) oder geröstete Lammkeule mit Cannellini-Bohnen und schwarzen Oliven, dazu Weine aus Italien und Kalifornien. Das Delfina-Café ist direkt nebenan. ✚ außerhalb Karte 197 B2 ✉ 3621 18th Street, San Francisco ☎ (415) 522-4055; www.delfinasf.com ◷ abends: Mo–Do 17.30 bis 22, Fr–Sa 17.30–23, So 17–22 Uhr

Gary Danko $$$

Dieses Restaurant im Fisherman's Wharf von San Francisco genießt bei vielen Besuchern den besten Ruf. Die Gäste können Menüs zeitgenössischer amerikanischer Küche mit bis zu fünf Gängen wählen, das Angebot der einzelnen Gänge ist dabei ebenfalls groß. Versäumen Sie keinesfalls den Käsegang, bei dem 16 bis 20 kalifornische und internationale Käsesorten zur Auswahl stehen. Die Speisen, der Wein sowie der Service sind einmalig. ✚ 197 B4 ✉ 800 North Point Street, San Francisco ☎ (415) 749-2060; www.garydanko.com ◷ abends: tägl. 17.30–22 Uhr

Greens $$

Dieses schon seit langer Zeit sehr beliebte vegetarische Restaurant hat auch unter Fleischessern viele Anhänger. Die bemerken u. U. nicht einmal, dass die köstliche Pizza mit Rote Bete anstelle von Wurst belegt ist und die großartigen *Enchiladas* mit Ziegenkäse anstatt Hühnchen gefüllt sind. Samstagsabends gibt es ausschließlich spezielle Fünf-Gänge-Menüs zu einem festen Preis.

✚ außerhalb Karte 197 A4
✉ Fort Mason Center, Building A, San Francisco ☎ (415) 771-6222; www.greensrestaurant.com
◷ mittags: Di–Sa 11.45–14.30, So 10.30–14 Uhr; abends: tägl. 17.30–21 Uhr

The House $$–$$$

Mit asiatisch inspirierter Kost wartet dieses minimalistische Restaurant auf, etwas abseits des Touristentrubels von North Beach. Der kreative einheimische Küchenchef serviert ausgefallene Gerichte wie Blue Lake Bean Tempura oder Lachs mit Sesam-Soja-Kruste in Bonito-Sake-Sud. Alles etwas eng hier, aber mit nettem, aufmerksamem Service.

✚ 197 C4
✉ 1230 Grant Avenue, San Francisco
☎ (415) 986-8612; www.thehse.com
◷ mittags: Mo–Sa 11.30–14.30 Uhr; abends So–Do 17.30–22, Fr, Sa 17.30–23 Uhr

La Mar Cebicheria Peruana $$$

In großartigem Ambiente am Embarcadero hat der international tätige Küchenchef Gaston Acurio sein erstes Lokal in Nordamerika eröffnet. Seine traditionelle peruanische Küche ist äußerst beliebt bei Einheimischen, die auf der opulenten Karte die Wahl haben etwa unter Spezialitäten wie *ceviches* (Fisch und Krustentier) oder *lomo saltado*, einem Pfannengericht mit sautiertem Tenderloin-Beef, Zwiebeln, Tomaten und Koriander mit Bratkartoffeln und Reis. Unter den Cocktails erwartungsgemäß: *Pisco sour* und *Pisco punch*.

✚ außerhalb Karte 197 C4 ✉ Pier 1.5 (Embarcadero), San Francisco ☎ (415) 397-8880; www.lamarcebicheria.com
◷ Mo–Do 11.30–14.30, 17.30–22 Uhr, Fr bis 22.30 Uhr, Sa 12–14.30, 17.30–22.30, So 12–14.30, 17.30–21 Uhr

Slanted Door $$–$$$

In einer Stadt, in der man gutes vietnamesisches Essen als selbstverständlich erachtet, spielt das Slanted Door in der ersten Liga. Am Ferry Building (➤ 56) gelegen, zieht es Gäste aus ganz San Francisco an, die begierig sind, die einfallsreichen Gerichte von Küchenchef Charles Phan zu kosten. Stellen Sie sich auf eine unruhige Umgebung und darauf ein, selbst mit einer Reservierung auf einen Tisch warten zu müssen. Die Karte mit ihren jahreszeitlichen Zutaten bietet unter anderem frische Frühlingsrollen, pikant gewürzten Tintenfisch sowie karamellisierte Krabben.

✚ außerhalb Karte 197 C4 ✉ Embarcadero und Market Street, San Francisco
☎ (415) 861-8032; www.slanteddoor.com

◷ mittags: tägl. 11.30–14.30, So bis 15 Uhr; abends: tägl. 17.30–22 Uhr

Tommaso's Restaurant $$

In diesem alteingesessenen italienischen Familienbetrieb in North Beach ist immer der Teufel los, schon wegen der ausgezeichneten Holzofen-Pizza (angeblich seinerzeit die erste an der ganzen Westküste), aber auch einer soliden Auswahl an Pasta, Salaten und Leckereien aus dem Backofen. Renner unter den Desserts ist Tiramisù. Einen Tisch reservieren kann man hier nicht, machen Sie sich daher auf etwas Wartezeit gefasst.

✚ 197 C3 ✉ 1042 Kearny Street, San Francisco ☎ (415) 398-9696; www.tommasos.com ◷ Di–Sa 17–20.30, So 16–21.30 Uhr

Ton Kiang Restaurant Dim-Sum Seafood $

Dies ist eines der beliebtesten chinesischen Restaurants San Franciscos in einer ethnischen Nachbarschaft. Es liegt am stark asiatisch geprägten Geary Boulevard einige Blocks vom Golden Gate Park. Genießen Sie mittags außergewöhnliches *Dim sum* oder abends chinesisch zubereiteten frischen Fisch und frische Meeresfrüchte. Besonders gut: in Salz gebackenes Hühnchen.

✛ außerhalb Karte 197 A1
✉ 5821 Geary Boulevard, San Francisco
☎ (415) 387-8273; www.tonkiang.net
⊕ Mo–Do 10–21, Fr 10–21.30, Sa 9.30–21.30, So 9–21 Uhr

〰〰〰 Zarzuela $$

In ansprechender Umgebung und mit schönem Blick speist man bei diesem Spanier auf dem Russian Hill: Vor der Tür rattert regelmäßig die Hyde Street Cable Car vorbei, und mit Aussicht auf Coit Tower und Alcatraz munden hier, freundlich serviert, Paella mit Meeresfrüchten, Tapas und Sangría. Einzige Wermutstropfen: Man kann weder reservieren noch in der Nähe parken.

✛ 197 A4 ✉ 2000 Hyde Street, San Francisco ☎ (415) 346-0800; www.themenupage.com/zarzuela.html
⊕ Di–Do 17.30–22, Fr–Sa 17.30–23 Uhr

〰〰〰 Zuni Café $$–$$$

Manche kommen, um sich die Menschen hier anzugucken – was sich vor allem in der schicken Kupferbar abspielt –, und manche wegen Judy Rodgers erstklassiger mediterraner Küche. Aber über kurz oder lang kommt jeder ins Zuni, das seit drei Jahrzehnten eine lokale Institution ist. Der Holzfeuerofen produziert ein großartiges im Ganzen gebratenes Huhn, und der Caesar-Salat und die Hamburger auf *focaccia* sind Klassiker. Suchen Sie sich auf dem Balkon einen Platz, um einen Überblick zu bekommen, oder spülen Sie in der Bar im Erdgeschoss mit einem Martini oder einer Bloody Mary ein paar Austern hinunter.

✛ außerhalb Karte 197 B1 ✉ 1658 Market Street, San Francisco ☎ (415) 552-2522; www.zunicafe.com ⊕ Di–Do 11.30–23, Fr–Sa 11.30–24, So 11–23 Uhr; geschl. 1.–4. Jan, Thanksgiving, 24.–27. Dez.

Wohin zum ...
Einkaufen?

In San Francisco, einem der Shopping-Paradiese in den USA, gibt es unterschiedliche Einkaufsgegenden mit jeweils eigenem Charakter.

Der **Union Square** ist das Herz des innerstädtischen Einkaufsbezirks. Hier finden Sie Kaufhäuser wie Macy's, Neiman-Marcus und Saks Fifth Avenue und Boutiquen von Armani, Gucci, Polo, Vuitton, Hermès, Tiffany und Cartier. Der Herrenausstatter **Wilkes Bashford** (375 Sutter Street, Tel. 415/982-4380, www.wilkesbashford.com) und **Gump's** (135 Post Street, Tel. 415/982-1616, www.gumps.com), wo hochklassige Antiquitäten und Glaswaren verkauft werden, sind etablierte Geschäfte. Riesige Filialen von Apple, Sephora, Williams-Sonoma, Niketown und Borders Books and Music liegen ebenfalls in der Gegend des Union Square. Im nahen **Westfield San Francisco Center** (865 Market Street, Tel. 415/495-5656; http://westfield.com/sanfrancisco) finden Sie Dutzende von Spezialgeschäften sowie Filialen von Bloomingdale's und Nordstrom.

Im **Financial District** ist die **Crocker Galleria** (50 Post Street, Tel. 415/393-1505; www.thecrockergalleria.com) mit drei Ebenen voller Geschäfte und Restaurants sowie Dachgärten einen Besuch wert. In der Nähe des Hafens befindet sich das **Embarcadero Center** (www.embarcaderocenter.com/ec) mit mehr als 100 Läden im jeweiligen Untergeschoss, darunter Buch- und

Bekleidungsläden sowie Reisebüros. Den **Jackson Square** an der Grenze des Financial District säumen zahlreiche feine Antiquitätenläden.

Die **Union Street** im Marina District ist für ihre modischen Boutiquen, Antiquitätengeschäfte und Juweliere bekannt.

Bei der **Fisherman's Wharf** gibt es vier Einkaufskomplexe: **Ghirardelli Square** (900 North Point Street, Tel. 415/775-5500, www.ghirardellisq.com), **The Cannery** (2801 Leavenworth Street, Tel. 415/771-3112, www.thecannery.com), **Anchorage Square** (2800 Leavenworth Street, Tel. 415/775-6000, www.anchoragesquare.com) und **Pier 39** (Embarcadero an der Beach Street, Tel. 415/981-7437, www.pier39.com). Die Spezialgeschäfte verkaufen alles von Lenkdrachen bis hin zu Möbeln. Hier finden Sie auch am leichtesten Souvenirs für ihre Bekannten.

North Beach ist bekannt für italienische Delikatessen und Bäckereien wie für seine schrulligen Boutiquen, Kunstgalerien und Buchläden, **City Lights Books** (261 Columbus Avenue, Tel. 415/362-8193, www.citylights.com) ist der berühmteste. **Hayes Valley**, nahe dem Civic Center entlang der Hayes Street, hat sich zu einem Zentrum für trendige Kunstgalerien und -geschäfte entwickelt.

Preisbewusste sollten die Discounter und Factory Outlets um **South of the Market** aufsuchen, darunter **Jeremy's** (2 South Park Street, Tel. 415/882-4929, www.jeremys.com) und **Nordstrom Rack** (555 Ninth Street, Tel. 415/934-1211). **Chinatown** und **Japantown** sind ebenfalls gute Tipps für günstige Einkäufe.

In **Haight-Ashbury**, Hippie-Eldorado der 1960er, bekommt man immer noch authentische Kleidungstücke dieser Zeit, neben Art-déco-Accessoires, etwa bei **Wasteland** (1660 Haight Street, Tel. 415/863-3150, www.wastelandclothing.com). Die chicen Lädchen um die Castro Street wenden sich bevorzugt an homosexuelle Kundschaft beiderlei Geschlechts.

Wohin zum ...
Ausgehen?

Aktuelle und detaillierte Veranstaltungshinweise finden Sie in den beiden kostenlosen Wochenmagazinen *Bay Guardian* (www.sfbg.com) und *SF Weekly* (www.sfweekly.com) sowie in der Sonntagsausgabe des *San Francisco Chronicle* (www.sfgate.com).

BARS UND CAFÉS

Die **Top of the Mark** im auf dem Nob Hill gelegenen Mark Hopkins Inter-Continental Hotel (999 California Street, Tel. 415/392-3434) ist eine der besten Bars. Andere Klassiker sind der im Art-déco-Stil gehaltene **Redwood Room** im Clift Hotel (495 Geary Street, Tel. 415/929-2372) und das **Americano** (Hotel Vitale, 8 Mission Street, Tel. 415/278-3777) mit seiner Terrasse.

Im **Buena Vista Café** (2765 Hyde Street, Tel. 415/474-5044) nahe bei Fishermans Wharf soll der Irish Coffee erfunden worden sein. Im **Spec's** (12 Saroyan Place, bei der Columbus Avenue, Tel. 415/421-4112) und im **Vesuvio** (255 Columbus Avenue, Tel. 415/362-3370) kann man noch das Ambiente des alten North Beach genießen. Singles bevölkern vor allem das **Gordon Biersch** (2 Harrison Street, Tel. 415/243-8246) und das **Balboa Café** (3199 Fillmore Street, Tel. 415/921-3944) im Marina District.

Schwulenbars konzentrieren sich in Castro, der Lower Polk Street und South of the Market, während es in der Valencia Street Lesbenlokale gibt.

MUSIK THEATER UND KABARETT

Jazzfreunde gehen ins **Café du Nord** (2170 Market Street, Tel. 415/861-5016) im Castro-Viertel, ins **Jazz at Pearl's** (256 Columbus, Tel. 415/291-8255), hier ist feine Garderobe angesagt, oder ins Fillmore, San Franciscos historischen Jazz District. Dort angesagt sind **Rasselas Jazz Club & Ethiopian Restaurant** (1534 Fillmore, Tel. 415/346-8696), **Yoshi's San Francisco** (1330 Fillmore, Tel. 415/655-5600) oder der **Boom Boom Room** (1601 Fillmore, Tel. 415/673-8000).

In der **Great American Music Hall** (859 O'Farrell Street, Tel. 415/885-0750), im **Fillmore** (1805 Geary Boulevard, Tel. 415/346-6000) und im **Slim's** (333 11th Street, Tel. 415/255-0333) treten Topacts aus Rock, Blues oder Country auf.

Die hoch geschätzte **San Francisco Symphony** (201 Van Ness Avenue, Tel. 415/864-6000) und die **San Francisco Opera** (301 Van Ness Avenue, Tel. 415/864-3330)

gehören zu den Attraktionen des Civic Center.

Am Westrand des Union Square befindet sich **TLX Bay Area**, wo man Dienstag bis Sonntag Restkarten zum halben Preis für Theateraufführungen am selben Tag kaufen kann (keine Reservierungen möglich).

In verschiedenen Theatern werden Broadway-Musicals und Dramen von Tourneetheatern aufgeführt, etwa im **Orpheum** (1192 Market Street), im **Golden Gate** (Golden Gate Avenue an der Taylor Street) und im **Curran** (445 Geary Street). Unter der Nummer 415/551-2000 bekommt man Informationen. Das nichtkommerzielle **American Conservatory Theater** ist im **Geary Theater** (415 Geary Street, Tel. 415/749-2228) beheimatet.

Im **Club Fugazi** (678 Green Street, Tel. 415/421-4222) wird der Dauerbrenner *Beach Blanket Babylon* gegeben, eine Musikrevue mit ausgefallenen Kostümen – darunter absurd hohe Hüte – und intelligenten Texten über San Francisco.

NIGHT CLUBS

Das **Mezzanine** (444 Jessie Street, Tel. 415/625-8880) ist eine absolut angesagte Diskothek mit toller Galerie und coolen Darbietungen, während die **DNA Lounge** (375 11th Street, Tel. 415/626-1409) südlich der Market Street alternative Rockmusik und Hip-hop-Bands bietet. Im **330 Ritch** (330 Ritch Street, Tel. 415/541-9574), ebenfalls im SoMa, legen Top-DJs alles von Brit pop bis Indie auf.

SPORT

Das Baseballteam **San Francisco Giants** (Eintrittskarten: Tel. 415/972-2000) ist im AT&T Park im China Basin zu Hause. Die Konkurrenten aus der East Bay, die **Oakland A's** (Eintrittskarten: Tel. 510/638-0500), spielen im Oakland-Alameda County Coliseum, wo auch die **Oakland Raiders** (Tel. 510/864-5000) ihre Spiele der National Football League austragen. Das Footballteam **San Francisco 49ers** (Tel. 415/656-4900) spielt im Candlestick Park, aber Eintrittskarten sind nur schwer zu bekommen. Rufen Sie **Ticketmaster** (Tel. 800/745-3000; www.ticketmaster.com) an, oder schauen Sie in die Kleinanzeigen im *San Francisco Chronicle*. Die **Golden State Warriors** (Eintrittskarten: Tel. 510/986-2200) tragen ihre Spiele der nationalen Basketballliga in der Oracle Arena in Oakland aus.

San Francisco ist auch eine tolle Stadt, um selbst Sport zu treiben. Man kann im Golden Gate Park, am Meer oder an der Bucht kilometerweit mit dem Rad fahren, in der Bucht segeln oder kleine Boote am Stow Lake im Golden Gate Park mieten und am Lake Merced fischen.

Der **Golden Gate Park** besitzt 20 öffentliche Tennisplätze (Tel. 415/753-7001) und einen Par-3-Golfplatz. Die meisten Golfer bevorzugen aber die anspruchsvolleren Plätze im **Lincoln Park** (Tel. 415/221-9911), im **Harding Park** (Tel. 415/664-4690) oder in **Presidio** (Tel. 415/561-4653).

Nordkalifornien

Erste Orientierung

Nordkalifornien jenseits der Bay Area ist ein großes Gebiet. Hier liegen einige der teuersten Anwesen der Welt. Die Naturwunder umfassen zerklüftete Felsvorsprünge an der Küste, einsame Buchten, hoch aufragende Redwood-Wälder, heiße Quellen, die Granitfelsen der Sierra Nevada, eindrucksvolle Höhlen und den angeblich magischen Mount Shasta.

In den 1960er-Jahren bezeichnete ein Reiseschriftsteller Nordkalifornien als »nicht verführerisch«, weil es weder besonders auffallend sei noch ein aufregendes gesellschaftliches Leben besitze. Doch die Region hat durchaus ihre Reize – das schicke »Weinland«, um nur einen zu nennen. Und attraktive Gasthäuser finden sich sowohl an der Küste als auch im Hinterland.

Die US 101, I-5 und I-80 machen die meisten hiesigen Sehenswürdigkeiten zugänglich. Die US 101 führt von San Francisco nach Norden an den westlichen Ausläufern des »Weinlands« vorbei und weiter ins Redwood Country. Die zunächst mehr oder weniger parallel die Küstenlinie begleitende US 101 verläuft von San Francisco aus für die ersten 418 km durch das Binnenland nach Norden und folgt für die nächsten 160 km der Küste bis kurz vor die Grenze zu Oregon.

Bis ungefähr zur Mitte Nordkaliforniens verläuft die I-5 parallel zur US 101. Sie durchquert das Gebiet der Shasta

★ **Nicht verpassen!**

1. Die Küste von Sonoma & Mendocino ➤ 74
2. Das »Weinland« ➤ 76
3. Sacramento und Gold Country ➤ 82
4. Yosemite National Park ➤ 84

Nach Lust und Laune!

5. Redwood Country ➤ 88
6. Shasta Cascade ➤ 88
7. Lake Tahoe ➤ 89
8. Mono Lake ➤ 90

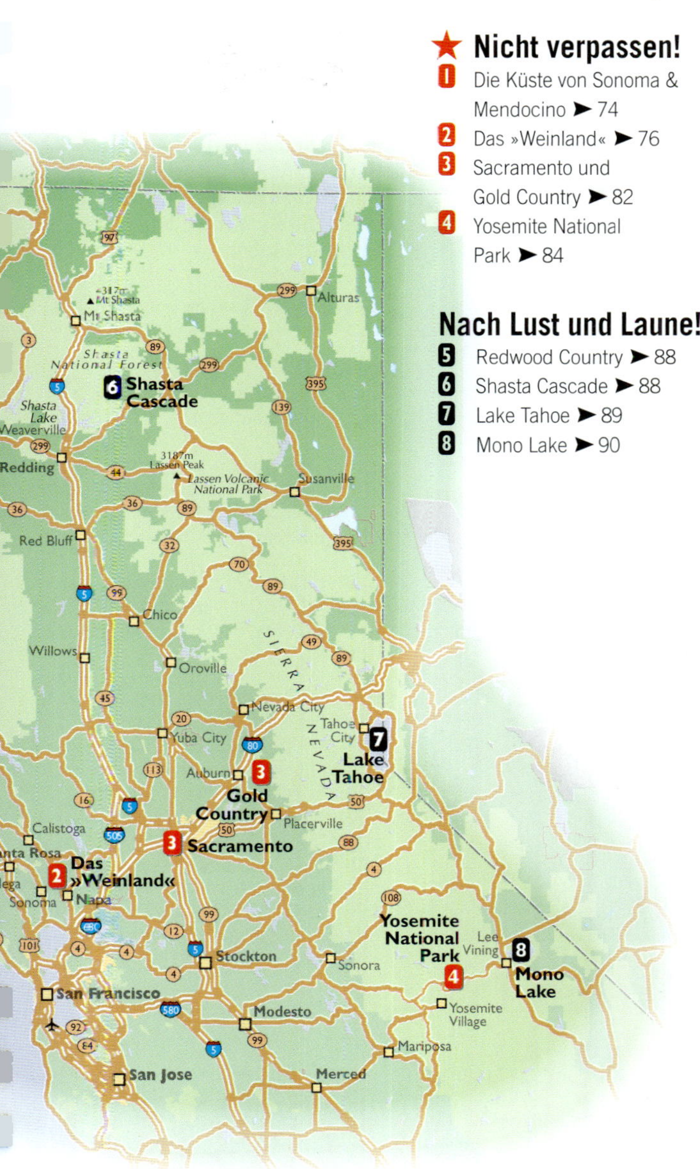

Cascade mit dem Lassen Volcanic Park. Die I-80 führt von San Francisco aus nach Norden zur Hauptstadt des Bundesstaates, Sacramento. Weiter östlich von der I-80 aus stößt man auf das »Goldland« und Lake Tahoe. Der Yosemite National Park und Mono Lake liegen direkt östlich von der Bay Area und sind auf mehreren Wegen erreichbar.

In fünf Tagen

Die folgende Route ist eine Möglichkeit, wie Sie einige der interessantesten Sehenswürdigkeiten von Nordkalifornien in fünf Tagen abklappern können. Nutzen Sie die Karte (➤ 70f) zur Orientierung, die einzelnen Highlights werden im Folgenden (➤ 74ff) näher beschrieben.

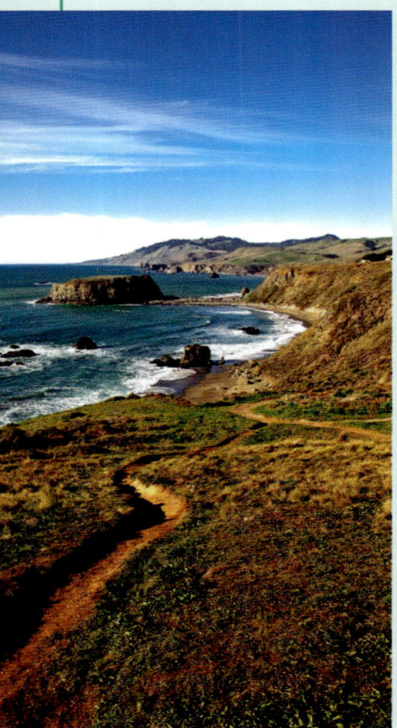

Erster Tag

Vormittags
Fahren Sie von San Francisco aus auf der US 101 nach Norden und (bei Santa Rosa) in westlicher Richtung auf den Highway 12. Rasten Sie an der **Bodega Bay** (➤ 74), bevor Sie auf dem Highway 1 nach **Goat Rock Beach** fahren (links, ➤ 74), wo sich Seelöwen tummeln.

Nachmittags
Das Panorama der Lagune macht ein Mittagessen im River's End in Jenner unvergesslich. Nach einer landschaftlich reizvollen Geschichtsstunde im **Fort Ross Historic State Park** (➤ 16) fahren Sie auf der Fort Ross Road nach Osten und auf der Cazadero Road nach Süden zum Highway 116. Nehmen Sie in Guerneville die River Road und weiter östlich die Weinregion Russian River Valley.

Abends
Essen Sie in Healdsburg im Bistro Ralph (➤ 94). Wenn Sie Glück haben, spielt im Healdsburg Plaza eine Band.

Zweiter Tag

Vormittags
Nehmen Sie um 11 Uhr an der Führung durch die ❷ **Simi Winery** (➤ 78) teil.

Nachmittags
Kaufen Sie in der Oakville Grocery (➤ 96) in Healdsburg für ein Picknick ein. Fahren Sie auf der Healdsburg Avenue und der Eastside Road nach Süden. Biegen Sie links auf die Trenton-Healdsburg Road. Direkt vor der River Road liegt der Mark West Estate (7010 Trenton-Healdsburg Road, Tel. 707/836-9647) mit Picknicktischen. Nehmen Sie die River Road nach Osten an der US 101 vorbei bis ❷ **Calistoga** (➤ 76).

Abends
Essen Sie im Zentrum von Calistoga in einem Restaurant Ihrer Wahl.

Dritter Tag

Vormittags
Machen Sie eine Heißluftballonfahrt oder wandern Sie durch den R. L. Stevenson State Park (11 km nördlich von Calistogas am Highway 29).

Nachmittags
Essen Sie im Tra Vigne (➤ 94) und fahren Sie anschließend nach Süden nach Rutherford zur **2 Niebaum-Coppola Estate** (➤ 80) von Regisseur F. F. Coppola oder zu **2 Mumm Napa Valley** (➤ 80); anschließend weiter auf dem Highway 29 nach Süden, dann auf dem Highway 12 nach Osten und die I-80 nach **3 Sacramento** (➤ 82), insgesamt ein etwa zweistündiger Trip.

Abends
Essen Sie im Rio City Café in Sacramento (➤ 95) zu Abend.

Vierter Tag

Vormittags
Schlendern Sie durch die Altstadt von Sacramento, und besichtigen Sie das **California State Railroad Museum** und **Sutter's Fort** (➤ 82).

Nachmittags
Auf der I-80 nach Osten und dann auf dem Highway 49 nach Norden. Mittagspause in **Nevada City** (➤ 82) im Café Mekka (237 Commercial Street, Tel. 530/478-1517). Dann auf dem Highway 49 nach Süden. Besuchen Sie im **3 Gold Country** (➤ 82f) die **Empire Mine**, wenn sie geöffnet ist.

Abends
Übernachten Sie in Sutter Creek.

Fünfter Tag

Vormittags
Nehmen Sie den Highway 49 nach Süden, dann Highway 120 nach Osten zum **5 Yosemite National Park** (rechts, ➤ 84ff).

Nachmittags
Besuchen Sie Glacier Point und Yosemite Valley. Im Sommer ist der Sonnenuntergang am Hetch Hetchy Reservoir sehr schön.

Abends
Essen Sie im Restaurant der Ahwahnee Lodge (➤ 95) zu Abend.

❶ Küste von Sonoma & Mendocino

Die Küste in der Nähe des Highway 1 auf seinem Weg durch die Countys Sonoma und Mendocino ist die Heimat vieler interessanter Tiere und Pflanzen, darunter Wale, Seelöwen, Fischadler, Wildblumen und Redwoods. Die Attraktionen dieser felsenreichen Strände und ehemaligen Fischer- und Holzfällerorte sind schlicht, bereiten aber viel Freude. Hierzu zählen unter anderem das aus dem 19. Jahrhundert stammende Point Arena Lighthouse und die Mendocino Coast Botanical Gardens.

Nur Alfred Hitchcock war in der Lage, für seinen Film *Die Vögel* das friedliche Dorf **Bodega**, auf dem Highway 12 unmittelbar neben Highway 1 gelegen, und das ebenso friedvolle Fischerstädtchen **Bodega Bay** am Highway 1 in Orte des Grauens zu verwandeln. Die Kirche und das Schulgebäude in Bodega stehen noch heute. Der renovierte Bar- und Essbereich im **Tides Wharf Restaurant** (835 Highway 1, Tel. 707/875-3652) ist nicht mehr so atmosphärisch wie zu Hitchcocks Zeit, aber die Fischgerichte sind lecker. Begeben Sie sich anschließend nach Norden zum **Terrapin Creek Café** (1580 Eastshore Road/Highway 1, Tel. 707/ 875-2700), um kalifornische Spezialitäten mit internationaler Note zu kosten.

Ausblick mit Seelöwen

Seelöwen lümmeln sich am windigen **Goat Rock Beach**, 10 Meilen (16 km) nördlich von Bodega Bay in Jenner. Trapper, die auf die Felle von Fischottern aus waren, gründeten das 9 Meilen (14 km) weiter gelegene **Fort Ross** (► 16). Im Mai schmücken rosa Blütenkaskaden das ganz in der Nähe gelegenen **Kruse Rhododendron State Reserve** (www.parks.ca.gov). Jack London beschrieb diesen Küstenabschnitt in *The Human Drift* folgendermaßen: »Wir folgten den gesamten Weg dem Küstenverlauf. Wir fanden die Straßen im Bereich des Fort Ross besonders eindrucksvoll. An jedem Fluss wand sich die Straße um Schwindel erregende Klippen, tauchte in üppige Wälder aus Bäumen und Farnen ein und kletterte entlang der Klippen wieder hervor.«

Etwa 58 Meilen (93 km) nördlich von Fort Ross befindet sich das **Point Arena Lighthouse** und noch einmal 20 Meilen (32 km) weiter das niedliche **Elk**, ein guter Boxenstopp mit ein paar Geschäften und Cafés.

Die Pazifikküste bei Elk, südlich von Mendocino

In den 1950- und 1960-Jahren zogen viele Künstler in das etwa 13 Meilen (21 km) nördlich von Elk gelegene **Mendocino**. Die Lage auf einer Landspitze sowie gute Restaurants und Bed & Breakfasts legen einen Halt nahe. Durchstöbern Sie die Läden und kleinen Museen und besuchen Sie die **Mendocino Coast Botanical Gardens** (18220 N Highway 1, Fort Bragg, Tel. 707/964-4352). Ein Sandstrand und kilometerlange Dünen gehören zu den besonderen Reizen des **MacKerricher State Park** (Highway 1, nördl. von Fort Bragg, Tel. 707/964-9112).

Das Weinbaugebiet inmitten der Redwood-Wälder östlich von Mendocino am Highway 128, ist für seinen Chardonnay, Pinot Noir und seine Schaumweine bekannt. **Husch** (4400 Highway 128, Philo, Tel. 800/554-8724) und der **Roederer Estate** (4501 Highway 128, Philo, Tel. 707/895-2288, www.roedererestate.com) sind gute Tipps für eine Weinprobe.

KLEINE PAUSE

Das **Café Beaujolais** in Mendocino genießt den besten Ruf (➤ 93). Dafür, dass es dort oft recht überlaufen ist, entschädigt der herrliche Panoramablick.

✚ 198 B2

Point Arena Lighthouse
✉ 45500 Lighthouse Road, Küste bei Mendocino neben Highway 1
☎ (707) 882-2777;
www.pointarenalighthouse.com
🕐 tägl. 10–15.30 Uhr ✋ mittel

Botanical Gardens
✉ 18220 N Highway 1, Fort Bragg
☎ 707/964-4352; www.gardenbythesea.org 🕐 März–Okt. tägl. 9–17 Uhr; Nov.–Feb. 9–4 ✋ mittel

MacKerricher State Park
✉ Highway 1, nördlich von Fort Bragg
☎ (707) 964-9112;
www.parks.ca.gov/?page_id=436
🕐 Öffnungszeiten bitte erfragen ✋ frei

DIE KÜSTE VON SONOMA & MENDOCINO: INSIDER-INFO

Top-Tipp: Am ersten Tag eines zwei- oder dreitägigen Ausflugs von San Francisco aus könnten Sie die **Sonoma-Küste herauffahren** und an Sehenswürdigkeiten anhalten, bis Sie in Mendocino sind.

■ Sie können den Highway 1 in Bodega Bay erreichen, indem Sie in Santa Rosa von der US 101 auf den Highway 12 in westlicher Richtung wechseln. **Der schnellste Weg nach Mendocino** von San Francisco führt über die US 101 Nord bis Cloverdale, dann auf dem Highway 128 nach Westen und auf den Highway 1 nach Norden. Alternative ist in beiden Fällen die Strecke auf dem zwar längeren, aber landschaftlich reizvolleren Highway 1.

2 »Weinland«

Die im »Wine County« produzierten Chardonnays, Cabernets und anderen Sorten gehören zu den besten Weinen der Vereinigten Staaten. Und die Landschaft – im Sonoma County dichtes Grün, im Napa County trockener und mediterraner – ist genauso beeindruckend wie der Wein.

Auch wenn Sie kein Weintrinker sind, ist die Gegend einen Ausflug wert. Das Angebot umfasst Wandern, Radfahren, Kanufahren, Aufenthalte in luxuriösen Kurorten und Essen in trendigen Restaurants. Aber Wein bleibt die Hauptattraktion. In beiden Countys sind mehr als vierhundert Weinbaubetriebe registriert. Die Namen **Napa** und **Sonoma** bezeichnen sowohl Städte und Täler als auch Countys. Beide befinden sich nördlich von San Francisco, wobei Sonoma County direkt westlich von Napa County liegt.

Calistoga, am schmalen Nordende des fruchtbaren Napa Valley gelegen, dem wohl renommiertesten Weinbaugebiet Amerikas, eignet sich hervorragend als Basis für den Besuch von Winzern der Spitzen-»Appellationen«. Von **Healdsburg** wiederum, mit seinem von Läden und Restaurants gesäumten Hauptplatz, lassen sich gut Ausflüge in die nicht weit entfernten Täler Alexander, Dry Creek und Russian River Valley unternehmen, wo gleichfalls exzellente Tropfen gedeihen.

Die Weingüter und andere Attraktionen

Buena Vista Carneros Winery: Der moderne kalifornische Weinbau nahm von diesem 1857 von dem ungarischen Einwanderer Agoston Haraszthy gegründeten Weingut seinen Ausgang. Sie können mit oder ohne Führer Weinkeller aus dem 19. Jahrhundert besichtigen. Spezialitäten sind Pinot Noirs und Chardonnays.

Erntezeit im Weinberg der Benzinger Family Winery in Sonoma

✚ 199 D1   ✉ 18000 Old Winery Road, neben E. Napa Street, Sonoma
☎ (707) 265-1472; http://buenavistacarneros.com   ◷ tägl. 10–17 Uhr;
Lunch mit Wein-Degustation tägl. um 13.30 Uhr   ✋ mittel

Benziger Family Winery: Die Führung durch dieses für ihre
guten Chardonnays und Cabernets bekannte Weingut beinhaltet
eine Straßenbahnfahrt in die Weinberge.
✚ 199 D1   ✉ 1883 London Ranch Road, westlich neben dem Arnold Drive,
Glen Ellen   ☎ (888) 490-2739; www.benziger.com   ◷ tägl. 10–17 Uhr,
Straßenbahnfahrten 11.30, 12.30, 14 und 15.30 Uhr (zusätzliche im Sommer)
✋ mittel–teuer

Jack London State Historic Park: Das Museum stellt Erinne-
rungsstücke an Jack London aus. Ein Spaziergang von einer
Meile (1,6 km) führt zu dem Traumhaus, das er baute, aber
niemals bewohnte (es wurde durch ein Feuer zerstört).
✚ 199 D1   ✉ 2400 London Ranch Road   ☎ (707) 938-5216; www.parks.ca.gov
✋ mittel

Kunde: Hier wird ein erstklassiger Zinfandel aus Trauben
gekeltert, die auf Reben aus dem 19. Jahrhundert wachsen.
✚ 199 D1   ✉ 9825 Sonoma Highway (nördlich vom Nordende des Arnold
Drive), Kenwood   ☎ (707) 833-5501; www.kunde.com   ◷ tägl. 10.30–16.30
Uhr, Führungen Fr–So 11–15 Uhr jeweils zur vollen Stunde   ✋ mittel–teuer

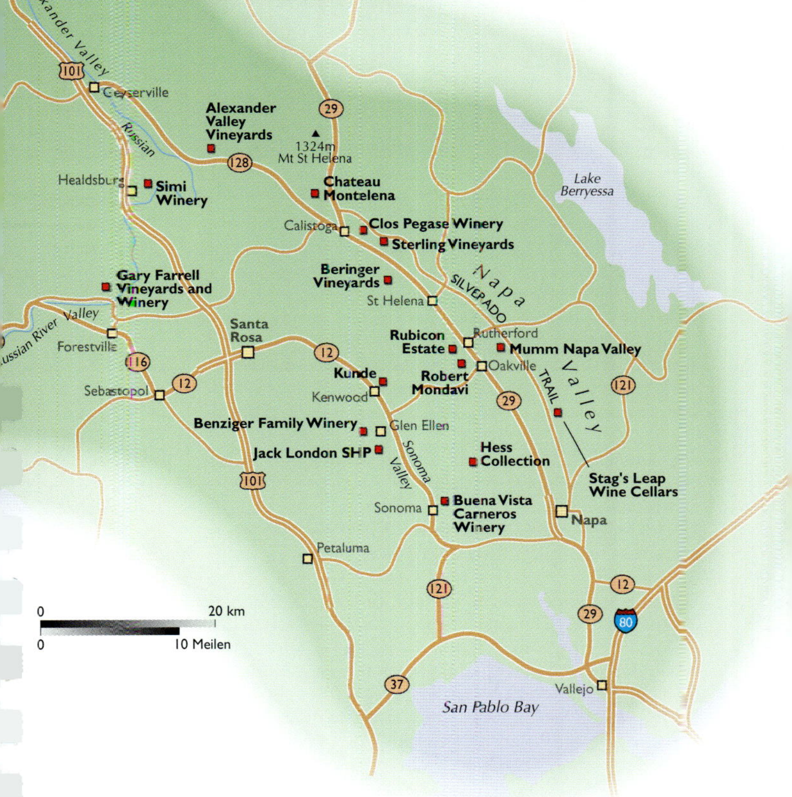

MON DIEU!
Bei einer berühmten Weinprobe in Paris, bei der die Herkunft der Weine geheim gehalten wurde, verliehen französische Weinexperten – sehr zu ihrer späteren Verärgerung – 1976 an einen **Stag's Leap Wine Cellars Cabernet Sauvignon** und einen **Chateau Montelena Chardonnay** das höchste Prädikat. »Ah, wieder ein Franzose«, schrieb ein Tester über einen Tropfen, der sich als kalifornischer Wein entpuppte.

Simi Winery: Im 19. Jahrhundert gegründet, setzt die Simi Winery heute alle modernen Techniken des Weinbaus ein. Ihr Ruf beruht auf Cabernets, Chardonnays und weißen Sauvignons. Dieses große Weingut ist ein guter erster Haltepunkt im Gebiet von Healdsburg. Hier können Sie ein Exemplar der kostenlosen Karte über die Russian River Wine Road bekommen, mit deren Hilfe sich auch kleinere Weinkeller finden lassen.
✚ 198 C2 ✉ 16275 Healdsburg Avenue (Ausfahrt Dry Creek Road von der US 101, an der zweiten Ampel links), Healdsburg ☎ (707) 433-6981; www.simiwinery.com ⊕ tägl. 10–17 Uhr; Führungen 11, 14 Uhr ✋ teuer

Sonnenaufgang über dem Napa Valley

Alexander Valley Vineyards: Der Familienbetrieb knapp 10 km von Healdsburg ist ein Begriff durch seinen Cabernet Sauvignon und den »Sin Zin« (»Sündigen Zinfandel.«).
✚ 198 C2 ✉ 44 Highway 128, Healdsburg ☎ (707) 433-7209; www.avvwine.com ⊕ tägl. 10–17 Uhr ✋ mittel

Gary Farrell Vineyards & Winery: Entlang der Westside Road liegen die Weingüter Rochioli, Porter Creek und ganz im Westen Gary Farrell. Rotweine sind hier die Spezialität sowie ein vollmundiger und dennoch frischer Chardonnay.
✚ 198 C1 ✉ 10701 Westside Road, Healdsburg ☎ (707) 473 2900; www.garyfarrellwines.com ⊕ tägl. 10.30–16.30 Uhr; Führungen nach Vereinbarung ✋ mittel–teuer

Chateau Montelena: Der älteste Teil des steinernen Hauptgebäudes stammt aus dem Jahr 1882. Bei einer Blind-Verkostung in Frankreich (► linke Seite) belegten die Chardonnays dieses Weinkellers den ersten Platz, aber mittlerweile haben seine Cabernets noch mehr Preise eingeheimst.

198 C2 ✉ 1429 Tubbs Lane, neben Highway 29, Calistoga ☎ (707) 942-5105; www.montelena.com ⏲ tägl. 9.30–16 Uhr, ; nur Rundgänge ohne Führer ✋ teuer

Clos Pegase: Der postmoderne Architekt Michael Graves entwarf das Gebäude. Hier werden erstklassige Chardonnays, Merlots und Cabernets produziert.

199 D2 ✉ 1060 Dunaweal Lane, Calistoga ☎ (707) 942-4981; www.clospegase.com ⏲ tägl. 10.30–17 Uhr, Führungen 11 und 14 Uhr ✋ mittel–teuer

Eine Weinprobe bei Sterling Vineyard im Napa Valley

Sterling Vineyards: Eine geschlossene Gondel befördert Sie zum Hauptgebäude der Sterling Vineyards. Deren Spezialität sind Merlot und Chardonnay.

199 D2 ✉ 1111 Dunaweal Lane, Calistoga ☎ (707) 942-3344; www.sterlingvineyards.com ⏲ Mo–Fr 10.30–17, Sa, So 10–17 Uhr; nur Rundgänge ohne Führer ✋ teuer

Beringer Vineyards: Mit ihren Giebeln, Türmen und Ornamenten wirken die 1876 gegründeten Beringer Vineyards ein wenig gotisch. Die Rundgänge dieses vor allem für seine Chardonnays, Cabernets und Merlots bekannten Betriebs beinhalten Tunnel, die chinesische Arbeiter in den Hang des Spring Mountain gruben.

199 D1 ✉ 2000 Main Street, St. Helena ☎ (707) 967-4412; www.beringer.com ⏲ Mai–Okt. tägl. 10–18 Uhr; Nov.–April 10–17 Uhr, mehrere Führungen und Weinproben (bitte tel. erfragen) ✋ teuer

Culinary Institute of America: Sein an der Westküste gelegener Campus Greystone ist mit einem guten Geschenkladen, einem Restaurant und einem Korkenziehermuseum mit einigen kuriosen Gerätschaften ausgestattet. Kleinere Einweisungen in die Kochkunst finden Sa, So um 10.30 und um 13.30 Uhr statt.

199 D1 ✉ 2555 Main Street, St. Helena ☎ (707) 967-1100 oder (800) 333-9242; www.ciachef.edu/california ✋ frei

SIE HABEN ES SICH VERDIENT

Sie können in einem von Calistogas Kurbetrieben ein **Schlammbad** nehmen. Manche schwören auf das traditionelle Verfahren (Preis: etwa 100 Dollar): Dusche, zehn Minuten im Schlamm, anschließend Einweichen in einem heißen Mineralbad, einige Zeit im Dampfbad, Einwickeln in eine Decke und eine Massage. Bei dem »Schlamm« handelt es sich in Wirklichkeit um Vulkanasche, die meist mit Torf gemischt wird. Nach jedem Gebrauch wird sie aus hygienischen Gründen bis zum Sieden erhitzt. Die Puristen der **Indian Springs** (1712 Lincoln Avenue, Tel. 707/942-5789, www.indianspringscalistoga.com) benutzen ausschließlich Vulkanasche. Der **Mount View Spa** (1457 Lincoln Avenue, Calistoga, Tel. 707/942-5789, www.mountviewhotel.com) und **Health Spa Napa Valley** (1030 Main Street, St. Helena, Tel. 707/967-8800, www.mountviewhotel.com), zwei besonders exklusive Betriebe, offerieren Anwendungen ohne Schlamm.

Rubicon Estate: Das Weingut des Regisseurs Francis Ford Coppola (mit Museum zum *Paten*) produziert Chardonnays und komplexe Rotweine (»Cask Cabernet«).

✚ 199 D1   ✉ 1991 St. Helena Highway, Rutherford
☎ (707) 963-9099; www.rubiconestate.com
◷ tägl. 10–17 Uhr; Führungszeiten wechseln   ✋ teuer

Mumm Napa Valley: Fotografien über die Weinherstellung von Ansel Adams (➤ 18), eine interessante Führung und die Möglichkeit, temperamentvolle Schaumweine zu kosten, machen Mumm Napa Valley zu einem lohnenden Halt. In der Probierecke kann der Besucher drei Gläser jüngster Lese kosten.

✚ 199 D1   ✉ 8445 Silverado Trail, Rutherford   ☎ (800) 686-6272; http://mummnapa.com   ◷ tägl. 10–16.45 Uhr, Führungen um 10, 11, 13 und 15 Uhr
✋ preiswert–teuer

Robert Mondavi: Das Gut des Branchenriesen gewährt vorzüglichen Einblick in den Weinbau, auch bei der Degustation (nicht nur des Fumé Blanc, dessen Aromen an große Loire-Weine heranreichen). Oft überlaufen im Sommer.

✚ 199 D1   ✉ 7801 St. Helena Highway, Oakville
☎ (888) 766-6328; www.robertmondavi.com
◷ tägl. 10–17 Uhr, Führungszeiten wechseln   ✋ teuer

Hess Collection: In diesem Versteck in den Bergen konkurrieren erstklassige moderne Kunst (Bacon, Stella und andere), die Aussicht auf das Tal und vollblumige Cabernets und Chardonnays miteinander.

✚ 199 D1   ✉ 4411 Redwood Road, westlich vom Highway 29, Napa
☎ (707) 255-1144; www.hesscollection.com
◷ tägl. 10–17.30Uhr; Führungszeiten wechseln   ✋ mittel–teuer

■ **Adventures Aloft**
(Tel. 800/ 944-4408, www.nvaloft.com) veranstaltet Ballonfahrten zum Sonnenaufgang im Napa Valley

■ **Sonoma Thunder**
(Tel. 707/829-9850, www.balloontours.com) im Sonoma Valley. Die Preise, in denen ein Frühstück enthalten ist (die Flüge finden meist morgens statt), liegen bei etwa 225 Dollar pro Person.

■ **Triple Creek Horse Outfit**
(Tel. 707/887-8700) bietet geführte Reitwanderungen durch die State Parks in Sonoma und Napa Valley an.

■ **Getaway Adventures**
(Tel. 800/499-2453, www.getawayadventures.com) vermietet Fahrräder und veranstaltet interessante Wander-, Fahrrad-, Kajak- und Kanutrips im Napa und im Sonoma County. Einige Fahrradtouren beinhalten Besuche von Weinkellern.

Ballonfahrer über dem Napa Valley

Oben rechts: Die Napa Valley Vinery liegt mitten im Weinberg

»WEINLAND«: INSIDER-INFO

Top-Tipps: Um von San Francisco aus zum **Napa Valley** zu gelangen, müssen Sie die US 101 nach Norden zum Highway 37 nehmen, dann in östlicher Richtung zum Highway 121 und, ebenfalls nach Osten, zum Highway 29 und von hier aus nach Norden weiterfahren.

- Die Weingüter am **Silverado Trail** sind meist weniger überlaufen als die am mehr oder weniger parallel verlaufenden Highway 29.
- Um zum **Sonoma Valley** zu kommen, fahren Sie die US 101 nach Norden bis zum Highway 37, dann nach Osten zum Highway 121, anschließend in Richtung Norden zum Highway 12 und dann weiter nach Norden.
- Nördlich von San Francisco neben der US 101 liegen das **Alexander Valley** (Ausfahrt Healdsburg) und das **Russian River Valley** (Ausfahrt River Road und dann nach Westen).
- Die meisten Weingüter in Napa und einige in Sonoma erheben eine **Gebühr für die Weinprobe** (von drei bis zehn Dollar; meist fünf Dollar oder weniger für drei oder mehr Weinsorten), die in der Regel beim Kauf vergütet wird.
- Im Sommer empfiehlt es sich, **Führungen vorher zu buchen**, da einige Weingüter die Teilnehmerzahl begrenzen.
- Wenn Sie selbst fahren, denken Sie daran, dass ein **Blutalkoholspiegel von mehr als 0,8 Promille** den Tatbestand der Trunkenheit am Steuer erfüllt.

Nicht verpassen! Machen Sie auf jeden Fall eine Führung durch einen Weinbaubetrieb mit – zum Beispiel bei **Robert Mondavi**, **Beringer** oder **Simi**.

3 Sacramento und das Gold Country

Nach Goldfunden in der Sierra wurde Sacramento Hauptstadt Kaliforniens. Wie üblich folgten die Politiker dem Geld – und hier gab es jede Menge davon. Die Sehenswürdigkeiten illustrieren das Leben zur Zeit des Goldrauschs, aber um echte Goldminen und Goldgräberstädte zu sehen, müssen sie ins Gold Country reisen.

Sacramento

Das **California State Railroad Museum**, zeigt Waggons und Lokomotiven der letzten 150 Jahre. Das Museum ist der Höhepunkt der ein wenig zu aufgeräumten Altstadt, wo hölzerne Gehwege, restaurierte Häuser und alte Beschilderung an die Zeiten des Goldrauschs erinnern.

Gold, Silber und Handel finanzierten das im korinthischen Stil erbaute **State Capitol** (10th und L Street) mit seiner Rotunde und seinen Gärten. **Sutter's Fort State Historic Park** mit dem **State Indian Museum** und das **California Museum for History, Women and the Arts** vermitteln regionale Geschichte.

Das California State Railroad Museum in Sacramento

Highlights im Gold Country

Zum »Goldland« fahren Sie die I-80 East zum Highway 49, der die Region von Norden nach Süden durchquert. Nördlich der I-80, von Sacramento aus ungefähr 60 Meilen (96 km) auf dem Highway 49, liegt **Nevada City**. Die Altstadt ist mit vielen Bauten aus der Zeit des Goldrauschs bestückt. Nördlich der Stadt liegt der **Malakoff Diggins State Historic Park** (➤ 16f).

Viele Minen waren rasch erschöpft. Die **Empire Mine** im **Empire Mine State Historic Park** förderte jährlich 170 Tonnen Gold und war bis in die 1950er-Jahre in Betrieb. Der Highway 49 schlängelt sich von Grass Valley aus 24 Meilen (38 km) zurück zur I-80 und nach **Auburn**. Der **Marshall Gold Discovery State Historic Park** liegt 18 Meilen (29 km) weiter südlich. Hier entdeckte James Marshall (➤ 12) 1848 ein Nugget und setzte den Goldrausch in Gang.

Hangtown

Placerville, südlich von Coloma und 44 Meilen (70 km) östlich von Sacramento auf dem Highway 49, war zur Zeit des Goldrauschs als Hangtown bekannt, ein Hinweis auf die bevorzugte Art ihrer Einwohner, Gerechtigkeit walten zu lassen. Der Rundgang durch die **Gold Bug Mine** vermittelt einen Eindruck der Arbeitsbedingungen der Goldgräber. Sehenswert ist auch der **Columbia State Historic Park** 70 Meilen (113 km) südlich von Placerville, der das Leben zur Zeit des Goldrauschs zeigt.

KLEINE PAUSE

Ein Drink zur Happy Hour oder Abendessen **Paragary's** (1401 28th Street, Tel. 916/457-5737).

✚ 199 E1

Tourist Information Office
✚ 16801 I Street, Sacramento
☎ (916) 808-7777; www.cityofsacra mento.org 🕐 Mo–Fr 8–17 Uhr

California State Railroad Museum
✉ 125 I Street
☎ (916) 445-6645; www.csrmf.org
🕐 tägl. 10–17 Uhr ✋ mittel

Sutter's Fort State Historic Park
✉ 2701 L Street
☎ (916) 445-4422; www.parks.ca. gov/?page_id=485
🕐 tägl. 10–17 Uhr ✋ preiswert

California Museum for History, Women and the Arts
✉ 1020 O Street ☎ (916) 653-7524; http://sacramento.about.com
🕐 Mo–Sa 10–17, So 12–17 Uhr
✋ mittel

Empire Mine State Historic Park
✉ 10791 E Empire Street, südlich vom Highway 49, Grass Valley
☎ (530) 273-8522; www.parks.ca.

gov/default.asp?page_id=499
🕐 tägl. 10–17 Uhr ✋ preiswert

Marshall Gold Discovery State Historic Park
✚ 199 E2 ✉ 310 Back Street, Highway 49, Coloma ☎ (530) 622-3470; www.parks.ca.gov/?page_id=484
🕐 Park: Nov.–Feb. 10–15; März–Okt. 10–16 Uhr. Museum: Ende Mai–Anfang Sept. Di–So 8–19; Anfang Sept. bis Ende Mai 8–17 Uhr ✋ preiswert

Gold Bug Mine
✉ Highway 49 dann US 50 Ost und Bedford Avenue nach Norden, Placerville ☎ (530) 642-5207; www.goldbugpark.org 🕐 April–Okt. tägl. 10–16; Nov.–März Sa–So 12–16 Anfang Sept ✋ preiswert

Columbia State Historic Park
✉ 11255 Jackson Street, vom Highway 49 ab, Columbia
☎ (209) 588-9128; www.parks.ca. gov/default.asp?page_id=552
🕐 tägl. 10–16 Uhr ✋ frei

DAS GOLD COUNTRY: INSIDER-INFO

Top-Tipps: Auf dem **kurvenreichen** Highway 49 geht es manchmal kaum voran.
■ **Wenn Sie nur einen Tag Zeit haben**, besuchen Sie Nevada City, Grass Valley, Coloma und Placerville. Oder Sie übernachten in Sutter Creek und erforschen das Stadtzentrum, bevor Sie weiter nach Süden fahren.

Geheimtipp: Die Redwoods im **Calaveras Big Tree State Park** neben dem Highway 4 bei Arnold.

4 Yosemite National Park

Diese Landschaft zählt zu den herausragenden Naturschönheiten der USA und gehört zum Pflichtprogramm jedes Kalifornienbesuchers; die Wasserfälle, die Granitmonolithen Half Dome und El Capitan, Mariposa Grove mit ihren Mammutbäumen und der Blick vom Glacier Point auf das Yosemite Valley und seine Umgebung sind atemberaubend. Und mitten darin liegt Ahwahnee Lodge, ein ganz in die Landschaft passendes Hotel.

Besichtigung des Parks

Die meisten fahren direkt ins Yosemite Valley. Es lohnt sich aber, zunächst zum 915 Meter über dem Tal gelegenen **Glacier Point** zu fahren (nehmen Sie die Wawona Road nach Süden zur Glacier Point Road). Von hier genießen Sie einen unvergesslichen Blick auf die Hauptattraktionen des Tals (außer El Capitan). Aus unmittelbarer Nähe verblüffen sie dann umso mehr.

El Capitan (links) und Cathederal Rocks im Tal des Yosemite National Park

Fahren Sie über die Glacier Point Road (im Winter geschlossen) zurück und auf der Wawona Road nach Norden zum Yosemite Valley. Nach dem Tunnel parken Sie rechts und gehen über die Straße zum Aussichtspunkt, der direkt auf El Capitan blickt. Fahren Sie ein kurzes Stück weiter zum Parkplatz der **Bridalveil Falls** (Brautschleier-Wasserfälle), die diesen Namen tragen, weil schon der leiseste Windhauch ihre zarte Kaskade um drei bis vier Meter verweht.

Wenn Sie weiter nach Osten fahren, wird die Straße zum Southside Drive. Halten Sie an, wenn Sie etwas Interessantes sehen, was häufig der Fall sein wird. Folgen Sie den Schildern zur Sentinel Bridge, und fahren Sie links vom Southside Drive zum Valley Visitor Center ab. Hier lernen Sie, die durch Erosion geformten Teile des Parks von jenen die durch Vulkanismus entstanden sind zu unterscheiden. Vor Urzeiten stand das Wasser bis auf 2745 Meter und schliff alle Felsen unterhalb ab. Massive Erschütterungen unter der Erdkruste, zu denen später die Erosion infolge sich durch weichere Granitschichten fressende Eiszeitgletscher hinzukam, schufen die gigantischen Felstafeln, die chaotisch in die Landschaft hineinragen.

Besuchen Sie die **Ahwahnee Lodge** östlich vom Besucherzentrum. Charakteristika dieses Luxushotels sind die breiten Balken der Decken, Steinkamine und indianisches Kunsthandwerk. Fahren Sie von hier aus auf dem Northside Drive in Richtung Westen zum Parkplatz der **Yosemite Falls**. Es handelt sich eigentlich um drei Wasserfälle, die während der

VIEL SPASS BEIM WANDERN

Im Yosemite National Park gibt es kurze und leichte, aber auch Wanderwege mittleren Schwierigkeitsgrads wie den zwei Kilometer langen Weg zum **Sentinel Dome**, den Halbkreis (10 km) oder auch den vollen Kreis (21km) um das **Yosemite Valley**. Der Four Mile Trail (6,5 km) zwischen dem Yosemite Valley und **Glacier Point** ist recht kurz, aber mit viel Kletterei verbunden, wenn man ihn nicht in die andere Richtung, also bergab, geht. Wenn Sie ins Hinterland wollen, halten Sie am Wilderness Center (nahe dem Besucherzentrum; geöffnet: Spätfrühling bis Frühherbst), um die Erlaubnis und Informationen einzuholen.

Schneeschmelze jedoch wie einer aussehen. Der leichte Wanderpfad zum unteren Abschnitt, den Lower Falls, ist als Rundgang von 800 Metern Länge angelegt. Ein wenig weiter westlich auf dem Northside Drive erreicht man **El Capitan**, der schroff fast 1100 Meter vom Talboden aufragt. Er ist so robust, dass ihm selbst die Gletscher, die sich in Jahrtausenden stetig durch das Tal fraßen, nichts anhaben konnten.

Von El Capitan aus fährt man die Wawona Road nach Süden und am Abzweig zum Glacier Point vorbei, um zu den gigantischen Mammutbäumen, zwei von ihnen gehören zu den größten weltweit, der **Mariposa Grove** zu gelangen. Bei viel Betrieb fährt nur der Shuttlebus (vom Wawona Store aus).

Man braucht einen ganzen Tag, um nur an den Attraktionen des Yosemite National Park vorbeizuhasten. Ganz wichtig: das **Hetch Hetchy Reservoir** (► rechts) und die blühenden Wiesen der **Tuolumne Meadows** (Highway 120/ Tioga Road, östlich vom Big Arch Rock Entrance; Tioga Road vom Spätherbst bis Spätfrühling gesperrt).

Anreise

Nehmen Sie von San Francisco aus die I-580 und den Highway 132 nach Osten. Wechseln Sie in Modesto auf den Highway 99 nach Süden. In Merced nehmen Sie den Highway 140 nach Osten in den Nationalpark hinein. Von Los Angeles aus fahren Sie die I-5 nach Norden und den Highway 99 in Richtung Fresno. Von hier aus führt der Highway 41 in den Park.

KLEINE PAUSE

Wenn Sie sich verwöhnen wollen, sind Sie im Dining Room (► 95) der **Ahwahnee Lodge** richtig. Schauen Sie auf jeden Fall kurz ins Restaurant mit seiner hohen Decke. Beim Besucherzentrum gibt es Fastfood; gutes Essen bietet auch das Wawona Hotel.

Der Winter im Yosemite National Park ist genauso bezaubernd wie der Sommer

---

✚ 201 D5 ✉ Eingänge: South Entrance (Highway 41), Arch Rock (Highway 140), Big Oak Flat (Highway 120, an der Westseite des Parks), Tioga Pass (Highway 120, an der Ostseite; nur im Sommer geöffnet) ☎ Informationen zum Park: (209) 372-0200, www.nps.gov/yose; Zimmerreservierung: (801) 559-5000; Campingplatzreservierung: (800) 436-7275, (301) 722-1257 von außerhalb der USA oder Kanadas); Fahrradverleih: (209) 372-1208; Leihpferde: (209) 372-8348 ✋ teuer (pro Auto; Ticket an sieben aufeinanderfolgenden Tagen gültig)

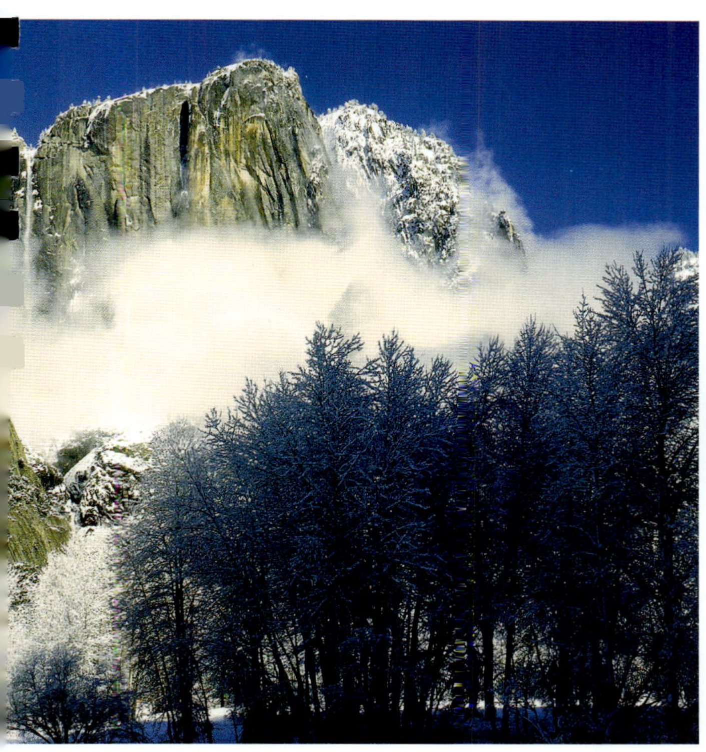

YOSEMITE NATIONAL PARK: INSIDER-INFO

Top-Tipps: Versuchen Sie **Sommerwochenenden** zu vermeiden – da ist am meisten los, während es an Wochentagen im Sommer leerer ist. Die Woche unmittelbar vorm Memorial Day und die Woche nach Labor Day ist recht ruhig und das Wetter ist mild.

■ Wenn möglich, sollten Sie **mindestens eine Nacht im Yosemite National Park verbringen**. Sie können campieren oder in der luxuriösen Ahwahnee Lodge, dem historischen Wawona Hotel oder dem legeren Yosemite Hotel wohnen.

■ Im Tal haben Sie Gelegenheit, **Fahrräder zu leihen** (allein im Tal selbst gibt es 19 km meist flacher Radwege) oder einen **Ausritt mit Führung** zu buchen.

■ Sie können die Sehenswürdigkeiten entweder selbst anfahren oder den kostenlosen Shuttlebus nehmen, der jede davor und zusätzlich den Glacier Point ansteuert.

Geheimtipp: Besuchen Sie das nachgebaute **Indianerdorf von Ahwahnee** (► 16).

■ Ein gut 1,6 km langer Weg (früher eine Straße) im Crane-Flat-Gebiet führt zur **Tuolumne Grove**, wo 25 gigantische Mammutbäume stehen. In dieser Richtung ist es ein Spaziergang, aber der Rückweg kostet einige Anstrengung (Highway 120 und Tioga Road).

■ Um das **Hetch Hetchy Reservoir** zu schaffen, das San Francisco mit einem Großteil seines Wassers versorgt, wurde ein gewaltiger Staudamm errichtet.

Nach Lust und Laune!

5 Redwood Country

Nordkaliforniens größte Redwood-Bäume wachsen in Mendocino County und weiter nördlich. Die 31 Meilen (50 km) lange **Avenue of the Giants** (Highway 254) schlängelt sich nördlich von Garberville auf der US 101 bis Pepperwood. (Garberville liegt etwas über 320 Kilometer nördlich von San Francisco.) Nördlich von Weott lädt der **Humboldt Redwoods State Park** zu einem Spaziergang durch die Redwoods ein.

Nördlich des Parks liegen die interessanten Städte **Ferndale**, **Eureka** (wo man am besten übernachten kann) und **Arcata**, mit ihren viktorianische Häuser in den historischen Ortskernen (folgen Sie den Highway-Schildern). Noch weiter nördlich hinter Trinidad, liegt der **Patrick's Point State Park**, dessen Steilküste einen großartigen Blick auf den Ozean bietet.

17 Meilen (27 km) hinter Patrick's Point liegt der Eingang zum **Redwood National and State Parks**. Halten Sie am Thomas H. Kuchel Visitor Center (US 101, südlich von Orick, Tel. 707/465-7765), um den Weg nach Tall Trees Grove und zu den Redwoods in der Lady Bird Johnson Grove zu erfragen. **Crescent City**, etwa 40 Meilen (64 km) nördlich von Orick, ist die letzte große Stadt vor der Grenze zu Oregon. Wenn Sie so weit kommen, besuchen Sie das 1856 fertiggestellte **Battery Point Lighthouse**.
⊞ 198 B4

Humboldt Redwoods State Park
⊞ 198 B3 ☎ (707) 946-2409; www.parks.ca.gov/?page_id=425 ⊛ April–Okt. tägl. 9–17, Nov.–März 10–16 Uhr ✋ frei

Patrick's Point State Park
⊞ 198 B2 ☎ (707) 677-3570; http://www.parks.ca.gov/?page_id=417 ⊛ Öffnungszeiten tel. erfragen ✋ frei

Redwood National and State Parks
⊞ 198 B4 ☎ (707) 464-6101; www.nps.gov/redw/ ⊛ Park: tägl. Visitor Center: Mitte Juni bis Mitte Sept. tägl. 9–16; Mitte Sept. bis Mitte Juni Mi–So 9–17 Uhr ✋ frei

Battery Point Lighthouse
⊞ 198 B5 ✉ Battery Point Island, am Ende der A Street ☎ (707) 464-3089; www.delnorte history.org/lighthouse ⊛ April–Sept. Mi–So 10–16, Okt. März Sa–So 10–16 Uhr (Gezeitenabhängig, bitte anrufen) ✋ preiswert

6 Shasta Cascade

Im äußersten Norden thront der **Mount Shasta** zwischen den Redwoods an der Küste und dem Kaskadengebirge. Mit ihrer frischen, klaren Luft und den einfachen bis anspruchsvollen Wanderwegen ist die

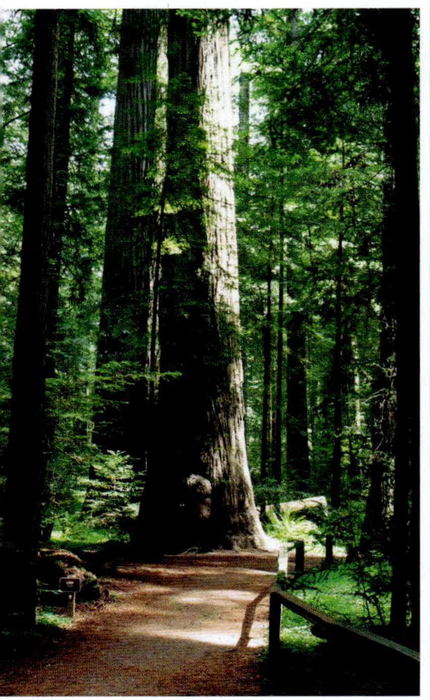

Redwood-Bäume entlang der Avenue of the Giants im Humboldt Redwoods State Park

Gegend ideal für ein- oder mehrtägige Touren. Der 4317 Meter hohe Gipfel ist das ganze Jahr über mit Schnee bedeckt. Auskünfte zu Wanderungen, Campingplätzen und zusätzliche Infos erhalten Sie bei der **Forest Service Ranger Station** (Tel. 530/926-451, http://mtshastachamber.com).

Südlich vom Mount Shasta sind die neben der I-5 liegenden **Lake Shasta Caverns** einen Besuch wert. An der Südwestspitze des Lake Shasta befindet sich neben der I-5 der **Shasta Dam** (Tel. 530/275-4463, frei). Der Staudamm, einer der größten der USA, ist für Begehungen offen (wechselnde Öffnungszeiten, bitte tel. anfragen).

In **Weaverville**, 47 Meilen (75 km) westlich von Redding, steht das **Joss House** (Oregon und Main Street, Tel. 530/225-2065), ein 1874 von chinesischen Einwanderern errichteter taoistischer Tempel (Do–So 10–17 Uhr).

Der **Lassen Volcanic National Park**, 49 Meilen (79 km) östlich von Red Bluff (Highway 36 nach Osten, Highway 89 nach Norden), fasziniert mit sprudelnden schwefelhaltigen heißen Quellen, Aschekegeln, Lavateichen und kochenden Schlammlöchern. Der Lassen Peak Hike (anstrengend!)

Emerald Bay: In die von Kieferwäldern umrahmte Bucht schmiegt sich die einzige Insel des Lake Tahoe, Fannette

bietet Blicke auf die Seen und Bäume des Parks und den Mount Shasta. Der leichtere Bumpass Hell Trail führt zu Gebieten mit geothermaler Aktivität. ✚ 199 C4 ✉ I-5 ☎ (530) 365-7500 oder (800) 326-6944 Information zur Region Shasta Cascade; www.nps.gov; www.parks.ca.gov

Lake Shasta Caverns
✚ 199 D4 ✉ 20359 Shasta Caverns Road, Lakehead ☎ (530) 238-2341 oder (800) 795-2283; http://lakeshastacaverns.com ⊕ April, Mai, Sept. tägl. 9–15 (Führungen stündlich); Ende Mai bis Anfang Sept. 9–16 (halbstündliche Führungen); Okt.–März Führungen 10, 12, 14 Uhr ✋ teuer

Lassen Volcanic National Park
✚ 199 E4 ☎ (530) 595-4444; www.nps.gov/lavo/index.htm ⊕ Park: ganzjährig; Visitor Center: 28 Mai bis 31 Okt. tägl. 9–16; 1. Nov. bis 27. Mai 9–17 Uhr ✋ frei

7 Lake Tahoe
Die Grenze der Bundesstaaten Kalifornien und Nevada verläuft mitten durch den Lake Tahoe, den größten

Bergsee Nordamerikas. Im Sommer strömen Besucher an seine Strände und in die nahen Berge. Im Winter werden die Hänge, die zu den besten Pisten Kaliforniens gehören, von Skifahrern bevölkert. 1960 fanden im Squaw Valley am Westufer des Lake Tahoe die Olympischen Winterspiele statt. Auf der Nevadaseite des Sees gibt es viele, gut besuchte Kasinos.

Um ein Gefühl für die Topografie zu bekommen, nehmen Sie eine Gondel von **Heavenly** (Ski Run Boulevard, neben der US 50, South Lake Tahoe, Tel. 800/432-8365, www.skiheavenly.com, Sommer: mittel, Winter: teuer). Das gesamte Bassin liegt vor Ihnen, wenn die Gondel über die Pisten des **Heavenly Ski Resort** bis auf eine Höhe von 2780 m hinauffährt. Oben können Sie wandern oder essen gehen.

Die 115 km um den See können Sie an einem Tag abfahren. Bei viel Verkehr im Sommer empfiehlt es sich nur einen Teil, etwa die **Pope-Baldwin Recreation Area** und die **Emerald Bay**, beide auf der Südseite am Highway 89 gelegen, zu erkunden. Wenn die Emerald Bay ihr Ziel ist, besuchen Sie auch **Vikingsholm**, ein rustikales Anwesen aus den 1920er-Jahren. Oder Sie fahren nach Norden zum **Sand Harbor Beach** (Highway 28) bzw. nach **Tahoe City** (Highway 89).

✚ 199 F2 ✉ US 50 (Lake Tahoe Süd, Kasinos in Nevada); Highway 89 (Tahoe City, West- und Nordufer) ☎ (800) 288-2463 oder (800) 824-6348 (Besucher- und Unterkunftsinformation)

❽ Mono Lake

Krustiges, korallenähnliches Tuffgestein ragt aus dem See, 13 Meilen (21 km) östlich vom Yosemite National Park. Vom South Tufa Trail (Highway 120, 5 Meilen (8 km) östlich der US 395), sehen Sie die bizarrsten Spitzen und Millionen Zugvögel, die sich hier versammeln. Die Geisterstadt **Bodie** (► 17) liegt 31 Meilen (50 km) nordöstlich von Lee Vining.

✚ 201 E5 ✉ Scenic Area Visitor Center, US 395, Lee Vining ☎ (760) 647-6629; www.monolake.org ◷ Ende Mai–Anfang Sept. tägl. 9–17.30 Uhr; sonst wechselnde Öffnungszeiten; Di–Do im Winter geschl.

Mono Lake: eine Mondlandschaft aus Tuff

Wohin zum ... Übernachten?

Preise

Pro Nacht im Doppelzimmer (ohne Steuern):

$ unter 100 $ $$ 100–175 $ $$$ über 175 $

KÜSTE VON SONOMA & MENDOCINO

Jenner Inn & Cottages $$–$$$

Der Ausblick über das Land, das ins Meer zu stürzen scheint, lässt einen in Jenner an der Küste von Sonoma die Anstrengungen der Reise schnell vergessen. Die Räume, Suiten oder Hütten dieser Unterkunft, die sich zwischen Bäume oder ans Ufer kuscheln, sind ein guter Ausgangspunkt, um einfach die Umgebung zu genießen, an der Küste zu wandern, Weingüter zu besuchen oder andere Freizeitaktivitäten. In manchen Zimmern befinden sich Kamine, Saunen und Küchen; nur wenige verfügen über Telefon oder einen Fernseher, sodass Sie hier wirklich »abschalten« können.
198 C1 Route 1, Box 69, Jenner, CA 95450 (707) 65-2377 oder (800) 732-2377; www.jennerinn.com

MacCallum House Inn $$–$$$

Wenn Sie durch Mendocino schlendern, wird Ihnen dieses Hotel sicher auffallen. Das 1882 erbaute Gebäude mit seiner auffälligen Fassade ist wunderschön restauriert worden. Die insgesamt 19 Räume befinden sich in drei unterschiedlichen Bereichen – dem Haupthaus, sieben Häuschen und einer Scheune – und sind mit Antiquitäten möbliert. Einige Zimmer haben Terrassen, Kamine und Küchennischen, und viele verfügen über Meerblick oder Aussicht auf die Gärten. Im Hotel gibt es ein gutes Restaurant.
198 B2 45020 Albion Street, Box 206, Mendocino, CA 95460 (707) 937-0289 oder (800) 609-0492; www.maccallumhouse.com

Stanford Inn by the Sea & Spa $$$

Wenn Sie ein aktiver – und betuchter – Reisender sind, werden Sie dieses ländliche, aber gleichzeitig stilvolle Hotel als gute Wahl empfinden. Das zweistöckige Gasthaus liegt direkt südlich der Stadt nahe des Highway 1 und blickt auf den Fluss und den Ozean. Es bietet geräumige Zimmer mit Kaminen, CD-Spielern und Dachterrassen. Nach einem Tag an der frischen Luft können Sie hierher zum knisternden Kaminfeuer im Salon zurückkehren, wo Snacks und Wein serviert werden. Diese und das tolle vegetarische Frühstück sind im Preis inbegriffen.
198 B2 Coast Highway und 44850 Comptche-Ukiah Road, Box 487, Mendocino, CA 95460 (707) 937-5615 oder (800) 331-8884; www.stanfordinn.com

»WEINLAND«

Clarion Collection Lodge at Calistoga $–$$

Das Motel am Rand von Calistoga ist einfach, für den Preis jedoch wunderbar. Die Zimmer überraschen nicht sonderlich, sind aber zweckmäßig. In der Sauna, einem beheizten Pool oder dem Whirlpool können Sie sich von Ihrer Tour durch die Weingüter erholen. Im Preis ist ein bescheidenes kontinentales Frühstück inbegriffen.
199 D2 1865 Lincoln Avenue, Calistoga CA 94515 (707) 942-9400 oder (800) 652-5130; www.thelodgeatcalistoga.com

Gaige House Inn $$$

Dieses Bed & Breakfast befindet sich in einem 1890 im Stil des frühen 18. Jahrhunderts erbauten italienisch angehauchten Gebäude. Einige der sonnigen Zimmer weisen aber südostasiatische Elemente auf. Sie können sich auf der Terrasse in einer Hängematte ausstrecken und auf Calabazas Creek blicken oder aber abends in den Aufenthaltsräumen mit ihren Bücherregalen an den Wänden einen Wein auf Kosten des Hauses trinken. Einige Zimmer haben Kamine, in denen man tatsächlich ein Holzfeuer entzünden kann, geräumige Balkone und Whirlpools. Der Service ist engagiert und das reichhaltige Frühstück erstklassig.

199 D1 13540 Arnold Drive, Glen Ellen, CA 95442 (707) 935-0237 oder (800) 935-0237; www.gaige.com

Villagio Inn & Spa $$$

Wenn Sie es sich so richtig gut gehen lassen möchten, steigen Sie in diesem überwältigend ausgestatteten Luxushotel im unteren Napa Valley ab. Bei diesen Preisen kann man sich darauf freuen, von morgens bis abends verwöhnt zu werden. Dazu gehört eine Flasche Wein zur Begrüßung, das Champagnerfrühstück und der Nachmittagstee. Den Wellnessbereich sollten Sie unbedingt besuchen, auch wenn Sie kein Gast sind.

199 D1 6481 Washington Street, Yountville, CA 94599 (707) 944-8877 oder (800) 351-1133; www.villagio.com

SACRAMENTO & GOLD COUNTRY

Amber House Bed & Breakfast $$

Die beiden Häuser dieses Hotels nahe dem Kapitol sind im amerikanischen Craftsman- und holländischen Kolonialstil errichtet. Die Zimmer sind nach berühmten Künstlern und Autoren benannt und entsprechend gestaltet. So passt das Lord-Byron-Zimmer zu einem romantischen Aufenthalt, und das Brahms-Zimmer ist sehr gemütlich. Auch die Bäder sind wunderschön.

199 E1 1315 22nd Street, Sacramento, CA 95816 (916) 444-8085 oder (800) 755-6526; www.amberhouse.com

Murphys Historic Hotel and Lodge $–$$

Die historischen Räume und der Saloon versetzen die Gäste hier in die Zeit des Goldrauschs, wer mag, kann in der Nähe sogar Gold schürfen. Sie können aber auch ganz modern Kunst- oder Antiquitäten shoppen gehen. Das Hotel eignet sich bestens als Ausgangspunkt für eine Weintour in die Ausläufer der Sierra: Probierstuben der Weingüter Black Sheep, Milliaire und Stevenot sind ganz in der Nähe. Die neun historischen Zimmer sind mit Antiquitäten möbliert und haben kein eigenes Bad; schon Mark Twain und der Räuber Black Bart waren zu Gast. Die modernen Zimmer verfügen über eigene Bäder.

199 F1 457 Main Street, Murphys, CA 95247 (209) 728-3444 oder (800) 532-7684; www.murphyshotel.com

YOSEMITE

Ahwahnee Hotel $$$

Die 1927 eröffnete Ahwahnee Lodge gehört zu den luxuriösesten Hotels in den amerikanischen Nationalparks. Die öffentlichen Räume sind mit riesigen Kaminen ausgestattet und bieten einen großartigen Blick auf den Park. Der Nachmittagstee in der Great Lounge ist ein Highlight. Die kleinen Gästezimmer sind stilvoll eingerichtet und mit indianischen Motiven dekoriert. 24 Häuschen liegen verstreut im Wald.

201 D5 Ahwahnee Road, Yosemite National Park, CA 95389 (801) 559-5000; www.nationalparkreservations.com/yosemite_ahwahnee.htm

Best Western Yosemite Gateway Inn $

Wenn Sie innerhalb des Parks kein Zimmer finden, versuchen Sie es in diesem gut geführten Motel etwa 24 km vor dem Südeingang des Parks. Die Zimmer sind schön, aber

Wohin zum ...
Essen und Trinken?

Preise

Für ein Essen (ohne Getränke und Service):

$ unter 15 $ $$ 15–25 $ $$$ über 25 $

nichts Besonderes; zum Teil verfügen sie über Balkon, Terrasse oder auch Küche sowie Bergpanorama. Die Apartments mit zwei Schlafzimmern und Küche sind für Familien ein Schnäppchen (höchstens sechs Personen). Es gibt einen Garten, einen beheizten Pool innen und außen, einen Whirpool, einen Fitnessraum und Waschmaschinen.

☩ 201 D5 ✉ 40530 Highway 41, Oakhurst, CA 93644 ☎ (559) 683-2378 oder (888) 256-8042; www.yosemitegatewayinn.com

▽▽ Yosemite Lodge at the Falls and Curry Village $–$$

Die Yosemite Lodge hat 249 motelartige Zimmer, Restaurants, eine Bar und einen Swimmingpool olympischen Ausmaßes. Das rustikale Curry Village besteht aus 183 Hütten mit Zimmern mit und ohne Bad, 427 Zelthütten mit Gemeinschaftsbädern, 18 Motelzimmern und Esslokalen. Es gibt keine Klimaanlagen. Hier kommt man eher unter als in der Ahwahnee Lodge, sollte aber dennoch weit im Voraus buchen.

☩ 201 D5 ✉ Northside und Southside Drive, Yosemite National Park, CA 95389 ☎ (801) 559-5000 (Reservierungen für alle Hotels im Yosemite Park); www.yosemitepark.com/Accommodations_YosemiteLodge.aspx; www.yosemitepark.com/Accommodations_CurryVillage.aspx

LAKE TAHOE

▽▽ Lakeland Village Beach and Mountain Resort $$–$$$

Dieser moderne Hotelkomplex liegt in einem abgeschiedenen Waldgebiet mit eigenem Strand am Südufer des Lake Tahoe. Zu den nahe gelegenen Kasinos und Skigebieten in Nevada fahren gratis Shuttlebusse. Die Unterkünfte reichen von Hotelzimmern bis zu Stadthäusern mit vier Schlafzimmern. Oft gehören eine Küche, ein Kamin und Balkon oder Terrasse dazu. Zudem gibt es Pools und Saunen.

☩ 199 F2 ✉ 3535 Lake Tahoe Boulevard, South Lake Tahoe, CA 96150 ☎ (530) 44-1685 oder (800) 822-5969; www.lakeland-village.com

KÜSTE VON SONOMA & MENDOCINO

▽▽ Café Beaujolais $$–$$$

Mendocinos bekanntestes Restaurant weist das hier übliche Aussehen auf: rustikal, lässig und in einem von Gärten umgebenen viktorianischen Bauernhaus. Aber der Ruf, den es sich durch die Verwendung reiner, frischer Zutaten und seiner innovativen kalifornischen Küche erworben hat, reicht weit über die Region hinaus. Die Karte wechselt mit den Jahreszeiten. Sie können mit vor Ort produzierten Bio-Zutaten, frischem Fisch und Meeresfrüchten, Fleisch von frei laufenden Tieren, selbst gebackenem Brot und einer exzellenten Weinkarte rechnen.

☩ 198 B2 ✉ 961 Ukiah Street, Mendocino ☎ (707) 937-5614; www.cafebeaujolais.com ◉ mittags: Mi–So 11.30–14.30 Uhr; abends: tägl. 17.30–21 Uhr

▽▽ Mendo Bistro $$–$$$

Beliebtes Lokal in Fort Bragg mit New American Cuisine aus saisonalen einheimischen Zutaten. Inhaber und Küchenchef Nicholas Petti und Gattin Jaimi punkten mit herzlicher Gastlichkeit und zivilen Preisen. Auf der Karte stehen hausgemachte Pasta, biologisch produzierte Fleisch- und

Geflügelgerichte (bei denen man Zubereitung und Sauce selbst wählen kann) sowie Fisch und Meeresfrüchte, wie Muscheln und Austern.
✚ 202 A3 ✉ 301 North Main Street, 2nd floor, Fort Bragg ☎ (707) 964-4974; www.mendobistro.com ◷ tägl. 17–21 Uhr

»WEINLAND«

♦♦♦ Bistro Ralph $$–$$$

Dieses legere Restaurant, an der Plaza im Herzen von Healdsburg gelegen, ist dabei, sich einen Ruf für kalifornische Hausmannskost zu erwerben. Der Besitzer und Küchenchef Ralph Tingle verwendet mit Erfolg Lammfleisch aus Sonoma und regionale Zutaten. Die Bedienung ist freundlich, an der Bar treffen sich die Einheimischen. Probieren Sie Weine aus der Region, bestellen Sie, wenn Sie wollen, etwas zu essen, und lauschen Sie der Gerüchteküche. Die Veranda ist an Sommerabenden sehr angenehm.
✚ 198 C2 ✉ 109 Plaza Street, Healdsburg ☎ (707) 433-1380; www.bistroralph.com ◷ mittags: Mo–Sa 11.30–14.30 Uhr; abends: Mo–Sa 17.30–21 Uhr (Fr, Sa bis 21.30); Thanksgiving, 25. Dez. geschl.

♦♦♦♦ Cyrus $$$

Die Feinschmeckerzeitschrift *Gourmet* zählt dieses extravagant-lässige Luxus-Restaurant zu den 50 besten in Amerika. Seine extravagante, ambitionierte Küche präsentiert sich modern französisch mit asiatischem Akzent, und so stehen auf der Karte neben *foie gras* Zuckerschoten, koreanisches *Kimchi* mit Rettich und Wassermelone oder Striploin-Beef mit Daikon-Rettich. Daneben gibt es ein Kaviar- sowie ein vegetarisches Menü. Exzellenter Service. Reservierung für eine Schlemmerorgie ist bis zwei Monate im Voraus möglich.
✚ 198 C2 ✉ 29 North Street, Healdsburg ☎ (707) 433-3311; www.aubergedusoleil.com ◷ mittags: Sa 11.30–13.30 Uhr; abends: Do–Mo 17.3021.30 Uhr; Bar ab 17 Uhr

♦♦♦♦ The French Laundry $$$

Thomas Kellers französisch-amerikanische Kreationen sind jeden Preis wert. Die Zutaten der 9-gängigen Degustations-Menüs nach Art des Küchenchefs (auch als vegetarische Version) wechseln täglich und saisonal. Unter den Highlights sind Essenz von der geräucherter *foie gras*, Wirsing oder Maine-Hummer-Schwanz mit Buchweizenspätzle und Rote-Bete-Vinaigrette. Reservierungen sind bis zwei Monate im Voraus möglich.
✚ 199 D1 ✉ 6640 Washington Street, Yountville ☎ (707) 944-2380; www.french laundry.com ◷ mittags: Fr–So 11–13 Uhr; abends: tägl. 17.30–21.15 Uhr; erste Wochen im Jan., Thanksgiving, 24.–25. Dez. geschl.

♦♦♦ the girl and the fig $$$

Auf noblem Anwesen nahe Sonoma Plaza bringt das einladende Restaurant (schöne Terrasse!) einen Hauch provenzalischer Atmosphäre ins amerikanische »Wine Country«: mit frischen, saisonal-regionalen Zutaten, von Krustentier bis Safran-Eintopf. Auch einfache Gerichte wie Schlachtplatte oder *Croques monsieur* (Schinken-Käsetoast) stehen auf der Karte, neben einer guten Käse-Auswahl und kalifornischem Wein im Rhône-Stil.
✚ 199 D1 ✉ 110 W. Spain Street, Sonoma ☎ (707) 938-3634; www.thegirlandthefig.com ◷ Mo–Sa 11.30–22, So 10–22 Uhr

♦♦♦ Tra Vigne $$–$$$

Viele halten das Tra Vigne für das »Weinland«-Restaurant schlechthin. Die Bedienung ist freundlich und effizient. Die Umgebung ist exakt wie in der Toskana (bitten Sie um einen Platz auf der Terrasse, wenn Sie reservieren), was auch für das Essen – frische Pasta, gegrilltes Fleisch sowie Fisch und Meeresfrüchte – gilt. Die gut zusammengestellte Weinkarte konzentriert sich allerdings auf einheimische Produkte. In den hohen Räumen des Restaurants befindet sich eine schöne Bar. Probieren Sie einen der Grappas.
✚ 199 D1 ✉ 1050 Charter Oak Avenue, St. Helena ☎ (707) 963-4444; www.travigne restaurant.com ◷ So–Do 11.30–21.30, Fr–Sa 11.30 bis 22 Uhr; Bruch So ab 11 Uhr; Thanksgiving, 25. Dez. geschl.

SACRAMENTO & GOLD COUNTRY

Rio City Café $$

In der Altstadt, am Ufer des Sacramento, bietet das nette, lebendige Lokal solide California Cuisine (mit vorwiegend asiatischen und italienischen Einsprengseln), wie Jambalaya-Reiseintopf, Ahi-Thunfisch-Nachos, Pasta, Fisch und Burger und vieles andere mehr. Am schönsten speist es sich hier auf der Terrasse an warmen Sommerabenden oder bei kühlerer Witterung drinnen am heimeligen Kaminfeuer.

199 E1 1110 Front Street, Sacramento (916) 442-8226; www.riocitycafe.com Mo–Fr 11–16, 17–22 Uhr, Sa, So 12–16, 17–22 Uhr

YOSEMITE NATIONAL PARK

Ahwahnee Dining Room $$–$$$

Zwar zeichnet sich der Ahwahnee Dining Room, das Hauptrestaurant der Ahwahnee Lodge, nicht durch eine revolutionäre Küche aus, doch die gut zubereiteten amerikanischen Gerichte (gegrilltes Steak, Fisch in leichter Sauce) passen zur klassischen Hotelumgebung. Während Sie das zehn Meter hohe Deckengewölbe, die Kronleuchter und die mit Tischwäsche und Porzellan eingedeckten Tische bewundern, werden Sie verstehen, dass Jeans oder kurze Hosen und Sportschuhe nicht erwünscht sind. Versuchen Sie, möglichst weit im Voraus zu reservieren (bis zu 60 Tage möglich). Besondere Weihnachts- und Neujahrsdinner sind so beliebt, dass die Plätze sogar in einer Lotterie verlost werden.

201 D5 Ahwahnee Road, Yosemite National Park (209) 372-1489; www.yosemitepark.com/dining_ahwahnoodining room.aspx tägl. Frühstück: 7–10.30 Uhr; mittags 11.30–15, abends: 17.30–21 Uhr

Erna's Elderberry House & Restaurant $$–$$$

Das Lokal gehört zu den besten Kaliforniens und die Fahrt vom Yosemite National Park wert. Es liegt in Oakhurst, über den Highway 41 etwa 23 km südlich vom Südeingang des Parks. Hier wird jeden Abend ein wechselndes, französisch und kalifornisch geprägtes, Sechs-Gänge-Festpreismenü aus frischen Zutaten serviert. Die Speisesäle haben einen angenehmen modernen Touch.

201 D5 48688 Victoria Lane, Oakhurst (559) 683-6800; www.elderberryhouse.com abends: tägl. 17.30–20.30; Brunch: So 11–13 Uhr; erste 3 Januarwochen geschl.

Mountain Room Restaurant $$

Das nur abends geöffnete beste Restaurant in der Yosemite Lodge (▶ 93) serviert kontinentale Gerichte – Steak, Meeresfrüchte und Pasta – kombiniert mit einem unglaublichen Blick auf die Yosemite Falls. Sie können auch in die weniger formelle Mountain Room Lounge gehen, wo es leichtere Speisen gibt, oder im legeren Food-Court frühstücken bzw. zu Mittag oder Abend essen.

201 D5 neben dem Northside Drive, Yosemite National Park (209) 372-1274; www.yosemitepark.com/dining_ mountainroom.aspx tägl. 17–21 Uhr

LAKE TAHOE

Sunnyside Restaurant & Lodge $$–$$$

Im Sommer wie im Winter ist das Lokal, in wunderschöner Umgebung an den Ufern des Lake Tahoe gelegen, ein wahrer Besuchermagnet. Im gehobenen Speisesaal dominieren Steaks das lukullische Geschehen, während im lässigeren Lakeside Grill auch Kleinigkeiten wie knusprige Zucchini-Sticks, gebackene Calamari, Burger aller Art, Sandwiches und Salate auf den Tisch kommen. Ein Dessert-Traum ist der *Hula Pie* (Schoko-Cookie, Macademia-Eis, heißer Vanilla-Fudge, Schlagsahne und gehackte Macademia-Nüsse). Legere Kleidung ist ebenso willkommen wie kleine Gäste.

199 F2 1850 W Lake Boulevard, West Shore (530) 583-7200; www.sunnysidetahoe.com Lakeside Grill: Fr–Sa 11.30–22; So–Do 11.30–21.30 Uhr; Dining Room: Fr–Sa 5.30–21 Uhr; So–Do 17.30–20.30; im Winter mittags geschl.

Wohin zum ...
Einkaufen?

Kunst und Kunsthandwerk, Wein, Delikatessen, Antiquitäten und Sportartikel rangieren ganz vorne.

MENDOCINO

Man kann durch Mendocinos kleine Straßen wandern und in den Ladenfenstern nach Kunst, Kunsthandwerk und handgearbeiteten Schmuck Ausschau halten. Lohnend: das **Mendocino Art Center** (45200 Little Lake Street, Tel. 707/937-5818, www.mendocinoartcenter.org).

SONOMA

Den Hauptplatz der Stadt säumen mehrere Lebensmittelgeschäfte und Bäckereien, so auch die **Sonoma Cheese Factory** (2 Spain Street, Tel. 707/996-1931, www.sonoma cheesefactory.com), die örtliche Käseprodukte zum Verkauf anbietet.

SACRAMENTO

In den historischen Gebäude am Flussufer von Sacramento finden Sie einige Kunst- und Kunsthandwerksläden. Im **Huntington, Hopkins & Co. Store** (113 I Street, Tel. 916/ 323-7234) kann man Gegenstände aus viktorianischer Zeit erstehen.

»WEINLAND«

Jedes Weingut, das Führungen und Weinproben anbietet, verkauft Wein in Flaschen oder Kisten. Zwei Niederlassungen der historischen **Oakville Grocery** führen Spitzenweine und Delikatessen. Das Originalgeschäft befindet sich im **Napa Valley** (7856 St. Helena Highway, Oakville, Tel. 707/944-8802), der zweite Laden im **Russian-River-Viertel** (124 Matheson Street, Healdsburg, Tel. 707/433-3200, www.oakvillegrocery.com).

Wohin zum ...
Ausgehen?

Nordkalifornien ist nicht gerade für sein Nachtleben bekannt. Das Vergnügen konzentriert sich hier auf den Genuss der freien Natur.

MUSIK

Es gibt in Nordkalifornien mehrere alljährliche Musikfestivals, darunter das **Mendocino Music Festival** (im Juli; klassische Musik, Gospel, Jazz, Oper u. a.; Tel. 707/937-2044), Lake Tahoes **Summer Arts and Music Festival** (Valhalla; Juni– Sept.; Tel. 530/541-4975) und das **Jazz on the River Festival** (Sept.; ein lockeres Wochenendereignis am Johnson's Beach am Russian River; Tel. 707/869-1595). In Sacramento lohnt ein regelmäßiger Blick in die Veranstaltungstipps der Zeitung *Sacramento Bee* oder auf www. sacramento365.com.

SPORT

Die **Kings**, Sacramentos Erstliga-Basketballmannschaft, spielen in der Arco Arena (1 Sports Parkway, Tel. 916/928-6900).

Nordkalifornien mit seinen faszinierenden Landschaften ist eine tolle Gegend, um selbst Sport zu treiben. Während der warmen Jahreszeit stehen Wanderern, Mountainbikern und Reitern Hunderte Meilen von Wegen zur Verfügung, während Kanu-, Kajak- und Floßfahrer die vielen Wasserläufe der Region befahren können. Im Winter ist Nordkalifornien ein Paradies für Skifahrer und Snowboarder.

Die Zentralküste

Erste Orientierung

An der dünn besiedelten Küste Zentralkaliforniens geht es merklich ruhiger zu als in den großen Städten. Das trübe Wasser in der Nähe der Städte wird zu kristallklarem Blau, schaumgekrönte Wellen krachen an die Felsküste, und Wildblumen sprießen an steilen Hängen, die in den Pazifik abfallen. Sie können die Pracht von am Meer gelegenen Bars und Restaurants durch große Panoramafenster genießen oder Strandwanderungen unternehmen. Am besten reist man mit dem Auto, obwohl die Region teilweise durch Buslinien erschlossen ist.

Die Highlights liegen entlang des landschaftlich reizvollen Highway 1. Im Sommer geht es oft nur langsam voran, doch das Panorama entschädigt. Schon die Aussichtspunkte am Highway 1 sind den Trip an die Zentralküste wert. Aber achten Sie auf die Straße: eine falsche Lenkbewegung, und Ihr Auto wird zum U-Boot.

Seite 97:
Die Küste bei Carmel

Links:
Der Julia Pfeiffer Burns State Park, Big Sur

Oben rechts:
Hearst Castle

★ ## Nicht verpassen!

Nach Lust und Laune!

Monterey liegt 186 Kilometer südlich von San Francisco und 540 Kilometer nördlich von Los Angeles nahe der Südspitze der halbmondförmigen Monterey Bay. Die anderen größeren Städte auf der Halbinsel, Pacific Grove und Carmel, sind nicht weit entfernt, und Big Sur liegt weniger als 48 Kilometer weiter im Süden. Am schnellsten kommen Sie von San Francisco aus über die I-280 nach Süden zum Highway 85, dann in südöstlicher Richtung zur US 101, weiter nach Süden zum Highway 68 und schließlich in Richtung Westen. Von Los Angeles aus nehmen Sie die I-5 nach Norden zum Highway 46, fahren diesen nach Westen bis zur US 101 nach Salinas, wo Sie auf den Highway 68 in Richtung Westen wechseln. Hearst Castle und Santa Barbara liegen direkt neben dem Highway 1.

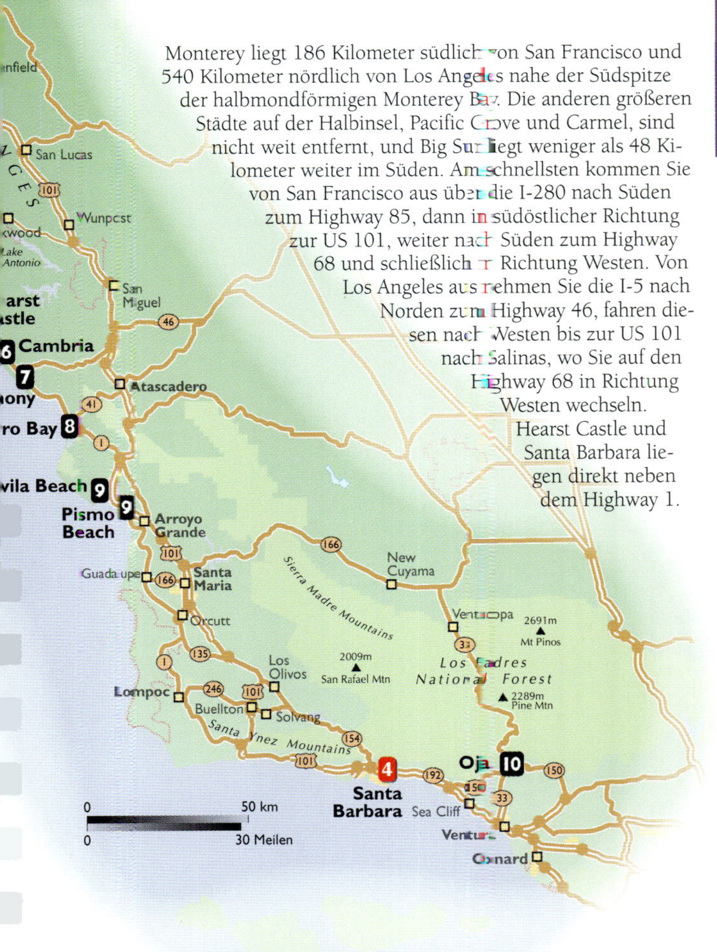

In drei Tagen

Die folgende Route ist eine Möglichkeit, wie Sie einige
der interessantesten Sehenswürdigkeiten der Zentralküste
in drei Tagen abklappern können. Nutzen Sie die Karte (➤ 98f)
zur Orientierung, die einzelnen Highlights werden im Folgenden
(➤ 102ff) näher beschrieben.

Erster Tag

Vormittags
Starten Sie in Pacific Grove auf der ❶ **Halbinsel Monterey** (oben) wo der
starke Wind am **Asilomar State Beach** (➤ 102) Sie durchpusten wird. Wenn
Sie während der Schmetterlingssaison hier sind, fahren Sie anschließend zum **Monarch Grove Sanctuary** (➤ 103) und dann den spektakulären
17-Mile Drive (➤ 103).

Nachmittags
Nehmen Sie in Monterey eine euro-amerikanische Bistromahlzeit im
ruhigen und geschmackvollen Montrio Bistro (414 Calle Principal,
Tel. 831/648-8880) zu sich. Im **Monterey Bay Aquarium** (➤ 102) warten
Meeresbewohner auf Sie, deren Fütterung spätnachmittags immer sehr
unterhaltsam ist. Anschließend geht es zum Shoppen nach Carmel oder
zum **Point Lobos Natural State Reserve** (➤ 103).

Abends
Kehren Sie für ein romantisches Abendessen im historischen **Tarpy's
Roadhouse** (➤ 116) oder nach Monterey zurück.

Zweiter Tag

Vormittags
Fahren Sie den Highway 1 nach Süden bis **2 Big Sur** (► 105) und gönnen Sie sich – auch der herrlichen Aussicht wegen – eine Pause im Café Kevah (ganzjährig geöffnet), das zum legendären Restaurant Nepenthe gehört. Und dann wieder ab nach Süden.

Nachmittags
Besuchen Sie die See-Elefanten-Kolonie im Norden von Hearst Castle. Fahren Sie weiter nach **6 Cambria** (► 112f) und essen Sie im **Hamlet at Moonstone Gardens** (neben dem Highway 1, Tel. 805/927-3535) mit seinem tollen Seeblick zu Mittag. Kehren Sie anschließend zurück zu einem Rundgang durch das großartige **3 Hearst Castle** (► 107). Später sollten Sie noch **7 Harmony** (► 113) 8 Kilometer südlich von Cambria besuchen.

Abends
Suchen Sie sich eine Unterkunft in **8 Morro Bay** (► 113) und spazieren Sie vor dem Essen auf dem Embarcadero.

Dritter Tag

Vormittags
Bei San Luis Obispo wird der Highway 1 zur US 101. Rasten Sie am **9 Pismo Beach** (► 113), flanieren Sie über Pismo Pier oder den Strand, und fahren Sie dann auf der US 101 weiter nach **4 Santa Barbara** (► 108ff).

Nachmittags
Haben Sie in Santa Barbara Quartier bezogen, winkt der Italiener Emilio's, direkt am Strand gelegen, mit schönem Blick aufs Meer (334 W Cabrillo Boulevard. Tel. 805/966-4426, www.emiliosrestaurant.com, teuer). Nicht weit davon führt vom Cabrillo Boulevard der Holzsteg der **Stearns Wharf** (► 108) weit in den Santa Barbara Channel hinein. Am besten parken Sie östlich davon und machen dort einen Spaziergang, anschließend weiter nach Osten zum **East Beach** (► 109) mit seinem feinen Sand. Danach geht es hinauf zur imposanten **Mission Santa Barbara** (unten; ► 110).

Abends
Fahren Sie von der Mission aus zu einem der Parkplätze beim **State-Street-Einkaufsviertel** (► 109). Tipp fürs Abendessen: die Trattoria **Palazzio** (► 117).

Die Halbinsel Monterey

»Erzähl es bitte nicht weiter!«, flehte ein Maler im 19. Jahrhundert, der seinem soeben eingetroffenen Freund von den Reizen Montereys vorschwärmte. Die schlimmsten Befürchtungen des Künstlers haben sich bewahrheitet. Allerdings ist die natürliche Schönheit dieser Region so groß, dass selbst der übelste Einbruch der Zivilisation ihr letzten Endes nichts anhaben kann. Zwei Dinge sollten Sie auf keinen Fall auslassen: das Monterey Bay Aquarium und den 17-Mile Drive.

Monterey

Ein guter Startpunkt für einen Rundgang durch Monterey ist das **Monterey State Historic Park Visitor Center** (Custom House Plaza). Hier bekommt man Broschüren zu dem drei Kilometer langen Path of History und Tickets für die ihn säumenden historischen Sehenswürdigkeiten. An der touristischen **Fisherman's Wharf** einige Hundert Meter nördlich vom Custom House finden Sie T-Shirt-Läden, Fischrestaurants (darunter einige gute), aber reichlich wenig Fischer. Die haben sich alle auf andere Piers zurückgezogen.

Der **Monterey Bay Recreational Trail** windet sich von der Fisherman's Wharf etwa 1,6 km in nordwestlicher Richtung zur **Cannery Row**. Sie können laufen oder den Bus nehmen. Viele Gebäude der einst übel riechenden Fischfabriken stehen noch heute. Die schrulligen Einwohner inspirierten John Steinbeck zu seinem Roman *Cannery Row* (dt.: *Straße der Ölsardinen*). Mit ihren unspektakulären Geschäften und Restaurants wirkt die Straße etwas zu aufgemotzt, als dass sie noch die Vergangenheit heraufbeschwören könnte. Das **Taste of Monterey** (700 Cannery Row) vertritt die mittlerweile ansässige Weinindustrie. Hier können Sie einheimische Rebsorten probieren.

Das **Monterey Bay Aquarium** liegt am westlichen Ende der Cannery Row. Fast die komplette Meeresfauna und -flora der Bucht ist an diesem Ort vertreten. Zu den Höhepunkten gehören die Seeotter-Anlage, ein sich über drei Stockwerke erstreckender Seetangwald und faszinierende Tintenfische. Die Hauptattraktion jedoch ist das riesige, mit Haien und anderem Getier der Küstengewässer bestückte Becken 80 Kilometer vor der Küste.

Pacific Grove

Westlich vom Aquarium wird die Cannery Row zum Ocean View Boulevard, womit Sie **Pacific Grove** erreicht haben. Diese freundliche Stadt ist für ihre Häuser aus dem späten 19. Jahrhundert und an der Bucht gelegenen Attraktionen bekannt, unter ihnen Lovers Point Park Beach (ein guter Ort für ein Picknick) und der Point Piños Leuchtturm. **Asilomar State**

Der Kai von Pacific Grove in der Monterey Bay

Beach (Tel. 831/646-6442) südlich vom Leuchtturm gelegen, ist der Inbegriff der ungezähmten Pracht dieses Teils der kalifornischen Pazifikküste. Von Oktober bis März bevölkern wandernde Monarchschmetterlinge das **Monarch Grove Sanctuary** (Lighthouse Avenue und Ridge Road, Bus 1).

17-Mile Drive

Angesichts der spektakulären Küste im Norden und im Süden mag es absurd erscheinen, dafür zu zahlen, um den **17-Mile Drive** genannten Abschnitt zu besichtigen. Aber er ist wirklich etwas Besonderes. Einsam und dramatisch schlängelt sich die Straße an windigen Stränden vorbei an die manchmal schäumende Wogen krachen. **Bird Rock**, ein von Robben, Seelöwen, Möwen, Kormoranen und anderen Wildtieren bevölkerter Granitfelsen, ist ein weiterer Glanzpunkt, ebenso wie die 200 Jahre alte **Lone Cypress**, die ihre bizarre Form dem mächtigen Seewind verdankt. In der Broschüre, die Sie am Eingang erhalten, sind die wesentlichen Haltepunkte beschrieben.

Andere Attraktionen

Carmel ist an sonnigen Wochenenden überlaufen. Der Ocean-Avenue-Einkaufsbezirk westlich vom Highway 1 ist zwar hochpreisig, aber sowohl der **Carmel River State Beach** (Scenic Road, am Highway 1, Tel. 831/649-2836) als auch das **Point Lobos Natural State Reserve** (Highway 1, Tel. 831/624-4909) bieten tolle Wanderwege. Am Point Lobos können Sie vom **Sea Lion Point Trail** aus Seelöwen beobachten oder inmitten der Bäume des **Cypress Grove Trail** spazieren. Die schöne **Carmel Mission** (Rio Road und Lasuen Drive, Tel. 831/624-3600, www.carmelmission.org) war die Zentrale von 21 kalifornischen Franziskanermissionen.

KLEINE PAUSE

Pasta, Pizza und Fisch im legeren **Café Fina** (Fisherman's Wharf, Tel. 831/372-5200, www.cafefina.com) mit Blick auf den Hafen von Monterey.

✚ 200 B4

Monterey State Historic Park Visitor Center
✉ 20 Custom House Plaza ☎ (831) 649-7118; www.parks.ca.gov/default.
asp? page_id=575 🕓 Path of History tägl. geöffnet, Zeiten wechseln
🚌 Wave Shuttle (nur im Sommer); Bus 1 ✋ preiswert

Monterey Bay Recreational Trail
✉ zwischen Drake und David Avenue 🚌 Wave Shuttle (nur im Sommer); Bus 1

Monterey Bay Aquarium
✉ 886 Cannery Row ☎ (831) 648-4800; www.montereybayaquarium.org
🕓 Juni–Aug. Mo–Fr 9.30–18, Sa–So 9.30–20 Uhr; Sept.–Mai 10–18 Uhr
🚌 Wave Shuttle (nur im Sommer); Bus 1 ✋ teuer

17-Mile Drive
✉ fünf Eingänge, darunter Sunset Drive in Pacific Grove und Highway 1 in
Carmel Grove ℹ www.pebblebeach.com 🚌 Bus 1 ✋ mittel

Carmel Mission
✉ Rio Road und Lasuen Drive ☎ (831) 624-3600; www.carmelmission.org
🕓 Mo–Sa 9.30–17, So 10.30–17 Uhr ✋ preiswert

Die Natur entfaltet ihre Schönheit beim Monterey Bay Aquarium, hier ein Seetangwald

HALBINSEL MONTEREY: INSIDER-INFO

Top-Tipps: Nehmen Sie eine Jacke mit, da abends häufig Nebel aufziehen.
■ Der **Wave Shuttlebus** verbindet die wichtigsten Sehenswürdigkeiten im historischen Monterey (Ende Mai–Anfang Sept.). **Monterey-Salinas Transit** (Tel. 831/899-2555) fährt das ganze Jahr. Nehmen Sie von der Fisherman's Wharf aus den Bus 1 für eine Panoramatour durch Monterey und Pacific Grove.

Geheimtipp: Im **Chateau Julien** (8940 Carmel Valley Road, östlich Highway 1, Tel. 831/624-2600, www.chateaujulien.com) und in den **Ventana Vineyards** (2999 Monterey-Salinas Highway, Tel. 831/372-7415, www.ventanawines. com), können Sie Weine kosten, picknicken oder an einer Führung teilnehmen (Reservierung erforderlich).

2 Big Sur

Die Natur herrscht in Big Sur, einer Landschaft wilder Schönheit, die Ansel Adams in seinen Fotografien verewigt hat. Henry Miller beschrieb die Gegend als »das Gesicht der Erde, so wie der Schöpfer es aussehen lassen wollte«. Jeden Winter reißen Sturmfluten Teile des Highway 1 weg, während im Sommer der Wind heult und Felsen von den Klippen auf die Straße krachen.

Atemberaubende Sicht auf Big Sur vom Pacific Coast Highway

Big Sur erstreckt sich von unterhalb Carmels bis fast zum Hearst Castle. Die **Bixby Bridge**, ungefähr 13 Meilen (21 km) südlich von Carmel, ist eine der höchsten einbogigen Brücken der Welt. Parken Sie auf der Nordseite, um sie zu bewundern. Sechs Meilen (10 km) weiter südlich steht das **Point Sur Lighthouse** (Tel. 831/625-4419, www.parks.ca.gov/?page_id=565 für Reservierungen) auf einem riesigen Sandsteinkegel. Sie können den Leuchtturm ganzjährig nur im Rahmen einer Wochenendführung besuchen (April–Okt. auch an einigen Wochentagen).

9 Meilen (14 km) weiter südlich befindet sich die Big Sur Station am Westeingang des **Pfeiffer-Big Sur State Park** (Tel. 831/667-2315, www.parks.ca.gov/?page_id=570). Hier erhalten Sie Karten und Ranger geben Tipps zu Wanderwegen in der Gegend. Einer verläuft durch Redwoods zu einem 18 Meter hohen Wasserfall, ein anderer über die Pfeiffer Ridge zu unvergleichlichen Küstenpanoramen. Etwa 12 Meilen (19 km) südlich der Station liegt der **Julia Pfeiffer Burns State Park** (www.parks.ca.gov/?page_id=578). Hier verläuft ein 800 Meter langer Weg zu einem Wasserfall direkt am Strand.

KLEINE PAUSE

Essen oder trinken Sie drinnen oder draußen in **Nepenthe** (Highway 1, Tel. 831/ 667-2345, www.nepenthebigsur.com), ungefähr 2,5 Meilen (4 km) südlich der Big Sur Station. Das benachbarte **Café Kevah** ist ein guter Tipp für einen Brunch oder fürs Mittagessen.

🕂 200 B3 🚌 Bus 22 von Monterey nach Big Sur und Nepenthe zweimal tägl.

③ Hearst Castle

Hearst Castle liegt majestätisch inmitten der Santa Lucia Mountains. Das Schloss gehört(e) zu den prachtvollsten Privatanwesen der USA und hätte selbst einem König zur Ehre gereicht. Und ein solcher war der Zeitungsmagnat William Randolph Hearst (1863–1951) bis 1919, als er mit dem Bau dieses Phantasiehauses begann, zweifellos geworden. Als man die Arbeiten 1947 schließlich beendete, war das Anwesen immer noch nicht fertig, obwohl es mittlerweile 165 Zimmer, 51 Hektar Garten und zwei luxuriöse Pools umfasste.

Die Kiefer-, Eichen- und Walnussmöbel des Haupthauses Casa Grande mit seinen 115 Zimmern verleihen ihm eine gewisse Schwere. Aber sie reflektieren den damaligen mediterran beeinflussten kalifornischen Geschmack und Hearsts Erinnerungen an europäische Schlösser, die er besucht hatte. Die Gästehäuser sind im Vergleich dazu luftiger.

Der Neptune Pool mit seinen Marmorstatuen und Kolonnaden

Die Sammlung

»Der Häuptling«, wie Hearst von Freunden und Angestellten genannt wurde, war ein begeisterter Kunst- und Antiquitätensammler. In den 1930er-Jahren verkaufte er während einer Liquiditätskrise die besten Stücke seiner Sammlung. Aber ihm blieben eindrucksvolle Stücke wie etwa die Wandteppiche in der großen Eingangshalle von Casa Grande. Während des Rundgangs sollten Sie die Holzdecken beachten, die William Randolph Hearst von europäischen Anwesen und Klöstern kaufte.

EINE FRUCHTBARE ZUSAMMENARBEIT

Beim Bau seines Schlosses arbeitete Hearst mit Julia Morgan (1872–1957) zusammen, deren Ausbildung als Ingenieurin in einer Erdbebengegend nützlich war. Das Haus wurde größtenteils aus Stahlbeton gebaut, ein Segen, wenn die Erde zitterte, aber ein Fluch angesichts von Hearsts Angewohnheit, häufig seine Meinung zu ändern. Ein Beispiel: Ursprünglich hatte Casa Grande einen Glockenturm. Hearst ließ ihn abreißen und durch die zwei heute noch vorhandenen ersetzen.

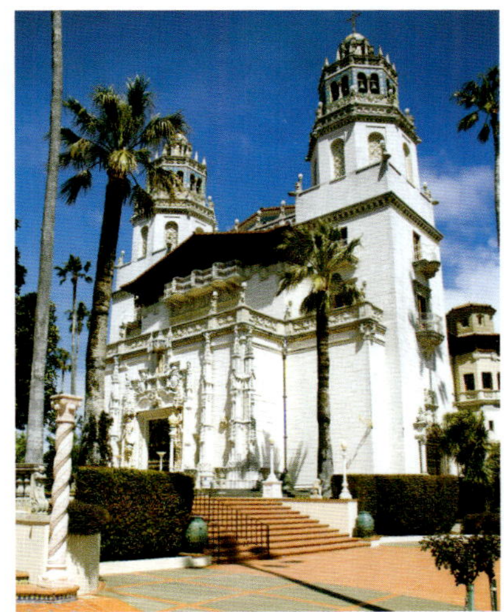

Der Prunkbau des Hearst Castle

Sowohl der Führer und als auch der Film, dessen Besichtigung zu Tour 1 gehört, präsentieren Randolph Hearst als liebenswerten Visionär und Kunstliebhaber und nicht als skrupellosen Geschäftsmann, der unliebsame Zeitgenossen mit allen Mitteln ausschaltete – vermutlich entspricht beides der Wahrheit.

KLEINE PAUSE

Es gibt eine Snackbar im Besucherzentrum, aber besser fahren Sie zum Essen nach **Cambria** (➤ 112).

✚ 200 B3   ✉ Highway 1, San Simeon
☎ (916) 414-8400 oder (800) 444-4445; www.hearstcastle.org
🕐 tägl. 8.20–15.20 Uhr (Juni–Aug. manchmal auch später); Abendführungen (zu wechselnden Zeiten) März–Mai und Sept.–Dez.
✋ teuer

HEARST CASTLE: INSIDER-INFO

Top-Tipps: Man kann Hearst Castle im Rahmen **von mindestens einem von fünf Rundgängen** (jeweils knapp zwei Stunden) besichtigen. Alle führen am marmornen Neptune Pool außen sowie am Roman Pool innen mit seiner Einfassung aus blauem venezianischen Glas und glänzenden Goldkacheln vorbei. Für diejenigen, die noch nie hier waren, empfiehlt das Personal den Rundgang 1, der die Gärten, ein Gästehaus und das Erdgeschoss von Casa Grande beinhaltet. Interessanter ist Rundgang 2, der durch die oberen Stockwerke mit der Bibliothek, der Doge's Suite (Nachbildung eines Raumes des Dogenpalastes in Venedig), vier Gästezimmer und Hearsts Privaträume führt.
■ Besonders im Sommer mindestens zwei Tage im **Voraus eine Führung buchen**.
■ Im Rahmen der **Gardens and Vistas Tour** (inklusive Neptune Pool) kann man das Areal auf eigene Faust erkunden.
■ Dreimal täglich wird eine für **Rollstuhlfahrer** geeignete Führung angeboten.

④ Santa Barbara

Ohne die sonst allgegenwärtigen Plakatwände und nur anderthalb Fahrstunden von Los Angeles entfernt, ist das bezaubernde Santa Barbara seit Jahrzehnten ein Zufluchtsort für Hollywoods Geldadel. Ronald Reagan, Michael Douglas, Oprah Winfrey und Michael Jackson leb(t)en hier. Dennoch bleibt die Stadt bemerkenswert bodenständig.

Das Bezirksgericht, die Mission Santa Barbara und das Hafenviertel gehören zu den Glanzstücken, die man nicht auslassen sollte. Sie sollten allerdings Ihren legeren Rhythmus beibehalten. Lassen Sie sich Zeit bei einem Mittagessen mit Hafenblick, entspannen Sie im Santa Barbara Botanic Garden, oder faulenzen Sie am East Beach oder am Butterfly Beach im Sand. Dies ist ein Ort, um sich auszuruhen und wunderbar zu fühlen.

Stearns Wharf

Während sich an der Westküste die Häfen und Strände meist nach Westen ausrichten, sind sie in Santa Barbara gen Süden gewandt. Die mehrere 100 Meter in den Santa Barbara Channel hineinragende, hölzerne **Stearns Wharf** ist ein guter Startpunkt für einen Rundgang am Wasser. Parken Sie am Cabrillo Boulevard, spazieren Sie zur Spitze des Kais, setzen Sie sich auf eine Bank, und blicken Sie aufs Meer hinaus oder zurück zur Stadt. Das vor allem für Kinder geeignete **Ty Warner Sea Center** informiert über die Meeresbewohner. In der Nähe der Wharf befinden sich auch zahlreiche Restaurants und Geschäfte.

East Beach mit Blick auf die Santa Ynez Mountains

**Der Glocken-
turm des
County Court-
house**

Rund um den Hafen

Begeben Sie sich vom Kai aus auf dem
Cabrillo Boulevard 3 km in Richtung Süden
zum **Andree Clark Bird Refuge**. Schilder
entlang der Fuß- und Radwegen erklären
einheimische und Zugvögel, die sich in
dem ruhigen Garten und an der friedlichen
Lagune einfinden. Es macht großen Spaß,
hier mit dem Rad zu fahren. Vom Vogelpark aus kann man auch den Santa Barbara
Zoo (nichts Besonderes, aber nett) sehen.

Auf der anderen Seite des Cabrillo Boulevard liegt der belebte **East Beach**, wo die
braun gebrannten Einwohner Santa Barbaras
Frisbee oder Strandvolleyball spielen. Das
Cabrillo Pavillon Bathhouse stellt Duschen
und Umkleidekabinen zur Verfügung aber
keine Handtücher.

Gehn Sie anschließend auf dem Cabrillo Boulevard wieder
zurück nach Westen an der Stearns Wharf vorbei zum **Santa
Barbara Yacht Harbor** wo die Fischer ihren Fang anlanden,
darunter Seeigel für den Export nach Japan.

Ins Stadtzentrum

Vom Hafenviertel aus können Sie den State Street Shuttle die
State Street hinauf nehmen oder die Chapala Street hinauf-
fahren und auf einem der öffentlichen Parkplätze nördlich der
Gutierrez Street Ihren Wagen abstellen. Die **State Street**, die
Hauptschlagader von Santa Barbaras Zentrum, ist so heiter,
dass Leute sogar aus Los Angeles am Wochenende herkom-
men, um durch Boutiquen, Antiquitäten- und alle möglichen
anderen Läden zu bummeln.

Santa Barbara Courthouse und Mission

In den Hallen und Räumen des **Santa Barbara County Courthouse**, einen Block östlich der State Street an der Ecke Anapamu und Anacapa Street gelegen, ist noch ein Hauch der
wilden Stummfilmzeit Hollywoods zu spüren. Dieses Bauwerk
im spanisch-maurischen Stil wurde 1929 fertiggestellt. Machen
Sie eine Führung mit, oder schauen Sie sich nur ein wenig
um. Nehmen Sie anschließend den Aufzug zum Glockenturm,
von wo aus Sie einen herrlichen Rundumblick auf die Stadt
haben. Die **Red Tile Tour** (➤ unten) startet hier.

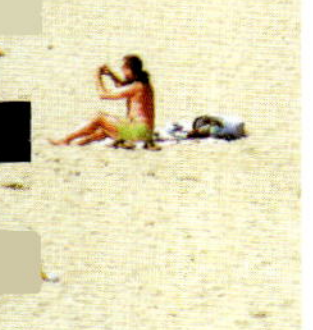

RED TILE TOUR (»ROTZIEGEL«-RUNDGANG)

Diese Tour durch zwölf Blocks mit Häusern aus Adobeziegeln,
Parks, Museen und anderen Sehenswürdigkeiten im Stadtinnern
ist nach den runden Terrakotta-Dachziegeln der zahlreichen
Häuser im spanischen Stil benannt. Im Santa Barbara Visitor
Center (Garden Street und Cabrillo Boulevard, Tel. 805/965-
3021) östlich von Stearns Wharf bekommen Sie eine Lagekarte. Den ca. 800 m entfernten Startpunkt der Tour am **Country
Courthouse** (➤ oben) erreichen Sie zu Fuß, mit dem Auto oder
dem Downtown Shuttle.

Die **Mission Santa Barbara** erreichen Sie nur mit dem Wagen oder dem Bus. Wenn Sie nur eine Mission besuchen wollen, dann diese. Die für die Architektur des 1820 errichteten Bauwerks verantwortlichen Pater (die Mission wurde 1786 gegründet), ließen sich von einem römischen Tempel inspirieren. Das Erdbeben von 1925 verwüstete die Mission, aber bei der Restauration wurde sehr darauf geachtet, den Originalzustand wiederherzustellen. Man kann die Hauptkirche, eine Kapelle, einen Schlafraum und eine Küche besichtigen.

Mit dem Auto gelangen Sie von hier schnell zum **Santa Barbara Botanic Garden**, auf dessen 32 ha man die Flora Kaliforniens erforschen kann (auch mit Führung).

KLEINE PAUSE

Das **Brophy Brothers Clam Bar and Restaurant** (119 Harbor Way, Tel. 805/966-4418, So–Do 11–22, Fr–Sa 11–23 Uhr) ist ein beliebter Treffpunkt oder Sie gönnen sich bei **D'Angelo Bread** (25 W Gutierrez Street, Tel. 805/962-5466, tägl. bis 14 Uhr), etwas Gebäck oder einen kleinen Snack.

DRAHTESEL-TOUREN

Radwege durchkreuzen ganz Santa Barbara. Die Gegend um den Hafen ist eher flach, und ein landschaftlich schöner Weg führt durch das nahe **Andree Clark Bird Refuge** (Tel. 805/ 564-5433). Die Fahrt vom Hafen zur Mission dauert etwa eine Stunde, nahe der Mission aber wird es etwas hügelig. Von hier sind es 3 km zum Botanischen Garten. **Wheel Fun Rentals** (Tel. 805/966-2282) unterhält drei Verleihstationen für Räder und Strandfahrzeuge, wo Sie auch mit Karten und Infos versorgt werden.

Rechts: Beliebt sind die Rad- und Fußwege am Hafen

✠ 204 C3 🚌 Downtown Shuttle (vom Hafenviertel zur Sola Street)

Stearns Wharf
✉ E. Cabrillo Boulevard, Südende der State Street ☎ www. stearnswharf.org 🚌 Waterfront oder Downtown Shuttle ✋ frei

Ty Warner Sea Center
✉ 211 Stearns Wharf ☎ (805) 962-2526; www.sbnature.org
🕐 tägl. 10–17 Uhr ✋ preiswert

Andree Clark Bird Refuge
✉ 1400 E. Cabrillo Boulevard neben der US 101 ☎ (805) 564-5433
🚌 Waterfront Shuttle (zum Zoo; kurzer Fußweg zum Vogelpark oder an der Milpas Street umsteigen in Bus 14) ✋ frei

Santa Barbara Yacht Harbor
✉ Westende des Cabrillo Boulevard
🚌 Waterfront Shuttle

East Beach
✉ E. Cabrillo Boulevard und Milpas Stree 🚌 Waterfront Shuttle
✋ frei

County Courthouse
✉ 1100 block Anacapa Street
☎ (805) 962-6464; www.santabarbaracourthouse.org
🕐 Mo–Fr 8.30–16.30, Sa–So 10–16.30 Uhr; Führungen: Mo–Sa 14, Mo, Di, Fr 10.30 Uhr)
🚌 Downtown Shuttle (zur Anapamu Street; dann einen Block nach Osten)
✋ frei

Mission Santa Barbara
✉ 2201 Laguna Street
☎ Führungen: (805) 682-4713; www.santabarbaramission.org
🕐 tägl. 9–17 Uhr 🚌 Bus 22 (vom Transit Center im Zentrum, Chapala und Carillo Street) ✋ preiswert

Santa Barbara Botanic Garden
✉ 1212 Mission Canyon Road (von der Mission aus die E Los Olivos Street nach Norden zur Mission Canyon Road, biegen Sie rechts auf die Foothill Road und ein paar Blocks weiter links auf die Mission Canyon Road ab)
☎ (805) 682-4726; www.sbbg.org
🕐 März–Okt. tägl. 9–18 Uhr; Nov.–Feb. tägl. 9–17 Uhr; 🚌 keine Busverbindung ✋ preiswert

SANTA BARBARA: INSIDER-INFO

Top-Tipps: Parkplätze finden Sie zu beiden Seiten der State Street sowie im restlichen Stadtgebiet.

■ Die **Entfernung zwischen Zentrum und Hafenviertel lässt sich zu Fuß bewältigen.** Tagsüber gibt es auch preiswerte Shuttles (Fr und Sa bis 21 Uhr), die das Hafenviertel und den Einkaufsbereich der State Street anfahren. Außerdem können Sie sich ein Fahrrad leihen (➤ links oben).

Geheimtipps: Nehmen Sie an einer Führung durch die prächtigen und ausgefallenen Gärten von **Lotusland** teil (695 Ashley Road, Tel. 805/969-9990, Führungen Mitte Feb. bis Mitte Nov. Mi–Sa, 10 und 13.30 Uhr, Vorausbuchung erforderlich, Eintritt: teuer). Ägyptische Lotusse, Zykladen, Wasserlilien, ein Formschnitt-Garten und Drachenbäume gehören zu den Attraktionen des **Montecito-Anwesens** der verstorbenen und mehrfach verheirateten polnischen Opernsängerin Madame Ganna Walska. Die jeweiligen Besichtigungen dauern etwa zwei Stunden.

■ Mit dem Auto Richtung Norden erreichen Sie nach etwa einer Stunde das Herzstück von Santa Barbara, das »**Weinland**« (➤ 183ff).

Nach Lust und Laune!

5 Santa Cruz

Santa Cruz ist ein Dorado für Surfer, Studenten, New-Age-Jünger und Frischluft-Fans. Nostalgischer Blickfang am Beach Boardwalk (Beach Street) sind das Looff-Karussell von 1911 und der Giant Dipper von 1924, denen bei Sonnenuntergang allerdings das faszinierende Naturschauspiel die Schau stiehlt. Wie in Santa Barbara kann man hier sommers herrlich baden, ohne zu erfrieren, zudem vom Lighthouse Point (West Cliff Drive) Surfern bei ihren Kunststücken in der Brandung zusehen. Im **Mystery Spot** erfährt man Erstaunliches über Physik und Gravitationsgesetze, und am schönsten zum Bum-

Das verträumte Santa Cruz ist bei Surfern und Strandspaziergängern beliebt

meln ist die Pacific Avenue mit ihren vielen Bars, Restaurants und Läden.
✚ 200 B4 ✉ Highway 1 und 17, 74 Meilen (119 km) südl. von San Francisco

The Mystery Spot
✉ 465 Mystery Spot Road ☎ (831) 423-8897; www.mysteryspot.com ⏰ Mo–Fr 10–16 (letzte Tour 16.05), Sa–So 10–17 (letzte Tour 17.05) ✋ preiswert

6 Cambria

Die größte Stadt in der Nähe des Hearst Castle lockt mit Geschäften, Galerien, Restaurants, Unterkünften und schönen Stränden. Die Wanderwege im **San Simeon State Park** (www.parks.ca.gov/default.asp?page_id=25179) führen am tiefblauen Ozean mit weißen Gischtkronen und im Wasser wogenden Tang entlang, und bei **Leffingwell's Landing** kommt bei Ebbe die Unterwasserwelt ans Tageslicht. Südlich von Cambria lohnt ein Abstecher über den Highway 46 in das **Weinanbaugebiet** um Paso Robles und Templeton. Bei der **Chamber of Commerce** (767 Main Street, Tel. 805/927-3624, www.cambriachamber.org, Mo–Fr 9–17, Sa–So 12–16 Uhr) erhalten Sie hierzu Karten und

---

TIERE BEOBACHTEN
Das **California Sea Otter Game Refuge** erstreckt sich von Monterey bis Cambria. Am besten lassen sich die Otter rechts neben dem Highway 1 am Santa Rosa State Beach in der Nähe von Hearst Castle, am Hearst State Beach und an Leffingwell's Landing beobachten.

Etwa 6 km nördlich von Hearst Castle (direkt südlich von Meilenstein 63) lebt eine **Kolonie nördlicher See-Elefanten** in der Nähe des Parkplatzes des dortigen Aussichtspunktes.

Broschüren. Zu Besichtigung und Picknick auf der Veranda lädt die **Eberle Winery** (3810 Highway 46 East, Tel. 805/ 238-9607, www. eberlewinery.com) ein, neben anderen Weingütern der Gegend, wie Turley, Justin, Wild Horse, Windward, Chumeia und Midnight Cellars.
✚ 200 B3 ✉ Highway 1, 6 Meilen (10 km) südl. von Hearst Castle

7 Harmony

Bei einem solchen Namen sollten die Bewohner des Künstlerortes, einst ein Molkereizentrum, gut miteinander auskommen. Dies gilt in der Tat für die nur rund 20 Einwohner. Sie können Glasbläsern bei der Arbeit zusehen, Geschäfte für Kunsthandwerk besuchen, eine Weinprobe machen und in einem von Ziegelmauern eingefassten Hof sitzen, wo Blumen aus rostenden landwirtschaftlichen Geräten sprießen.
✚ 200 B3 ✉ Highway 1, 5 Meilen (8 km) südlich von Cambria

8 Morro Bay

Beim flanieren über den Embarcadero des Fischerdörfchens werden Sie sich in alte Zeiten zurückversetzt fühlen. Geologisch stimmt das auch: Das Wahrzeichen der Stadt, der 175 m hohe Morro Rock, ist einer von mehreren inaktiven Vulkanen. Die Bucht ist eine Zuflucht für bedrohte Tierarten wie Falken und andere Vögel und Fische.

✚ 200 C2 ✉ Highway 1, 20 Meilen (32 km) südl. von Cambria ☎ (805) 773-4661; www.parks.ca.gov/?page_id=594

9 Avila Beach und Pismo Beach

Avila und Pismo Beach sind die ersten weitläufigen zentralkalifornischen Strände mit Wassersportmöglichkeiten, die an Südkalifornien erinnern. Ein Spaziergang am Strand und über Pismo Pier wird Sie die Kurven des Highway 1 vergessen lassen. (Für einen Einkaufsbummel folgen Sie den Schildern zu den Prime Outlets.)
✚ 200 C2 ✉ Highway 1, 47 Meilen (75 km) südl. von Cambria

10 Ojai

1937 war Ojai Schauplatz für Frank Capras Film *In Fesseln von Shangri La*. Das beschreibt den 53 km von Santa Barbara entfernten Ort zutreffend. Das Freizeitangebot ist vielfältig. Sie können anspruchsvolle Wanderungen im **Los Padres National Forest** unternehmen oder es im **Ojai Valley Inn & Spa** (905 Country Club Road, Tel. 805/646-1111) ruhig angehen lassen. Viele Künstler stellen ihre Arbeiten im **Ojai Arts Center** (113 S. Montgomery Street) aus. Große Eichen werfen ihre Schatten auf **Bart's Books** (302 W Matilija Street), einen Buchladen unter freiem Himmel.
✚ 201 D1 ✉ Highway 150, östl. der US 101

Der Morro Rock ist ein Tierparadies

Wohin zum ...
Übernachten?

Preise
Pro Nacht im Doppelzimmer (ohne Steuern):
$ unter 100 $ $$ 100–175 $ $$$ über 175 $

Cypress Tree Inn/ America's Best Value Inn & Suites $–$$

Gute, preiswerte Übernachtungsadresse, nur wenige Kilometer von Monterey entfernt. Alle 55 Zimmer bieten freien Internet-Zugang, und manche sind außerdem mit Whirlpool, Kamin und einer Kitchenette ausgestattet. Freiluft-Spa und Münzwäscherei sind ebenfalls vorhanden.
⊞ 200 B4 ✉ 2227 N Fremont Street, Monterey, CA 93940 ☎ (831) 372-7586 oder (800) 446-8303; www.cypresstreeinn.com

Green Gables Inn $$–$$$

Das 1888 erbaute grünweiße Gebäude mit seinem Blick über die Felsenküste gehört zu den auffälligsten Häusern von Pacific Grove. Das Innere ist mit seinen ursprünglichen Holzarbeiten, Stuckdecken, Bögen und Buntglasfenstern nicht minder eindrucksvoll. Die meisten Zimmer mit atemberaubender Aussicht auf die Bucht. Die ehemalige Kutschenremise bietet größere, modernere Zimmer, alle mit eigenem Bad (vier Zimmer im Haupthaus haben nur ein Gemeinschaftsbad). Ein reichlich bemessenes Frühstücksbüfett und Wein und Snacks am Nachmittag sind im Preis inbegriffen.
⊞ 200 B4 ✉ 301 Ocean View Boulevard, Pacific Grove, CA 93950
☎ (831) 375-2095 oder (800) 722-1774; www.greengablesinnpg.com

Monterey Plaza Hotel and Spa $$$

Der luxuriöse Wellnessbereich auf dem Dach sowie viele andere Annehmlichkeiten unterstreichen noch einmal den Ruf dieses attraktiven vierstöckigen Gebäudes als Montereys bestes Hotel. Die Blicke auf die Bucht vom Dach, den zahlreichen Zimmerbalkonen und der großen Veranda aus sind traumhaft. Man kann Seelöwen und Seeotter beobachten. Am ehemaligen Standort einer Fisch verarbeitenden Fabrik gelegen, ist die Architektur dieses Hotels von frühen kalifornischen und mediterranen Vorbildern beeinflusst.
⊞ 200 B4 ✉ 400 Cannery Row, Monterey, CA 93940 ☎ (831) 646-1700 oder (800) 334-3999; www.montereyplazahotel.com

Old Monterey Inn $$$

Das in einer ruhigen Wohngegend Montereys liegende Haus im Tudorstil wurde restauriert und ist jetzt eines der besten B&Bs Kaliforniens. Kein Detail blieb unbeachtet, der Service ist legendär. Die Zimmereinrichtung folgt bestimmten Themen – die Library (Bibliothek) z. B. enthält Bücherregale und Federbetten mit Daunendecken. Sie können Ihr Frühstück im Speisesaal, dem Rosengarten oder auf Ihrem Zimmer bzw. Ihrer Sonnenterrasse zu sich nehmen, vor Ihrem Kamin oder während Sie in der Whirlpool-Badewanne baden.
⊞ 200 B4 ✉ 500 Martin Street, Monterey, CA 93940 ☎ (831) 375-8284 oder (800) 350-2344; www.oldmontereyinn.com
⊗ geschl. 21.–25. Dez.

Pine Inn $$–$$$

Das im Jahre 1889 erbaute Pine Inn war das erste Gasthaus dieser Stadt. Heute bietet es viele Annehmlichkeiten – direkt an einer der Haupteinkaufsstraßen Carmels und nur vier Blocks vom Strand entfernt gelegen –

und einen Hauch von Luxus bei annehmbaren Preisen für die normalen Zimmer. Die Dekoration mit Antiquitäten und Gobelins erinnert ans 19. Jahrhundert. Das dazugehörige Restaurant Il Fornaio ist bekannt für sein hervorragendes Brot und seine gute italienische Küche.
⚐ 200 B4 ✉ Ocean Avenue und Monte Verde, Box 250, Carmel, CA 93921 ☎ (831) 624-3851 oder (800) 228-3851; www.pineinn.com

BIG SUR

◆◆◆◆ Ventana Inn & Spa $$$

Das auf einem bewaldeten Hügel mit Meerblick am spektakulärsten Abschnitte der Küste gelegene Ventana Inn ist wohl der Zufluchtsort in Big Sur schlechthin. Die Zimmer sind auf mehrere Gebäude verteilt. (Für Romantiker gibt es Kaminzimmer mit Meerblick). Man genießt einen Top-Service und entspannt an den Pools. Angeboten werden Wellnessbehandlungen wie Thalasso-, Fango- und Aromatherapie. Massagen können auf Ihrem Zimmer erfolgen.
Frühstück, nachmittäglicher Wein und Käse sind im Preis inbegriffen.
⚐ 200 B3 ✉ Highway 1, Big Sur, CA 93920 ☎ (831) 667-2331 oder (800) 628-6500; www.ventanainn.com

CAMBRIA

◆◆◆◆ Pelican Cove Inn $$–$$$

Die Pelican Suites liegt nah am Meer, Strand und Hearst Castle und bietet fabelhaften Seeblick. Alle 26 Suiten mit eigenem Balkon oder Terrasse und vollem oder teilweisem Meerblick, Kamin und Kochnische. Die Einrichtung mit großen Betten ist maßgeschneidert. Die größeren und dafür teureren, Zimmer verfügen neben Meerblick über einen Whirlpool. Zusätzlich zu den Suiten sind noch weitere 22 Zimmer in einem separaten Gebäude untergebracht. Frühstück sowie ein Snack und Wein am Nachmittag sind inklusive.
⚐ 200 B3 ✉ 6316 Moonstone Beach Drive, Cambria, CA 93428 ☎ (805) 927-1500 oder (800) 966-6490; www.pelicansuites.com

SANTA BARBARA

◆◆◆◆ Four Seasons Biltmore Santa Barbara $$$

Diese großartige Anlage im spanischen Stil blickt auf den Pazifik und ist von lauter Grün umgeben. Seit den späten 1920er-Jahren ist hier viel Prominenz abgestiegen. Alle Zimmer sind luxuriös. Am komfortabelsten sind die luftigen Häuschen hinter dem Haupthaus mit Kaminen und Veranden. Da hier Swimmingpools, Heißwasserbäder, Saunen, und sonstige Annehmlichkeiten bereit stehen, brauchen Sie die Anlage eigentlich nie zu verlassen.
⚐ 201 D1 ✉ 1260 Channel Drive, Montecito, CA 93108 ☎ (805) 969-2261 oder (800) 819-5053; www.fourseasons.com/santabarbara

◆◆◆ Inn by the Harbor $$

In Santa Barbaras Hafenviertel befinden sich mehrere Hotels und Motels, alle mit tollem Blick, aber auch ihrem Preis. Wenn Sie bereit sind, drei Blocks vom Hafen entfernt zu wohnen, können Sie in diesem fast korrekt so betitelten Gasthaus Komfort genießen und Geld sparen. Die meisten der im französischen Stil ausgestatteten Zimmer haben Kochnischen.
⚐ 201 D1 ✉ 433 W. Montecito Street, Santa Barbara, CA 93101 ☎ (805) 963-7851 oder (800) 626-1986; www.innbytheharbor.com

◆◆◆ White Jasmine Inn $$–$$$

In dieser entzückenden Unterkunft, die fünf Häuser im viktorianischen und Craftsman-Stil an der äußerst gepflegten Bath Street umfasst, wird das Frühstück in einem Picknickkorb auf Ihr Zimmer gebracht. Diese sind dezent dekoriert. Manche besitzen auch ein eigenes Heißwasserbad und einen Kamin. Wellnessbehandlungen sind auf Ihrem Zimmer möglich.
⚐ 201 D2 ✉ 1327 Bath Street, Santa Barbara, CA 93101 ☎ (805) 966-0589; www.whitejasmineinnsantabarbara.com

Wohin zum …
Essen und Trinken?

Preise
Für ein Essen (ohne Getränke und Service):
$ unter 15 $ $$ 15–25 $ $$$ über 25 $

HALBINSEL MONTEREY

◆◆ Baja Cantina $

Das Restaurant im Carmel Valley serviert mexikanische Klassiker wie würzige Burritos und Enchiladas, aber auch typisch Kalifornisches, wie köstliche Garnelen im Speckmantel, Enchiladas mit Mangosauce oder einen Salat mit Ziegenkäse und süßen Äpfeln. Fast ebenso opulent wie Speisekarte ist die Auswahl an Getränken, vom Tequila bis zu den Weinen. Memorabilia nostalgischer Edelkarossen dominieren das Dekor, und bei gutem Wetter sitzt man sehr schön im Patio.

✚ 200 B4   ✉ 7166 Carmel Valley Road, Carmel   ☎ (831) 625-2252; www.bajacantina.com/carmel.htm   ⊕ Mo–Sa 11.30–22.30, So 11–22 Uhr

◆◆◆ Casanova $$$

Mit diesem Restaurant in Carmel, das in den 1970ern aus einem alten Haus umgebaut wurde, haben Sie eine romantische Wahl getroffen. Hier werden Speisen der südfranzösischen und norditalienischen Küche serviert. Bekannt ist es unter anderem für sein gebratenes Lachsfilet an Dijonsenf-Zitrusolivenöl und seine Kalbsfleischmedaillons mit einer Soße aus Schalotten, Kapern, Zitrone und Weißwein, dazu Polenta und gedünsteter Mangold.

✚ 200 B4   ✉ 5th Street zwischen Mission und San Carlos, Carmel   ☎ (831) 625-0501; www.casanovarestaurant.com   ⊕ mittags: tägl. 11.30–15 Uhr; abends: tägl. 17–22 Uhr

◆◆◆ Rio Grill $$

In den frühen 1990er-Jahren gehörte der Rio Grill mit seiner von südwestlichen Elementen durchdrungenen kreativen kalifornischen Küche zu den Pionieren neuer amerikanischer Kochkunst in Carmel. Originalkunstwerke an den Wänden tragen zur festlichen, entspannten Atmosphäre bei.

✚ 200 B4   ✉ Highway 1 und Rio Road, Carmel   ☎ (831) 625-5436; http://riogrill.com   ⊕ mittags: tägl. 11.30–17 Uhr; abends: So–Do 17–22, Fr–Sa 17–23 Uhr; geschl. Thanksgiving und 25. Dez.

◆◆◆ Tarpy's Roadhouse $$

Tarpy's liegt ein wenig außerhalb von Monterey in einem jahrhundertealten, steingedeckten Bauernhaus. An kalten Tagen können Sie drinnen am Kamin sitzen und an warmen Tagen im blumengeschmückten Hof. Die innovative Rasthausküche setzt mittags auf Sandwiches, Salate und Nudeln. Abends gibt es anspruchsvollere Speisen wie Ente, Schweinekoteletts, Steaks sowie Fisch und Meeresfrüchte, die auf einem Holzgrill zubereitet werden.

✚ 200 B4   ✉ 2999 Monterey-Salinas Highway (Highway 68), Monterey   ☎ (831) 647-1444; www.tarpys.com   ⊕ So–Do 11.30–21 Uhr, Fr–Sa 11.30–22 Uhr; geschl. Thanksgiving und 25. Dez.

BIG SUR

◆◆◆ The Restaurant at the Ventana $$$

Das Restaurant ist etwa 45 km südlich von Carmel in einem Gasthaus beheimatet. Man serviert ausgewählte kalifornische Gerichte, vor allem frischen Fisch, Wild, Nudeln und vegetarische Kost.

Sie können entweder in den Innenräumen mit ihren Panoramafenstern und Balkendecken oder, das ganze Jahr über, auf der Terrasse essen, die mittags häufig sehr gut gefüllt ist.

✚ 200 B3 ✉ Highway 1, Big Sur ☎ (831) 667-4242 oder (800) 628-6500; www.ventanainn.com ⊛ mittags: tägl. 11.30–17 Uhr; abends: tägl. 18–21 Uhr

CAMBRIA

◈◈ Sea Chest Restaurant and Oyster Bar $$–$$$

Das oben auf einer Klippe thronende Sea Chest serviert Essen, das des tollen Seeblicks würdig ist. Sie werden so nahe bei Hearst Castle kein besseres Fischrestaurant finden. Frische Austern und unmittelbar vor Ort gefangener Fisch sind die Höhepunkte. Da man keine Tische reservieren kann, empfiehlt es sich, früh zu kommen. Außerdem haben Sie dann eine bessere Chance, den Sonnenuntergang mitzuerleben.

Bringen Sie Bargeld mit, da man hier keine Kreditkarten akzeptiert.

✚ 200 B3 ✉ 6216 Moonstone Beach Drive, Cambria ☎ (805) 927-4514; www.seachestrestaurant.com ⊛ abends: tägl. ab 17.30; geschl. Sept.–Mai, Di, Thanksgiving, 25. Dez.

SANTA BARBARA

◈◈ The Harbor Restaurant $$$

Inhaber des ersten Restaurants am Pier war der Schauspieler Ronald Colman, gefolgt von James Cagney. Unberührt vom Kommen und Gehen der Stars blieb der herrliche Hafenblick. Auf der Speisekarte dominieren Steaks, Fisch und Meeresfrüchte, zum Lunch werden auch Burger und Salate serviert. Hervorragende Wein- und Cocktailkarte, mit diversen Martini-Drinks.

✚ 201 D1 ✉ 201 Stearns Wharf, Santa Barbara ☎ (805) 963-3311; http://harborsb.com ⊛ Mo–Do 11.30–14.30, 17–22; Fr bis 22.30 Uhr; Sa 11–14.30, 17–22.30; So nur bis 21.30 Uhr

◈◈ Palace Grill $$–$$$

Hier spürt man, bei delikater Cajun- und kreolischer Küche, einen Hauch von New Orleans und Mardi Gras. Zu den Spezialitäten des Hauses gehören Gerichte wie Jambalaya, Crawfish Etouffée (geschmorte Langusten), New Orleans Barbecue Shrimps und italienisch-kreolische Pasta-Varianten. Recht freundlicher Service, Live-Musik Do–Sa-Abend und am Faschingsdienstag.

✚ 201 D1 ✉ 8 E Cota Street, Santa Barbara ☎ (805) 963-5000; www.palacegrill.com ⊛ mittags: tägl. 11.30–15 Uhr; abends: So–Do 17.30–22, Fr–Sa 17.30–23 Uhr

◈◈ Palazzio $$

Diese häufig überfüllte Trattoria bietet ein in der Region kaum übertroffenes Preis-Leistungs-Verhältnis. Die Portionen sind riesig, sodass ein Gericht, etwa Cappelini mit Shrimps, normalerweise für zwei Personen reicht. Es geht hier sehr lustig zu. Die Kellner fangen unvermittelt zu singen an, und beim Wein bedient man sich selbst. Man vertraut auf Ihre Ehrlichkeit beim Bezahlen.

✚ 201 D1 ✉ 1026 State Street, Santa Barbara ☎ (805) 564-1985; www.palazzio.com ⊛ mittags: tägl. 11.30–15 Uhr; abends: So–Do 17.30–23, Fr–Sa 17.30–24 Uhr; geschl. Thanksgiving, 25. Dez.

◈◈◈ Tee-Off $$

Einrichtung und Dekor geben sich sportlich in diesem Lokal mit Golf-Motiven und TV-Bildschirmen, auf denen man Spiele verfolgen kann, frei nach dem hiesigen Motto: »Where the drinks are stiff but the people aren't.« Auf der Karte begegnen sich (nach dem Prinzip Surf 'n' Turf) Steaks, Rippchen und Lamb Chops vom Grill Austern, Jakobsmuscheln oder Scampi.

✚ 201 D1 ✉ 3627 State Street, Santa Barbara ☎ (805) 687-1616; http://teeoffsb.com ⊛ So–Do 17–22, Fr–Sa 17–23 Uhr (Bar tägl. ab 16 Uhr)

Wohin zum ...
Einkaufen?

In Carmel und Santa Barbara finden Sie die meisten Geschäfte. Bei den Weingütern in der Gegend um Monterey und Santa Barbara gibt es guten Wein zu kaufen.

Carmel ist Sitz zahlreicher Kunstgalerien, vor allem an der Dolores Street. Die **Carmel Art Association** (Dolores Street, Tel. 831/624-6176, www.carmelart.org) ist ein guter Tipp. Wenn Sie nach günstiger Markenware Ausschau halten, sind Sie in Pacific Grove im **American Tin Cannery Outlet** Center (125 Ocean View Boulevard, Tel. 831/372-1442, www.americantincannery.com) richtig. Hier, in der Nähe von Montereys Cannery Row, konkurrieren etwa 50 Läden durch nennenswerte Preisnachlässe bei Designermode, Schmuck und mehr um die Gunst des Kunden.

Die Haupteinkaufsmeile von Santa Barbara ist die **State Street**. Das Angebot reicht von elegant bis unkonventionell. **Der Paseo Nuevo** (State und de la Guerra Street, Tel. 805/963-2202) ist ein attraktives Einkaufszentrum unter freiem Himmel mit mehreren Kaufhäusern und interessanten Spezialgeschäften. Der nahe gelegene **El Paseo**, eine ältere Einkaufspassage entlang der Cannon Perdido Street zwischen State und Anacapa Street, beherbergt Boutiquen und Galerien. Zwei Blocks westlich der State Street wird die Brinkerhoff Avenue von einer Reihe Häuser aus dem späten 19. Jahrhundert gesäumt, die Antiquitäten- und Geschenkläden beherbergen.

Wohin zum ...
Ausgehen?

Aktuelle Veranstaltungen in Monterey finden Sie in der Wochenendausgabe des *Monterey Herald* oder unter www.monterey. com. In Santa Cruz informiert Sie die Zeitung *Good Times* und in Santa Barbara das kostenlose Wochenblatt *The Independent*.

MUSIK UND THEATER

An alljährlichen Festivals im Sommer in Santa Cruz sind das **Cabrillo Festival of Contemporary Music** (Orchestermusik, Tel. 831/426-6966, www.cabrillomusic. org) und das **Shakespeare Santa Cruz** (Tel. 831/459-2121http://shakespearesantacruz.org; Kartenbestellung: 831/459-2159) zu nennen. Auf der Halbinsel Monterey finden im Sommer ebenfalls Festivals statt, etwa das **Carmel Beach Festival** (Tel. 831/624-2046, www.bachfestival.org), das Monterey Bay Blues Festival (Tel. 831/394-2652, www.montereyblues.com), das **Monterey Bay Theatrefest** (Tel. 831/622-0700) und das alljährlich im September veranstaltete berühmte **Monterey Jazz Festival** (Tel. 831/373-3366).

NACHTLEBEN

In **Santa Cruz** gastieren in den Clubs an der Pacific Avenue häufig Rock- und Bluesgruppen. Die meiste Action spielt sich in **Monterey** rund um die Cannery Row ab. In **Santa Barbara** finden Sie die wichtigsten Bars an der Lower State Street, häufig mit Livemusik.

Los Angeles und Umgebung

Erste Orientierung

Unzählige Schauspieler kamen nach Los Angeles auf der Suche nach Ruhm, und auch für viele Besucher bildet der Kult um Film-Stars den wesentlichen Anziehungspunkt – mit Touren durch Hollywood und seine Studios und der Hoffnung, irgendeiner Berühmtheit zu begegnen.

Die »Stadt der Engel« hat jedoch auch jenseits dieses Touristenmagneten eine Menge zu bieten: Der Großraum L. A. mit fünf Counties (Los Angeles, Orange, Riverside, San Bernadino und Ventura) wird mit einer Einwohnerschaft von 16,4 Millionen in den USA nur übertroffen von New York, Texas und Kalifornien selbst. Bei meist heiterem Wetter hat er neben herrlichen Stränden erstklassige Museen und Bauten aufzuweisen, ist ein wahres Shopping-Paradies und umweht vom Duft der Küchen vieler Herren Länder – befindet sich hier doch Amerikas größte Heimstatt für Mitbürger spanisch-asiatischer Herkunft.

Unentbehrliche Lebensadern dieses urbanen Raums (ungefähr so ausgedehnt wie das Ruhrgebiet) bilden die kreuzungsfreien Autobahnen der Freeways, darunter als wichtigste nord-südliche die San Diego (I-405), Hollywood (US 101 nahe Hollywood und Downtown, Highway 170 nördlich von Hollywood), Golden State (I-5 in Los Angeles) und Santa Ana Freeways (I-5 in East Los Angeles und Orange County). Ihnen gegenüber stehen die Ost-West-Magistralen Foothill (I-210), Ventura (Highway 134/US 101 im San Fernando Valley), Santa Monica (I-10) und Century Freeway (I-105), sowie parallel hierzu der Sunset, Santa Monica und Wilshire Boulevard.

Auf solchen Routen ist Los Angeles permanent in Bewegung, und als Besucher tut man sich ohne eigenen fahrbaren Untersatz schwer in diesem Moloch. Also ab hinters Steuer und los, denn hier gibt es viel zu entdecken!

Seite 121:
Der South Bay
Radweg in
Santa Monica

⭐ Nicht verpassen!

Nach Lust und Laune!

Etwas außerhalb

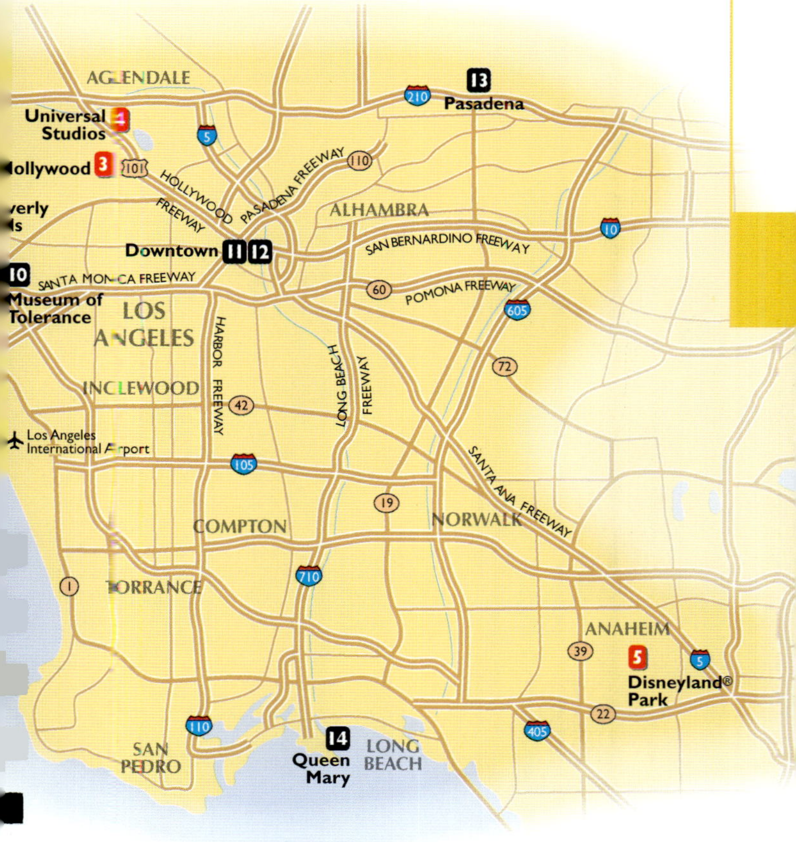

In drei Tagen

Die folgende Route ist eine Möglichkeit, wie Sie einige
der interessantesten Sehenswürdigkeiten von Los Angeles und
Umgebung in drei Tagen abklappern können. Nutzen Sie die
Karte (➤ 120f) zur Orientierung, die einzelnen Highlights
werden im Folgenden (➤ 124ff) näher beschrieben.

Erster Tag

Vormittags
Ein Hurra auf **3 Hollywood** (➤ 128ff), wo Sie zum ersten Mal Stars treffen
werden (na ja, zumindest die auf dem Walk of Fame). Anschließend geht
es zum **Griffith Observatory** (➤ 130), um von oben auf die Stadt zu blicken.

Nachmittags
Essen Sie im Fred 62 (➤ 144) in Los Feliz zu Mittag. Danach können Sie
eine Führung durch die **Warner Bros.** oder **4 Universal Studios** (➤ 132) machen.
Wenn Sie sich für Warner entschieden haben, bleibt Ihnen noch Zeit, um
am späten Nachmittag ein wenig **2 Beverly Hills** (➤ 126f) zu erkunden.

Abends
Gehen oder fahren Sie den **3 Sunset Strip** (➤ 137) entlang. Essen Sie in
Wolfgang Pucks Café zu Abend, oder gehen Sie weiter zu Pucks noblerem
Lokal Spago Beverly Hills (➤ 147).

Zweiter Tag

Vormittags
Frühstücken Sie bei
Du-par's oder im Kokomo
Café (➤ 131) im Far-
mers Market. Folgen Sie
der Fairfax Avenue weiter
nach Süden zum Wilshire
Boulevard und biegen
nach links ab. Besichti-
gen Sie die **La Brea Tar Pits**
(➤ 137) und vielleicht
das **Petersen Automotive
Museum** (➤ 138). Am
späten Vormittag brechen
Sie zum **1 Getty Center**
(links, ➤ 124f) auf.

Nachmittags
Spazieren Sie durch die
Galerien und Gärten des
Getty und essen Sie im
Café oder Restaurant zu
Mittag. Arbeiten Sie das

Essen wieder ab, indem Sie an einer architekturkundlichen Führung teilnehmen. Wenn Sie das Center verlassen, fahren Sie den Sepulveda Boulevard nach Süden und den Wilshire Boulevard nach Westen nach **8 Santa Monica** (➤ 136) zum Strand und dem Pier.

Abends
Tauchen Sie in den Trubel an der 3rd Street Promenade (➤ 136) ein. Genießen Sie norditalienische Küche im **Locanda del Lago** (231 Arizona Avenue, Tel. 310/451-3525), www.lagosantamonica.com, oder probieren Sie moderne asiatische Gerichte im teureren Chinois on Main (2709 Main Street, Tel. 310/392-9025).

Dritter Tag

Vormittags/Nachmittags
Widmen Sie diesen Tag der Phantasiewelt von **5 Disneyland® Park** (➤ 133f), oder besuchen Sie die **4 Universal Studios** (oben und unten; ➤ 132).

Abends
Wenn der Abendverkehr nachgelassen hat, fahren Sie nach Norden zum Ivy (113 N. Robertson Boulevard, Tel. 310/ 274-8303, www.theivyla.com), um zu essen und vielleicht noch Prominente zu sehen.

❶ Das Getty Center

Angesichts der herrlichen Umgebung am Fuße der Santa Monica Mountains, umwerfender moderner Architektur und diverser Kunstgalerien als Konkurrenz muss man sich vielleicht erst einmal innerlich den rechten Blick freikämpfen auf die verschwenderische Fülle der Exponate des Getty Center, das wiederum als Gebäude ein Kunstwerk für sich darstellt.

Das hellbeige Gebäude aus roh behauenem Travertin, entworfen von Richard Meier, wirkt wie die modernistische Version der Akropolis. Robert Irwin schuf den kontrovers diskutierten Central Garden. Meier soll ihn aufgrund seiner dunklen Farben und des unruhigen Laubwerks gehasst haben. Hierfür sprechen auch Meiers strukturierter Kaktusgarten und die Baumarrangements in der Nähe der Hauptgebäude. Der französische Architekt Thierry Despont entwarf für die **14 Galerien mit Kunsthandwerk** Vitrinen. Auch hier soll Meier gemurrt haben. Von wenigen architektonischen Brüchen abgesehen – der Garten und Meiers Ästhetik passen tatsächlich nicht zusammen –, ist das Getty Center wirklich ein toller Anblick. Planen Sie etwa zwei Stunden für Ihren Besuch ein. Eine Straßenbahn fährt vom Parkplatz zu einer Haltestelle, von der aus Treppen hinauf zur **Main Plaza** führen, die von fünf zweistöckigen Pavillons gesäumt wird. Vier von ihnen enthalten die ständige Sammlung, der

Richard Meier importierte 16 000 Tonnen italienischen Travertin-Kalkstein für das Getty Center

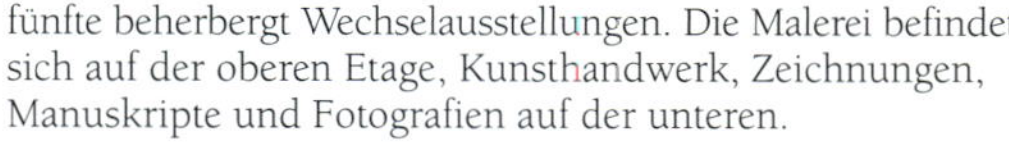

WAS IST WO ZU FINDEN?
North Pavilion vor 1600
East Pavilion 1600–1800
South Pavilion 1600–1800
West Pavilion 1700–1900
Exhibition Pavilion (zwischen Museumseingang und Westpavillon): Wechsel- und Sonderausstellungen

fünfte beherbergt Wechselausstellungen. Die Malerei befindet sich auf der oberen Etage, Kunsthandwerk, Zeichnungen, Manuskripte und Fotografien auf der unteren.

Die Highlights der Sammlung

Der Ölmagnat und Kunstsammler J. Paul Getty hatte eine besondere Vorliebe für **Antiquitäten** (diese sind in der Getty Villa in Malibu ausgestellt ➤ 141) und **mittelalterliche illuminierte Handschriften**. Im Verlauf der Jahre haben die Kuratoren die Lücken in der in erster Linie europäisch ausgerichteten Sammlung geschlossen, die sich unter anderem aus Gemälden, Zeichnungen, Skulpturen, angewandter Kunst und europäischen und amerikanischen Fotografien des 19. und 20. Jahrhunderts zusammensetzt. Sie enthält beispielsweise Werke von Tizian, Gainsborough, Rembrandt, Turner, Monet und Cezanne. **Van Goghs** *Schwertlilien* ist das populärste unter den postimpressionistischen Bildern.

KLEINE PAUSE

Im Getty gibt es ein richtiges Restaurant und zwei Cafés, davon eines mit Selbstbedienung. Sie können auch draußen sitzen; das Essen ist recht gut.

✚ 201 E1 ✉ 1200 Getty Center Drive, bei der I-405, Brentwood ☎ (310) 440-7300; www.getty.edu ◷ So, Di–Fr 10–17.30, Sa 10–21 Uhr; Mo geschl. 🚌 MTA Bus 761 ✋ preiswert; Parken: teuer

GETTY CENTER: INSIDER-INFO

Top-Tipp: Sie können die Kunstwerke in chronologischer oder beliebiger Abfolge betrachten. Es empfiehlt sich, zunächst den **10-minütigen Einführungsfilm** in der Eingangshalle anzusehen um anschließend die Bereiche anzuschauen, die Sie am meisten interessieren. Die Audioguides sind die geringe Gebühr wert.

Geheimtipp: Probieren Sie den Familienraum aus, wenn Sie mit Kindern reisen Hier wird ihnen auf spielerische Weise der künstlerische Prozess der Porträtmalerei erklärt.

Muss nicht sein! J. Paul Getty machte sich nicht viel aus der Kunst des 20. Jahrhunderts, was der diesbezüglichen, eher mittelmäßigen Sammlung auch anzumerken ist.

② Beverly Hills

Nur wenige Worte werden so unmittelbar mit Reichtum und Glamour assoziiert wie »Beverly Hills«. Die Anwesen der Filmstars haben die Welt seit den Zeiten des Stummfilms fasziniert. Ein Trip nach Beverly Hills eröffnet Ihnen die Möglichkeit, einen Einblick in das Leben der Reichen und Berühmten zu gewinnen und einmal am Rodeo Drive zu shoppen.

Stars, Filmproduzenten und Fernsehmogule mögen es überhaupt nicht, wenn plötzlich Fans hereinschneien. Aber zumindest die Fassaden und Gärten lassen sich vom Sunset Boulevard, der Roxbury und vom Summit Drive aus bewundern. Die prächtigsten Paläste stehen unmittelbar jenseits der Stadtgrenze. In den 1990er-Jahren baute Aaron Spelling, Produzent von TV-Serien wie *Beverly Hills 90210*, *Melrose Place*, ein 5253 qm großes Anwesen mit 123 Zimmern in Holmby Hills. »Größer als das Taj Mahal«, schwärmte eine Zeitung. (Den Beweis, dass alles relativ ist, trat Tochter Tori an, indem sie das Nest verließ, weil sie mehr »Platz« brauchte.) Medienmogul David Geffen zahlte für sein in der Nähe liegendes Refugium 47,5 Millionen Dollar.

Der elegante Bau der Beverly Hills City Hall von 1932

Stilvolles Beverly Hills

Um mit dem süßen Leben in Tuchfühlung zu kommen, werfen Sie sich in Schale und gehen zum Frühstück oder auf einen Drink in die Polo Lounge des **Beverly Hills Hotels** (9641 Sunset Boulevard, Tel. 310/ 276-2251). 1921 eröffnet, war dieses Haus schon mondän, bevor die Stadt es wurde.

Die elegantesten Boutiquen Südkaliforniens reihen sich südlich des Sunset Boulevard am **Rodeo Drive**. Zwar ist die Straße nicht mehr so exklusiv wie früher, doch treffen sich hier nach wie vor die Reichen zum Shopping, und die Mieten gehören zu den höchsten der Welt. Frank Lloyd Wright entwarf das kleine Einkaufszentrum am North Rodeo Drive 332, mit einer kühn geschwungenen Rampe zu den oberen Stockwerken. Auf Rodeo Drive und Wilshire Boulevard sind die Designer-Meile Via Rodeo mit Läden von Versace, Jimmy Choo etc. beheimatet

Elegante Boutiquen säumen den Rodeo Drive sowie das piekfeine Regent Beverly Wilshire Hotel. Richard Meier, Architekt des Getty Center (➤ 124f), schuf die stilvollen Gebäude des **Paley Center for Media**. Dort kann man Filmvorführungen besuchen oder in Kabinen Aufzeichnungen von TV-Shows ansehen und alten Radioprogrammen lauschen.

KLEINE PAUSE

Genießen Sie die Internationale Küche des **208 Rodeo** (208 N. Rodeo Drive, Tel. 310/275-2428) mit Blick auf den Rodeo Drive und den Wilshire Boulevard.

✚ 201 E1 ✉ Sunset, Santa Monica und Wilshire Boulevard, westlich vom Doheny Drive 🚌 MTA Bus 2, 302 (Sunset Boulevard); MTA Bus 4, 304 (Santa Monica Boulevard); MTA Bus 20, 21 (Wilshire Boulevard) und viele andere

Beverly Hills Conferences & Visitors Bureau
✉ 239 S Beverly Drive ☎ (1800) 345 2210; www.beverlyhillsbehere.com
🕐 tägl. 8.30–17 Uhr

The Paley Center for Media
✉ 465 N. Beverly Drive ☎ (310) 786-1000; www.paleycenter.org
🕐 Mi–So 12–17 Uhr ✋ mittel 🚌 MTA Bus 4, 14

BEVERLY HILLS: INSIDER-INFO

Top-Tipp: Die **Parkplätze** am und neben dem Beverly Drive **sind für die ersten beiden Stunden gebührenfrei.** Öffentliche Parkplätze sind ausgeschildert.

Geheimtipp: Westlich von Beverly Hills liegt das noch exklusivere **Bel-Air**, wo Jack Nicholson und andere Superstars wohnen.

Muss nicht sein! Karten zu den **Häusern der Stars** sind häufig falsch oder veraltet.

❸ Hollywood

Haben Sie Mitleid mit dem armen Hollywood – aber nicht zu lange. Einst der Inbegriff des Glamour, kam es etwas herunter, nachdem einige Filmstudios ins San Fernando Valley umgezogen waren. Aber die Stadt ist auf dem Weg zurück an die Spitze. Das deutlichste Zeichen hierfür ist die Rückkehr der Oscar-Verleihung an den Hollywood Boulevard.

Grauman's Chinese Theatre gehört zu den Glanzpunkten des Hollywood Boulevard, die man auf keinen Fall auslassen darf. Darüber hinaus finden sich in unmittelbarer Nähe weitere Sehenswürdigkeiten. Sid Grauman, ein Impresario aus Hollywood, baute 1927 das Chinese Theatre. Jahrelang fanden in diesem kuriosen, pagodenartigen Bauwerk mit seinem wilden, drachenbewehrten Äußeren schicke Hollywoodpremieren statt.

Abdrücke der Stars

Stars von heute und aus vergangenen Tagen haben ihre Abdrücke – von Hand, Fuß oder sonst etwas (Jimmy Durantes Nase, Lassies Pfote) – im Zement des Hofs hinterlassen. Der Legende nach trat eine Schauspielerin (Norma Talmadge oder Mary Pickford) während der Bauarbeiten versehentlich in den nassen Zement, woraufhin Grauman sofort den potenziellen Werbeeffekt erkannte. (Sein Biograf behauptet indes, dass Grauman die Idee ganz bewusst entwickelt habe). Hier hält ein Touristenbus nach dem anderen, folglich herrscht hier ziemlicher Trubel, weshalb man sich aber auch jeden Tag wie bei der Premiere eines Blockbusters vorkommt. In den 1940er-Jahren fanden in dem Theater die Academy Awards (Oscar-Verleihung) statt; seit 2002 ist jedoch das nahe Kodak Theater, das zum Komplex des Hollywood & Highland Unterhaltungszentrums gehört (dem auch das Grauman's angeschlossen ist) Schauplatz der Verleihung.

   Obwohl nicht mehr so glamourös wie in den 1920er-Jahren, fällt das gegenüber gelegene **Hollywood Roosevelt Hotel** (7000 Hollywood Boulevard, Tel. 323/466-7000, www. thompsonhotels.com) mit seinen spanisch-maurischen Bögen

Grauman's Chinese Theatre mit dem Feuer speienden Drachen

Das El Capitan auf dem Hollywood Boulevard

und bemalten Keramikziegeln auf. Eine informative Ausstellung auf dem Mezzanin gibt einen Überblick über die ruhmreichen Tage Hollywoods.

Hollywood Walk of Fame

Beide Bauten liegen nahe dem westlichen Ende des **Hollywood Walk of Fame** (Hollywood Boulevard von der Vine Street Richtung Westen zur La Brea Avenue; Vine Street von der Yucca Street zum Sunset Strip). Hier wurden die Namen von Stars in Messingbuchstaben auf grauem Terrazzogrund eingelassen und von pinkfarbenen Sternen eingefasst. Fünf Logos (Kamera, Mikrofon, Fernsehgerät, Theatermaske oder Schallplatte) symbolisieren jeweils den Beruf des Geehrten. In der Nähe des Chinese Theatre befinden sich unter anderem die Sterne von Barbra Streisand, Jack Nicholson und Elton John.

Am Hollywood Boulevard

Wenn Sie auf dem Hollywood Boulevard weiter nach Osten gehen, werden Sie bald an einem der kunstvollsten Gebäude der Straße vorbeikommen, dem im spanischen Kolonialstil erbauten **El Capitan Theatre** (6838 Hollywood Boulevard, Tel. 323/467-7674, http://disney.go.com/disneypictures/el_capitan/), das vor Terrakottamustern und -figuren überbordet. Die Disney Company zeigt hier ihre Trickfilme.

Ein wenig weiter östlich steht das **Egyptian Theatre** (6712 Hollywood Boulevard, Tel. 323/466-3456, www.americancine matheque.com/egyptian/egypt.htm). Nach der Entdeckung des Grabes von Tutenchamun war alles Ägyptische schwer in Mode, und Sid Grauman wollte daraus Kapital schlagen. Palmenreihen säumen den langen Außenhof des restaurierten Filmpalasts.

Auf der anderen Straßenseite und östlich vom Egyptian Theatre befindet sich der **Musso & Frank Grill** (6667 Hollywood Boulevard, Tel. 323/467-7788, www.musso andfrankgrill.com), der seine Pforten 1919 öffnete und zu dessen Kunden Drehbuchautoren wie Lillian Hellman, Dashiell Hammett und William Faulkner gehörten. Genehmigen Sie sich ihnen zu Ehren einen Martini. Das Essen ist nicht der Rede wert, aber die Atmosphäre ist phantastisch.

An der Kreuzung Hollywood Boulevard/ Vine Street trieben sich die Stars in den Nachtclubs und Esslokalen herum, und Newcomer wurden (zumindest laut Werbetrommel) auf der Straße entdeckt. Zwei Kinos dieser Zeit, das **Pantages** (6233 Hollywood Boulevard) und das **Avalon** (früher Palace, 1735 N. Vine Street), sind

WISSENSWERTES

■ Milliarden Menschen sehen sich alljährlich die Oscar-Verleihung (**Academy Awards**) an. Beim ersten Mal nahmen im Blossom Room des Hollywood Roosevelt Hotels nur 270 Personen teil. Dieses Privatessen wurde 1929 veranstaltet, um die Produktionen der beiden Vorjahre auszuzeichnen.

■ Ruhm ist nicht billig. Ein Stern auf dem **Walk of Fame** kostet 25 000 Dollar, die normalerweise von der Firma bezahlt werden, für die der jeweilige Star zum Zeitpunkt der Ehrung gerade arbeitet.

noch heute mehr oder weniger im Originalzustand erhalten.

Das in den 1950er-Jahren nördlich der Kreuzung errichtete **Capitol Records Building** (1750 N. Vine Street) soll angeblich so entworfen worden sein, dass es einem Stapel Schallplatten gleicht.

Griffit Park und Observatorium

Auf dem Hollywood Boulevard in östlicher und auf der Vermont Avenue in nördlicher Richtung liegt der 1662 Hektar große **Griffith Park**. Eine James-Dean-Büste vor dem **Griffith Observatory** (im Park, folgen Sie den Wegweisern, 2006 nach umfangreicher Renovierung wieder eröffnet) ruft Kernszenen aus seinem Film *Denn sie wissen nicht, was sie tun* in Erinnerung. Weil Sie sich hier häufig oberhalb der Dunstglocke der Stadt befinden, können Sie zuweilen sogar blauen Himmel sehen. Ebenfalls im Griffith Park befinden sich ein Zoo, das Autry Museum of the American West (eine Hommage des realen und verfilmten Westens, Tel. 323/667-2000, http://theautry.org) und das Greek Theatre für Open-Air-Konzerte.

Das Observatorium ist einer der Orte (wie auch der Hollywood Freeway), von denen aus sich ein guter Blick auf das berühmte **HOLLYWOOD**-Schild bietet. Von 1920 bis 1940 konnte man am Hang des Mount Lee »Hollywoodland« lesen, womit Wohngrundstücke und -gebäude angepriesen werden sollten. Die Buchstaben sind 15 Meter hoch.

Falls Sie mit dem Wagen unterwegs sind, so fahren Sie vom Observatorium auf den West Observatory Drive (wenn Sie den Schildern oben gefolgt sind, müssten Sie über den East Observatory Drive hierher gelangt sein). Biegen Sie links auf den Canyon Drive ab, der zur Western Avenue wird und Sie südlich aus dem Park herausführt.

Hollywood Forever

Fahren Sie weiter nach Süden auf den Santa Monica Boulevard, und biegen Sie rechts ab. Der neue Name des ehemaligen Hollywood Memorial Park Cemetery lautet **Hollywood Forever** (6000 Santa Monica Boulevard, Tel. 323/469-1181, www.hollywoodforever.com, tägl. 8–17 Uhr). Hier haben die Regisseure Cecil B. DeMille und John Huston, die Schauspieler Rudolph Valentino, Marion Davies und Tyrone Power, die Gangster Bugsy Siegel und sogar die berüchtigte Virginia Rappe ihre letzte Ruhestätte gefunden.

Gedenkbüste für James Dean im Griffith Park Observatory

KLEINE PAUSE

In den 1930ern war der **Farmers Market** (6333 W. 3rd Avenue, Tel. 323/933-9211) ein Freiluftmarkt. Heute ist er zu der bekannten Ansammlung von Imbiss- und Souvenirständen angewachsen. Dauerbrenner sind das **Kokomo Café**, das **Magee's Kitchen and Deli** und das Restaurant **Du-par's**.

Hollywood

✚ 201 E1 Metro Red Line (Hollywood & Highland) MTA Bus 2, 26, 163, 180, 181, 210, 212, 217, 310, 429; DASH-Busse fahren nördlich und südlich des Hollywood Boulevard

Grauman's Chinese Theatre

✉ 6925 Hollywood Boulevard ☎ (323) 464-8111; www.manntheatres.com/chinese frei (Zugang zum Innenhof; Innenräume nur für Kinobesucher)

Griffith Observatory

Eines der berühmtesten Symbole der Welt in den Hollywood Hills

✉ 2800 East Observatory Road (Südeingang zum Park befindet sich am Los Feliz Boulevard und der Vermont Street; folgen Sie der Beschilderung ☎ (213) 473-0890; www.pantages-theater.com Di–Fr 12–22, Sa–So 10–22 Uhr MTA Bus 180 frei; Vorführungen des Planetariums: preiswert

HOLLYWOOD: INSIDER-INFO

Top-Tipps: Wollen Sie schnell einen Eindruck von Hollywoods goldenem Zeitalter gewinnen, so **stellen Sie Ihren Wagen auf einem der Parkplätze in der Nähe des Chinese Theatre** ab und erkunden Sie die unmittelbare Umgebung.

Geheimtipp: Die Museen in Hollywood sind meist ein wenig kitschig, mit Ausnahme des **Hollywood Museum** (1660 N. Highland Avenue, Tel. 323/464-7776, www.thehollywoodmuseum.com, mittel) im Art-déco-Gebäude des Max Factor Building. Erzählt wird die Geschichte des Films von Stummfilmtagen bis heute.

4 Universal Studios

Die legendären, 1913 von dem Schwaben Carl Laemmle begründeten Universal Studios sind mittlerweile ein Freizeitpark. Die beliebteste Tour ist diejenige, die auf dem 168 ha großen Gelännden einen Blick hinter die Kulissen der zahlreichen hier produzierten Kinofilme und Fernsehshows gewährt.

Statue des ägyptischen Gottes Anubis am Eingang der »Mumien-Geisterbahn« in den Universal Studios

Auch dank Steven Spielbergs Beratung erlebt der Besucher dabei den ausgedehntesten Komplex von Straßenkulissen in der Geschichte Hollywoods, mit Sets berühmter Streifen wie *Krieg der Sterne* oder dem Bates-Haus aus Hitchcocks *Psycho*. Daneben finden sich etwa die Wisteria Lane aus *Desperate Housewives* und hunderte weiterer Filmfassaden. Die **Studio Trams** wurden unlängst mit supermodernen Flachbildschirmen und Playback-Systemen ausgestattet: Kommentare von Regisseuren und Schauspielern begleiten die Tour optisch und akustisch.

Technik auf neuestem Stand, vor allen 3-D-Effekte, ermöglicht Besuchern des Themenparks ein überwältigend intensives Eintauchen in die Welt der Filme, beispielsweise mit den Touren *King Kong* 360 3-D und *Shrek* 4-D.

Weitere Highlights sind Jurassic Park, der Simpsons Ride, Terminator 2 und Revenge of the Mummy (Anspielung auf *The Mummy* von 1932 mit Boris Karloff), eine Riesenachterbahn innerhalb eines Gebäudes, die teilweise mit siebzig Sachen durch tobendes Wasser prescht und zugleich eine Geisterbahn ist.

Nach all den Sensationen winkt ein erholsamer Besuch im Vergnügungs- und Einkaufszentrum **Universal CityWalk Hollywood**, gleich neben den Universal Studios.

KLEINE PAUSE

Trendy ist das brasilianische Steakhouse **Samba** (Tel. 818/763-0101; www.sambarestaurants.com) am Universal CityWalk.

---

201 E1 ✉ Universal Center Drive, neben dem Hollywood Freeway (US 101), Universal City ☎ (818) 622-3801; www.universalstudioshollywood.com
🕐 Öffnungszeiten wechseln häufig, rufen Sie an oder schauen Sie ins Internet
Ⓜ Metro Red Line (Universal City) 🚌 MTA Bus 96 ✋ teuer

5 Disneyland® Park

Ein Schild am Eingang dieses berühmten Freizeitparks weist darauf hin, dass man nun die reale Welt verlässt und einen Ort betritt, wo die Phantasie regiert. Und tatsächlich, abgesehen von Kommerzialisierung und dem gelegentlichen Blick auf die Smogglocke von Orange County von den höheren Punkten des Parks aus, *hat* man eine andere Welt betreten.

Die **Main Street, U.S.A.**, führt auf die Central Plaza und von dort in verschiedene Themenparks, u. a. Fantasyland, Frontierland, Tomorrowland und Critter Country. Mickeys Toontown erfreut die Knirpse mit altersgerechten Amüsements.

Was man auf keinen Fall versäumen sollte, ist das **Indiana Jones™ Adventure**. in dem Sie sich in Szenen aus den bekannten Filmen wiederfinden. Dabei werden Sie mit unvorstellbaren »Gefahren« wie herabfallenden Felsblöcken und Schlangen konfrontiert. Die **Matterhorn Bobsleds**, eine 1:100 Nachbildung des Originals, ist Disneylands älteste Achterbahn – und immer noch eine der besten. Im **Space Mountain**, der Achterbahn im Tomorrowland, verliert man schon mal die Orientierung. Die Buzz Lightyear Astro Blasters, ebenso im Tomorrowland, schickt Sie in einem kleinen Sternenkreuzer gegen das Böse in den Kampf Der Höhepunkt der **Splash-Mountain-**Fahrt in ausgehöhlten Baumstämmen in Critter Country ist ein aufregender Sturz aus der fünften Etagen ins erfrischende Wasser.

Feuchte Attraktionen

Weniger nass als erwartet fällt das Vergnügen des Jungle Cruise im Adventureland aus, eine Reise über Flüsse vierer Kontinente. Eine Sensation ist die Bootstour **Pirates of the Caribbean**, die

Feuerwerk über dem Sleeping Beauty's Castle (Dornröschenschloss) im Disneyland Park

am New Orleans Square beginnt, ein Spaß für die Kleinen die Tour »**It's a Small World**« im Fantasyland, bevölkert von Disney- und Pixar-Figuren, die mit Ländern rings um den Erdball bekannt machen, außerdem **Mickey's House** sowie die **Mad Tea Party** (aus *Alice im Wunderland*).

Gerade für 1 Milliarde $ im Umbau befindet sich der benachbarte **Disney California Adventure Park** (separater Eintritt), der nach Fertigstellung 2012 das klassische Hollywood der 1920er (also die Zeit, als Walt Disney nach Südkalifornien kam) repräsentieren soll. Bereits fertig sind die World of Color, eine spektakuläre Licht- und Wasser-Show, sowie eine Tour zur Kleinen Meerjungfrau (Little Mermaid) und eine interaktive zu Pixar.

© Disney Enterprises, Inc.

Hautnah am »Fluch der Karibik« – Bootstour »Pirates of the Caribbean

KLEINE PAUSE

Es gibt jede Menge Imbisse und Restaurants. Top-Tipps: das **Blue Bayou** (New Orleans Square), das **Carnation Café** (Main Street), und der **Redd Rockett's Pizza Port** (Tomorrowland).

✚ 202 A2 ✉ 1313 Harbor Boulevard (bei der I-5), Anaheim ☎ (714) 781-4565; www.disneyland.com ⊕ Öffnungszeiten wechseln (zwischen 8 und 10 Uhr geöffnet; zwischen 18 Uhr und Mitternacht geschlossen); genaue Informationen unter (714) 781-7290 oder auf www.disneyland.com 🚌 MTA Bus 460 (vom Stadtzentrum); Orange County Transit (OCTA) 43 🍴 $–$$$ ✋ teuer

DISNEYLAND: INSIDER-INFO

Top-Tipps: Kommen Sie früh und gehen Sie direkt zu einer der Hauptattraktionen wie **Indiana Jones™ Adventures** oder **Splash Mountain**. Machen Sie anschließend eine Fahrt mit der **Disneyland Railroad**, um sich im Park zu orientieren.

- Disneyland macht **außerhalb des größten Besucherandrangs mehr Spaß**. Besonders gut sind Wochentage kurz vor und kurz nach dem Sommer, wenn das Wetter noch gut, die Schlangen aber deutlich kürzer sind.
- Wenn es voll ist, sollten Sie die **Fahrten am Morgen oder am Abend** mitmachen und sich nachmittags die Shows ansehen.
- Ein **Annual Passport** (online unter www.disney.com/disneyland und in Reisebüros, nicht aber im Park erhältlich) lohnt, wenn Sie mehr als einen Tag im Park verbringen wollen. Er berechtigt zu drei oder fünf Besuchen innerhalb von zwei Wochen.

Geheimtipps: Besuchen Sie wenigstens **eine der Liveshows**. Diese können mit vielen Broadway-Produktionen mithalten. Und bleiben Sie bis zur Parade (und dem manchmal dazugehörenden Feuerwerk), die jeden Tag beendet.

Ein Muss! Lassen Sie auf keinen Fall Fantasmic! aus. In dieser Abendshow bekämpft Mickey massenhaft Halunken. Geboten wird ein blendendes Multimedia-Feuerwerk (Laser, Pyrotechnik, Blitzlichter, beleuchtete tanzende Springbrunnen).

Nach Lust und Laune!

❻ Malibu

Das exklusive Viertel ist für seine Promi-Paläste und gelegentliche Schlammlawinen und Feuersbrünste bekannt. Trotz der vielen Stars geht es ruhig zu. Die Küste entlang dem Pacific Coast Highway (PCH) ist die Hauptattraktion. Surfer strömen zum Carrillo State Beach (35000 PCH), an dem bei Ebbe viele Meerestiere zu sehen sind. Eine Treppe führt die Klippen zum abgeschiedenen El Matador State Beach (32215 PCH) hinunter. Sonnengebräunte Girls und muskelbepackte Adonisse vergnügen sich am Zuma Beach (30000 PCH). Das 1929 gebaute Adamson House blickt auf den Malibu Lagoon State Beach (23200 PCH am Serra Road). Es wurde im Stil des spanisch-kolonialen Revivals gebaut und ist mit vor Ort produzierten Kacheln geschmückt.

✚ 2C1 E1 ✉ **Pacific Coast Highway, nördlich von Santa Monica und Pacific Palisades**
🚌 **MTA Bus 534 (entlang dem PCH)**

❼ Getty Villa

Beeindruckend ist bereits die Anfahrt über den Pacific Coast Highway hinauf in die Malibu Hills zum fantastisch gelegenen J. Paul Getty Museum. Nach mehrjähriger Schließung und einer 275 Millionen $ teuren Renovierung wurde es 2006 wiedereröffnet.

Das Haus aus dem Jahre 1953 ist ein Nachbau der Villa dei Papiri in Herculaneum und beherbergt nun wieder Gettys Sammlung griechischer, römischer und etruskischer Altertümer. Von den rund 44 000 Objekten, die sie umfasst, sind an die 1200 ausgestellt – inzwischen fehlen diverse, die nach einem Raubkunst-Skandal an die Heimatländer zurückgegeben werden mussten. Das Gros seiner allgemeinen Kunstsammlung ist seit 1997 im Bau der Getty Collection in L. A. zu sehen. Unter die schönsten seiner Antiken in Malibu (thematisch geordnet etwa nach Göttern, Halbgöttern und Ungeheuern oder dem Trojanischen Krieg) ist die **Getty-Bronze** eines Jünglings mit Siegerkranz zu rechnen: eine kostbare Rarität, zu bewundern in einem klimatisierten Raum des zweiten Stocks, wo auch Sonderausstellungen stattfinden.

Herrlicher Blick vom Adamson House auf die Strände von Malibu

Rummelplatz und die Pier von Santa Monica bei Sonnenuntergang

Im Family Forum des ersten Stocks gibt es Kunst zum Anfassen für die Kids, sehenswert ist auch der Park, besonders das Äußere Peristyl, mit Spazierwegen um ein lang gezogenes Wasserbecken in Form eines Spiegels sowie Pflanzen, die man bereits im alten Rom kannte, und einem Amphitheater, wo Konzerte und andere Veranstaltungen stattfinden.

✚ 201 E1   ✉ 17985 PCH, Malibu
☎ (310) 440-7300   ◷ Do–Mo 10 bis 17 Uhr
🚌 MTA Bus 534   ✋ frei (mit vorgebuchtem Ticket); Parkplatz: mittel

8 Santa Monica

Mit seinem unkonventionellen Stil ist Santa Monica unabhängig und ansprechend. Obwohl die Stadt deutlich bürgerlicher geworden ist, zieht sie nach wie vor die unterschiedlichsten Menschen an: Yuppies, Touristen, Obdachlose, Straßenkünstler, Strandliebhaber, Teenager und ältere Menschen. Sie alle tummeln sich am Strand und der 3rd Street Promenade, der Fußgängerzone zwischen dem Broadway und dem Wilshire Boulevard. Fahren Sie auf dem Wilshire ein paar Blocks weiter nach Westen, und Sie gelangen zum Santa Monica State Beach, wo der Sand sauber und das Panorama großartig ist. Der Santa Monica Pier bietet viele Unterhaltungsmöglichkeiten. Südlich der Main Street gibt es trendy Boutiquen und Restaurants.

✚ 201 E1   ✉ westliches Ende der I-10
🚌 MTA Bus 4, 6, 33 (und andere)

9 Venice Beach

Auf dem Ocean Front Walk, der gepflasterten Promenade, die den mitreißenden Venice Beach begrenzt,

Auf drei Rädern kann man den Muscle Beach erobern

herrscht eine Atmosphäre wie im Karneval. Spazieren Sie über den Abschnitt südlich der Rose Avenue, und Sie haben eine gute Chance, auf dressierte Papageien, begabte und weniger begabte Musiker und Vertreter aller möglichen weltanschaulichen und gesellschaftlichen Bewegungen zu treffen. An einem sonnigen Tag ist Muscle Beach an der 18th Street der letzte Schrei. In Läden und an Straßenständern werden Sonnenbrillen, Bekleidung, Schallplatten und noch vieles mehr angeboten, und zu essen gibt es hier von focaccia bis hin zu Gänseleberpastete fast alles. Figtree's Café (429 Ocean Front Walk) ist ein guter Tipp für eine kurze Rast.

✚ 201 E1 ✉ Ocean Front Walk (am interessantesten zwischen Rose Avenue und Venice Boulevard) 🚌 MTA Bus 33 (und andere)

⑩ Museum of Tolerance

Das Museum des Simon Wiesenthal Center illustriert die Bösartigkeit der Menschen. Die Holocaust Section, für die allein man schon eine Stunde braucht, analysiert sehr prägnant die Voraussetzungen, die es Adolf Hitler erlaubten, seinen Plan, die Juden und andere sogenannte »Unerwünschte« auszurotten, in die Tat umzusetzen.

✚ 201 E1 ✉ 9786 W. Pico Boulevard ☎ (310) 553-8403; www.museumoftolerance. com ⊙ So–Fr 10–17 Uhr (Nov.–März Fr bis 15.30); letzter Einlass 2–2,5 Std. vor Schließung. an jüdischen und gesetzlichen Feiertagen, letztem Mo im Mai und erstem Mo im Sept. geschl. 🚌 Santa Monica Big Blue Bus 7 ✋ mittel

⑪ Downtown Los Angeles

Der atemberaubende 274-Millionen-Dollar-Bau der 2003 eröffneten **Walt Disney Concert Hall** mit seinen kühn geschwungenen, schiffsähnlichen Komponenten ist ein Werk des Star-Architekten Frank Gehry und Heimstatt des Los Angeles Philharmonic Orchestra. Bis auf das Auditorium (exzellente Akustik!) kann man es selbstständig mit Audio-Guide erkunden.

Ästhetisch wie auch hinsichtlich der enormen Baukosten umstritten (nicht nur unter Architekturkritikern) ist ein weiteres Gebäude jüngeren Ursprungs im Stadtzentrum, der sandfarbene Betonkoloss der römisch-katholischen **Cathedral of Our Lady of the Angels**, entworfen von dem Spanier José Rafael Moneo. Sehenswert ist diese futuristische Bischofskirche aber sicherlich (Gratis-Führungen wochentags 13 Uhr, Treffpunkt am Brunnen beim Eingang).

MUSEUMSMEILE

Das vergnügliche **Petersen Automotive Museum** stellt, häufig vor einem amüsanten und einfallsreichen Hintergrund, Roadster, Coupés, Tourenwagen, Limousinen, Lastwagen und Motorräder aus. Zu den historischen Exponaten gehören Zapfstellen, und zusätzlich wird der Einfluss von Autos auf die Stadtplanung und andere Lebensbereiche verdeutlicht. (6060 Wilshire Boulevard, Tel. 323/930-2277, www.petersen.org, Di–So 10–18 Uhr Labor Day Mo, Memorial Day Mo, Eintritt: mittel)

Die sehr umfangreiche Sammlung des **Los Angeles County Museum of** Art besteht unter anderem aus europäischer, chinesischer und zeitgenössischer amerikanischer und europäischer Kunst. Die einzigartige japanische Sammlung befindet sich in einem eigenen Pavillon. Am Sonntag ist Familientag, an dem es Sonderprojekte für Kinder und Eltern gibt. (5905 Wilshire Boulevard, Tel. 323/857-6000, www.lacma.org, Mo, Di, Do 12–20, Fr 12–21, Sa–So 11–20 Uhr, Eintritt: mittel, 2. Di im Monat frei, beinhaltet Zugang zu Sonderausstellungen)

Urzeitlicher Schlamm – na ja, prähistorischer Asphalt, um genau zu sein – steigt noch immer aus den **La Brea Tar Pits** hoch, die Sie bis 22 Uhr kostenlos von Rundwegen aus besichtigen können. Das **George C. Page Museum of La Brea Discoveries** stellt Dinosaurierknochen und andere Fossilien aus den Gruben aus. (Hancock Park, 5801 Wilshire Boulevard, Tel. 323/934-7243; www.tarpits.org, tägl. 9.30–17 Uhr, Eintritt: mittel)

MEHR ALS NUR FASSADE
Den Broadway, vor hundert Jahren
Hauptstraße des Zentrums, säumen
zahlreiche architektonische Schmuck-
stücke. Hierzu zählt das 1893 errich-
tete **Bradbury Building** (304 South
Broadway, Ecke 3rd Street), dessen
Architekt sich von einem populären
Zukunftsroman (*Das Jahr 2000*: ein
Rückblick auf das Jahr 1887 von
Edward Bellamy) inspirieren ließ. Eine
Lichtkuppel erhellt Foyer (wochentags
9–18 Uhr), Fliesenböden und schmie-
deeiserne Treppengeländer. Bekannt
wurde das Gebäude durch Szenen in
Ridley Scotts *Blade Runner* (1982),
während weitere in *Wolf – das Tier im
Manne* (1994) mit Jack Nicholson den
Zustand nach der Renovierung zeigen.

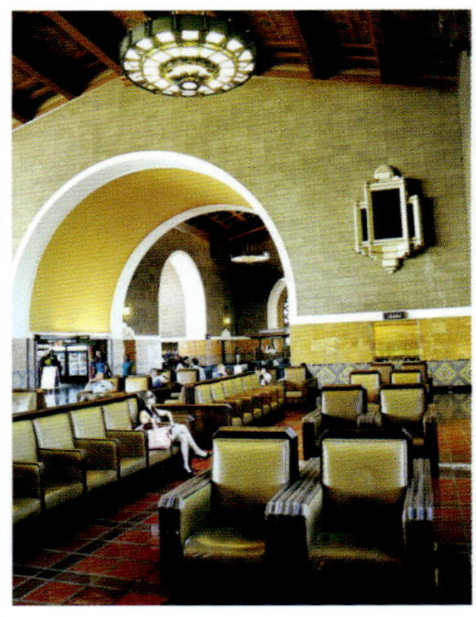

Der Bahnhof Union Station – gelungene
Mischung diverser Architekturstile

Zu den schönsten öffentlichen Gebäuden in L. A. gehört die **Union
Station** (1939), ein Juwel des späten
Art-Déco mit spanisch-maurischen
Elementen. Eindrucksvoll ist besonders die kirchenschiffartige Warte-
halle, Schauplatz legendärer Filme
wie *Boulevard der Dämmerung* (1950)
und *Blade Runner* (1982).

Schräg gegenüber der Union
Station, jenseits der North Alameda
Street, liegt als historische Wiege der
Stadt die **Olvera Street**. Der leben-
dige Platz wirkt mit Straßenlokalen,
Mariachi-Musikern und Folklore-
Tänzern wie ein Stück altes Mexiko,
und in der Tat waren es spanisch-
mexikanische Siedler, die hier 1781
das spätere Los Angeles gründeten.
Nördlich davon kommt man nach
Chinatown mit seinen Souvenirshops
und Restaurants, das im Vergleich zu
den Pendants in New York oder San
Francisco kaum attraktiv ist.

Walt Disney Concert Hall
196 A2   111 S. Grand Avenue   (323)
850-2000 (Programminfos)   Metro Red Line
(Civic Center)   MTA Bus 2, 60, 460; DASH
Route A (wochentags), DD (am Wochenende)

Cathedral of Our Lady of the Angels
196 B3   555 W. Temple Street
(213) 680-5200; www.olacathedral.org
Mo–Fr 6.30–18, Sa 9–18, So 7–18 Uhr

Metro Red Line (Civic Center)
MTA Bus 2, 78, 81 (und andere); DASH
Route B (wochentags), DD (am Wochenende)

Union Station
196 C2   800 N. Alameda Street
Metro Red und Gold Lines (Union Station)
MTA 33, 42; DASH Route B (wochentags),
DD (am Wochenende)

Olvera Street/Chinatown
196 C3   westlich der Alameda Street,
zwischen Aliso Street und Cesar E. Chavez
Avenue   (213) 485-6855; www.olvera-street.
com   Metro Red Line (Union Station)
MTA Bus 2, 4, 81, 94; DASH Route B (wochentags), DD (am Wochenende)

12 Museen in Downtown

Das **Museum of Contemporary Art**
(MOCA) hat sein Haupthaus an der
California Plaza, mit hervorragender
Sammlung internationaler Kunst nach
1940 (u. a. Robert Rauschenberg,
Jasper Johns, Joseph Beuys, Mark
Rothko und Richard Serra), während
der Ableger im **Geffen Contemporary**
(altes Speichergebäude, umgestaltet
von Frank Gehry) »großer« Kunst
dient: Bildern, Skulpturen und Instal-
lationen im Riesenformat.

MOCA at The Geffen Contemporary
196 C1   152 N. Central Avenue
(213) 626-6222; www.moca.org

Das Museum of Contemporary Art (MOCA) an der Grand Avenue in L. A.

Das Museum of Contemporary Art (MOCA) an der Grand Avenue in L. A.

🕐 Mo, Fr 11–17, Sa, So 11–16, Do 11–20 Uhr
🚇 Metro Red Line (Civic Center)
🚌 MTA Bus 30, 40, 439; DASH Route A (wochentags), DD (am Wochenende)
✋ mittel (frei Do nach 17 Uhr und mit Eintrittskarte des MOCA vom selben Tag)

Museum of Contemporary Art
✚ 196 A2 ✉ 250 S. Grand Avenue
☎ (213) 626-6222; www.moca.org
🕐 Mo, Fr 11–17, Sa, So 11–16, Do 11–20 Uhr
🚇 Metro Red Line (Pershing Square)
🚌 DASH Route B (wochentags), DD (am Wochenende); oder Shuttle vom Geffen Contemporary) ✋ mittel (frei Do nach 17 Uhr und mit Eintrittskarte des Geffen Contemporary vom selben Tag)

⓭ Pasadena

Die gesamte um 1920–1940 entstandene Altstadt des schmucken Orts im San Gabriel Valley ist im National Register of Historic Places eingetragen. Sein lebendiges Zentrum mit Boutiquen, Restaurants und Cafés bilden der Colorado Boulevard und dessen Seitenstraßen zwischen Pasadena Avenue und Arroyo Parkway. Am Neujahrstag findet in Pasadena die berühmte **Tournament of Roses Parade** (Rosenparade) statt.

Das von Charles und Henry Greene erbaute **Gamble House** ist als handwerkliches Meisterstück ein Paradebeispiel der Craftsman-Architektur des frühen 20. Jahrhunderts. Gelungen wirkt in dem schönen, wohnlichen wie naturverbundenen dreistöckigen Bau vor allem die Kombination verschiedener Holzarten, und ein besonderer Blickfang ist der Eingang mit seiner exquisiten Buntverglasung.

»Besuchen Sie das Getty der Architektur und das **Norton Simon Museum** der Kunst wegen.« Dieses Kompliment aus Kennermund gilt dem erlesenen Geschmack, mit dem der Industrielle Norton Simon eine der besten privaten Kunstsammlungen der USA zusammentrug. Sie umfasst Werke von der Renaissance bis zum frühen 20. Jahrhundert, u. a. von Raffael, Rubens, Goya,

WIE FUNKTIONIERT DAS?
Besuchen Sie die Studios der Warner Bros. (Tel. 818/972-8687) oder Paramount (Tel. 323/956-1777), um zu sehen, wie Fernsehshows und Filme produziert werden. Zweistündige Touren führen Sie durch die Sets, technischen Abteilungen und die Studiogelände.

Pasadenas City Hall im Renaissance-Stil

Rembrandt, Renoir, Manet, Degas, Picasso und Kandinsky.

Mit den säulenbestandenen **South Asian Galleries** schuf Architekt Frank Gehry einen absolut modernen und zugleich hieratischen, beinahe tempelartigen Ort für deren vorwiegend religiöse Kunstwerke. Als Vorbild des Skulpturenparks diente der Garten Claude Monets im französischen Giverny.

In **San Marino**, südöstlich von Pasadena, befindet sich die illustre **Huntington Library**, mit angegliederter Kunstsammlung und einem Botanischen Garten, der zum Spaziergengehen einlädt. Zu den prominenten Exponaten gehören ein Pergament-Exemplar der Gutenberg-Bibel, das Ellesmere-Manuskript von Geoffrey Chaucers Canterbury Tales, Thomas Gainsboroughs *Knabe in Blau* und der *Pinkie* von Sir Thomas Lawrence.

Zu den Höhepunkten des 48 ha großen **Botanischen Gartens** zählen Japan-, Rosen- und Wüstengarten. Für die Teestunde im Rose Garden Tea Room ist meist eine Reservierung erforderlich.

✛ 201 E1 ✉ nordöstlich vom Zentrum von Los Angeles, neben Freeway 110 🚇 Metro Gold Linie (mehrere Stationen) 🚌 MTA Bus 180, 181

Gamble House
✉ 4 Westmoreland Place, neben Orange Grove Boulevard (Westseite, nördlich der Walnut Street)
☎ (626) 793-3334; www.gamblehouse.org
🕐 Do–So 12–15 Uhr ✋ mittel 🚌 MTA 180

Norton Simon Museum
✉ 411 W. Colorado Boulevard
☎ (626) 449-6840; www.nortonsimon.org
🕐 Mi–Do, Sa–Mo 12–18, Fr 12–21 Uhr
🚌 MTA Bus 180, 181
✋ preiswert

Huntington Library, Art Collections and Botanical Gardens
✉ 1151 Oxford Road, neben der San Marino Avenue (südlich der I-210)
☎ Information: (626) 405-2100; www.huntington.org; Tea Room: (626) 683-8131
🕐 Juni–Aug. Di– So 10.30–16.30 Uhr Sept.–Mai Di–Fr 12–16.30, Sa, So 10.30–16.30 Uhr
🚌 MTA Bus 79 (vom Stadtzentrum von Los Angeles; steigen Sie an der Marino Avenue aus und gehen Sie etwa 400 m zu Fuß)
✋ mittel (am ersten Do im Monat frei)

14 *Queen Mary*

Die Ära der luxuriösen Überseedampfer erreichte in den 1930er-Jahren mit der im Art-déco-Stil ausgestatteten *Queen Mary* ihren Höhepunkt. Die Geschwindigkeit des Schiffes war legendär. Während des Zweiten Weltkriegs transportierte es Truppen. Der Pool wurde in Quartiere umgewandelt, und man schlief in Schichten. Sie können das Schiff besichtigen. Die zweite Hauptattraktion von Long Beach ist das **Aquarium of the Pacific**.

✛ 201 E1 ✉ 1126 Queens Highway (folgen Sie am Südende der I-710 den Schildern), Long Beach ☎ (562) 435-3511 🕐 tägl. 10–17 Uhr
🚇 Metro Blue Line (Haltestelle Transit Mall, steigen Sie in den kostenlosen Passport Shuttle C: »Aquarium/Queen Mary« um) ✋ teuer

Die *Queen Mary* vor Anker in Long Beach

Etwas außerhalb

15 Newport Beach

Die Anwesen, Yachten, Autos und luxuriösen Hotels machen Newport Beach zu einem der vornehmsten Orte Kaliforniens. Gleichwohl hat sich die Stadt die heimelige Atmosphäre eines Badeorts erhalten, der schon seit mehr als einem Jahrhundert Urlauber anzieht. Breite Strände mit weißem Sand erstrecken sich vom Santa Ana River aus meilenweit nach Süden bis zur Spitze der Halbinsel Balboa, die die Newport Bay vom Ozean trennt.

Der Newport Boulevard führt vom Coast Highway erst nach Süden und dann nach Osten auf die Halbinsel Balboa. Suchen Sie sich einen Parkplatz, wenn Sie die ersten Schilder zum Newport Pier sehen, das wie das 3 km entfernte Balboa Pier mehrere hundert Meter in den Ozean hineinragt und sich für Spaziergänge anbietet. In der Nähe der Piers kann man Fahrräder und Inlineskates ausleihen – ideal um die Halbinsel zu erkunden.

Zwei kleine Blocks weiter östlich steht der Balboa Pavilion aus dem Jahr 1906. Das Restaurant bietet einem wundervollen Blick auf den Hafen.

In der Nähe liegen der Balboa-Fun-Zone-Vergnügungspark und die Verkaufskioske für 45- bis 90-minütige Hafenrundfahrten. Sie fahren an Wohnpalästen (einige von Prominenten) und anderen Attraktionen vorbei, die Landratten nicht zu sehen bekommen. Spaßig ist auch die fünfminütige Fährfahrt nach Balboa Island. Die Fähre legt zwei Blocks westlich vom Pavillon an der Palm Street ab. An der Marine Avenue auf der Insel gibt es eine Reihe netter Geschäfte und Cafés.

202 A2 Coast Highway, am Highway 55 (Newport Boulevard) (949) 719-6100 oder Touristeninformation: (800) 942-6278; www.visitnewportbeach.com OCTA Bus 47, 71

16 Laguna Beach

Das Blätterwerk, das Newport Beach am Coastal Highway schmückt, wird, je mehr sich die Straße südwärts zum

Palmengesäumte Badebucht in Laguna Beach – ein Traum

Laguna Beach schlängelt, immer grüner und üppiger. Parken Sie auf einem öffentliche Parkplatz neben dem Broadway und gehen Sie zum Main Beach (Coast Highway und Broadway), einer kleinen Sandbucht, an der ein Grasstreifen mit schattigen Bäumen und Picknicktischen lockt. Wenn Sie ein Weilchen am Strand verbracht haben, können Sie über die Forest und die Ocean Avenues flanieren, an denen sich Boutiquen, Kunstgalerien, Restaurants und Cafés reihen. Schauen Sie im Fremdenverkehrsbüro (381 Forest Avenue) herein, um Broschüren für einen Rundgang zu bekommen. Im Juli und August findet alljährlich das Festival of Arts (650 Laguna Canyon Road, Tel. 949/ 494-1145) statt.

Nördlich vom Main Beach und fußläufig erreichbar liegt der Heisler Park (Cliff Drive, neben dem Coast Highway). Hier verläuft ein Weg an der Klippe entlang mit tollem Meerblick. Dies gilt auch für das Las Brisas (361 Cliff Drive, Tel. 949/497-5434), ein ganztägig geöffnetes mexikanisches Fischrestaurant. Am Nordende vom Heisler Park liegt Driver's Cove, ein prima Ort zum Schnorcheln.

Crescent Bay (nördlich vom Zentrum, neben dem Coast Highway) gehört zu den weniger bevölkerten Stränden ebenso wie der Victoria Beach (südlich). Robben und andere frei lebende Tiere versammeln sich auf Seal Rock in der Crescent Bay. Direkt nördlich der Stadt kann man im Crystal Cove State Park, der einen 6 km langen Küstenabschnitt umfasst, wandern, schwimmen, surfen, angeln und noch vieles mehr.

✚ 202 A2 ✉ Coast Highway, am Highway 133 (Broadway) ☎ Touristeninformation: (949) 497-9229 oder (800) 877-1115; www.lagunabeachinfo.com 🚌 OCTA Bus 1 (Umsteigemöglichkeit zum Laguna Beach Transit)

🔟 Catalina Island

Im stark besiedelten Südkalifornien sind landschaftliche Reize eher Mangelware. Catalina Island (offiziell Santa Catalina Island), zum größten Teil ein Naturschutzgebiet, bildet eine erfreuliche Ausnahme. An einem klaren Tag ist die nur 35 km vor der Küste liegende Insel vom Festland aus sichtbar.

In der Stadt Avalon oder am nahe gelegenen Descanso Beach kann man gut einen typischen Urlaubstag verbringen. Falls Sie nur einen Tagesausflug planen, nutzen Sie Ihre Zeit optimal, indem Sie an einer Tour an Land oder auf dem Meer teilnehmen. **Santa Catalina Island Company** (Tel. 310/510-2500) benutzt für manche der Führungen ein U-Boot-ähnliches semisubmersible, mit dessen Hilfe man das reichhaltige Leben im Meer, von Muränen bis hin zu farbenfrohen Fischen, fast so gut betrachten kann, als schnorchelte man selbst. Für wen es etwas anstrengender sein darf, der geht zum Tauchen, Reiten oder spielt Golf oder Tennis.

Zu den populären Sehenswürdigkeiten gehört das am weitesten sichtbare Wahrzeichen der Insel, das zwölf Stockwerke hohe **Casino**, angeblich der größte runde Ballsaal der Welt. Im Casino befindet sich ein Kino im Art-déco-Stil, das Avalon Theatre, das innen und außen mit eindrucksvollen Wandgemälden geschmückt ist.

Benutzen Sie die Catalina-Express-Fähre (Tel. 310/519-1212 oder 800/805-9201), um von San Pedro, Long Beach oder Dana Point auf die Insel zu gelangen, oder nehmen Sie vom am Newport Beach gelegenen Balboa Pavilion (➤ 141) den Catalina Flyer (Tel. 949/673-5245 oder 800/830-7744). Wenn Sie leicht seekrank werden, sollten Sie medikamentös vorbeugen, bevor Sie an Bord gehen.

✚ 202 A2 ✉ Visitors Bureau: Green Pleasure Pier, Avalon ☎ Touristeninformation: (310) 510-1520; www.catalinachamber.com

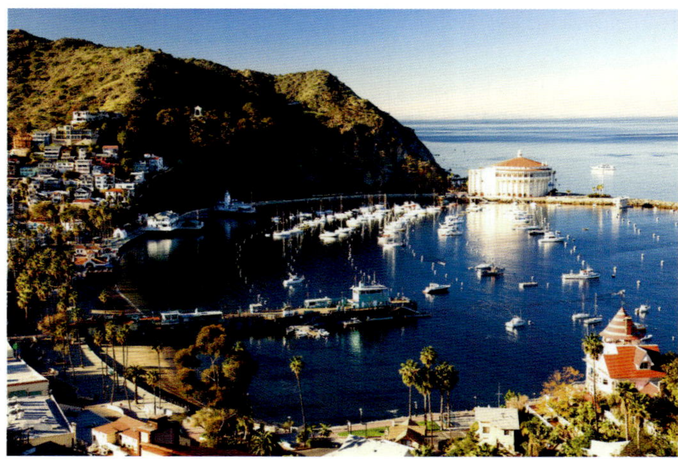

Blick auf das Naturschutzreservat von Catalina Island

Wohin zum ... Übernachten?

Preise
Pro Nacht im Doppelzimmer (ohne Steuern):
$ unter 100 $ $$ 100–175 $ $$$ über 175 $

The Ambrose $$–$$$

Mithilfe von Feng Shui und asiatischer Kunst kreierte man dieses Boutique-Hotel, das in Santa Monica direkt Liebhaber fand. Ruhige Farbtöne, italienische Bettwäsche, Aveda-Kosmetikprodukte und Hightech-Internetanschlüsse: Hier versammeln sich so einige Pluspunkte. Auch wenn man diesen Komfort vielleicht nicht braucht – wie z. B. den 24-Stunden-Zimmerservice – so beweist dies doch die Liebe zum Detail.

201 E1   1255 20th Street, Santa Monica, CA 90404   (310) 315-1555 oder (877) 262-7673; www.ambrosehotel.com

Beverly Hills Hotel and Bungalows $$$

Dieses 1912 eröffnete Hotel gab es noch vor der Stadt Beverly Hills selbst. Hier haben schon Marilyn Monroe und Charlie Chaplin gewohnt, und Elizabeth Tylor verbrachte hier mit sechs ihrer Ehemänner die Flitterwochen. In der Polo Lounge speisten einst Mächtige der Filmindustrie. Das Hotel ist eine rosafarbene Schönheit in einer vornehmen Wohngegend. Die Zimmer haben Marmorbäder und Stereoanlagen, die Bungalows Holzfeuer-Kamine.

201 E1   9641 Sunset Boulevard, Bovorly Hills, CA 90210   (310) 276-2251 oder (800) 283-8885; www.beverlyhillshotel.com

Beverly Laurel Motor Hotel $–$$

Mitten im Wilshire-Viertel von L. A., nahe der Miracle Mile (und somit nicht weit von Beverly Hills) gelegen, bietet dieses Hotel 52 ordentliche Zimmer mit Klimaanlage, Kabel-TV und Mikrowelle (manche auch mit Kitchenette).Ein kleiner Pool ist vorhanden und, als weiteres Plus, das In-Lokal Swingers gleich im Haus.

201 E1   8018 Beverly Boulevard, Los Angeles, CA 90048   (323) 651-2441; www.hotels.com

Carlyle Inn $$

Best-Western-Hotel mit gutem Preis-Leistungs-Verhältnis in der Nähe von Beverly Hills. Das vierstöckige 32-Zimmer-Hotel im europäischen Stil offeriert die üblichen Annehmlichkeiten dieser internationalen Kette, mit High-Speed Internet, Kaffeemaschine, Bügelbrett und -eisen sowie Safes auf den Zimmern. Außerdem gibt es einen Warmwasser-Pool sowie einen Fitnessraum, und im Übernachtungspreis ist ein reichhaltiges Frühstücks-Büfett inbegriffen.

201 E1   1119 S. Robertson Boulevard, West Los Angeles, CA 90035   (310) 275-4445 oder (800) 322-7595; www.carlyle-inn.com

Disneyland® Resort $$–$$$

Die drei Hotels des Disney-Komplexes sind ein Universum für sich: Sie sind günstig gelegen, die Zimmer tadellos und Sie dürfen als Gast vor der offiziellen Öffnungszeit in die Parks. Für Ablenkung ist gesorgt, von Pools über Videospielhallen bis zu Shops und den vielen Restaurants, wo Sie Burger aber auch haute cuisine bekommen. Disney's Grand Californian ( ) ist das schönste (und teuerste) der Hotels, aber das Disneyland Hotel ( ) und das Disney's Paradise Pier Hotel (◆◆◆) sind auch wärmstens zu empfehlen.

✚ 202 A2 ✉ Disneyland Hotel: 1150 Magic Way, Anaheim, CA 92802; Disney's Grand Californian: 1600 S. Disneyland Drive, Anaheim, CA 92802; Disney's Paradise Pier Hotel: 1717 S. Disneyland Drive, Anaheim, CA 92802 ☎ (714) 956-6425 (alle drei Hotels); http://disneyland.disney.go.com/hotels

◆◆◆ The Georgian Hotel $$$

Dieses historische Hotel wird Ihnen mit seinem türkis-goldenen Art-déco-Stil an Santa Monicas Ocean Avenue direkt auffallen. Die Architektur stammt aus den 1930er-Jahren, aber die Räume sind modern ausgestattet und die meisten mit Meerblick. Verbringen Sie den späten Nachmittag bei einem Drink in den Rattanstühlen auf der Veranda, wie es Clark Gable und Carole Lombard einst taten. Der Service ist freundlich.

✚ 201 E1 ✉ 1415 Ocean Avenue, Santa Monica, CA 90401 C(310) 395-9945 oder (800) 538-8147; www.georgianhotel.com

◆◆◆ Hotel Villa Portofino $$–$$$

Dieses Hotel im italienischen Stil passt gut zur mediterranen Atmosphäre von Avalon. An der Hauptstraße Avalons gelegen, ist es von hier aus nicht weit zum Hafen, zum Strand und zu Restaurants und Geschäften. Die Zimmer haben TV und viele einen schönen Meerblick, einige Kamine und Kühlschränke. Man kann sich darüber hinaus auf einer hoteleigenen Sonnenterrasse mit Blick auf den Hafen entspannen. Im Ristorante Villa Portofino serviert man gutes italienisches Essen, besonders Fisch und Nudeln.

✚ 202 A2 ✉ 111 Crescent Avenue, Santa Catalina Island, CA 90704 ☎ (310) 510-0555 oder (800) 346-2326; www.hotelvillaportofino.com

◆◆◆ Inn at Laguna Beach $$–$$$

Dieses Hotel thront auf einer Klippe über dem Pazifik inmitten einer Blumenoase. Von hier aus kommt man problemlos zum Strand und in die Stadt. Viele Zimmer haben Meerblick und eine reiche Auswahl an Annehmlichkeiten: Kühlschränke, CD-Spieler, Bademäntel, Haartrockner, Bügeleisen und -bretter, Zeitungen und kontinentales Frühstück sind inklusive. Außerdem gibt es einen beheizbaren Pool und einen Whirlpool auf der Sonnenterrasse.

✚ 202 A4 ✉ 211 N. Pacific Coast Highway, Laguna Beach, CA 92651 ☎ (949) 497-9722 oder (800) 544-4479; www.innatlagunabeach.com

◆◆ ◆◆ London West Hollywood $$$

Vier-Sterner mit Luxus und Flair nahe dem Sunset Strip, mit 200 modernen, großzügigen Suiten, einem Swimming-Pool auf dem Dachgarten und Trainingseinrichtungen innerhalb und außerhalb des Hauses. Kreativer Kopf der Restaurantküche – samt den am Pool servierten Snacks – ist der Brite Gordon Ramsay (bekannt aus den TV-Koch-shows Hell's Kitchen und Kitchen Nightmares). Sein opulenter »London Breakfast Table« ist im Zimmerpreis enthalten.

✚ 201 E1 ✉ 1020 N. San Vicente Boulevard, West Hollywood, CA, 90069 ☎ (310) 854-1111 oder (866) 282-4560; www.thelondonwesthollywood.com

◆◆◆ Sunset Plaza Hotel $$

Auch wenn mehrere Tophotels den Sunset Strip säumen, müssen Sie keine Unmengen zahlen, um hier abzusteigen. Dieses zur Best-Western-Kette gehörende Haus verbindet zivile Preise mit einer Vielzahl von Annehmlichkeiten in den sauberen, freundlich eingerichteten Zimmern: Kühlschränke, Telefon mit Anrufbeantworter, Kabel-TV, High-Speed Internet, und Zeitungen. Viele Zimmer bieten zudem eine Küche.

✚ 201 E1 ✉ 8400 Sunset Boulevard, West Hollywood, CA 90069 ☎ (323) 654-0750 oder (800) 421-3652; www.sunsetplazahotel.com

Wohin zum ...
Essen und Trinken?

Preise
Für ein Essen (ohne Getränke und Service):
$ unter 15 $ $$ 15–25 $ $$$ über 25 $

Campanile $$$

Das Campanile wird für sein tolles Essen, die romantische Atmosphäre und die lebhafte Bar überschwänglich gelobt. Wenn das Wetter gut ist, sollten Sie draußen auf der Veranda sitzen und rustikale, schmackhafte kalifornisch-mediterrane Gerichte genießen, die unmittelbar aus der offenen Küche serviert werden. Das frisch gebackene Brot und das außergewöhnliche Gebäck, die es zum Sonntagsbrunch gibt, stammen aus der benachbarten La Brea Bakery. Die »Grilled cheese night« donnerstags ist meist schon Wochen vorher ausgebucht.

201 E1   624 S. La Brea, Los Angeles   (323) 938-1447; www.campanilerestaurant.com   mittags: Mo–Fr 11.30–14 Uhr; Brunch: Sa–So 9.30–13.30 Uhr; abends: Mo–Do 18–22, Fr–Sa 17.30–23 Uhr; geschl. 1. Jan., Labor Day und 25. Dez.

Celistino Ristorante & Bar $$$

Gediegenes Lokal in Pasadena mit exzellenter Küche, schöner Terrasse zum draußen Sitzen und durchaus legerer Atmosphäre, trotz blütenweiß gedeckter Tische und Kellnern mit Fliege. Hier geht es sogar recht laut und lebhaft zu, bei Köstlich-

keiten wie hausgemachter Pasta und Fleischgerichten wie Kalbsschlegel mit Safran-Risotto oder gebratenem Kaninchen in Olivensauce. Italienisch dominierte Weinkarte mit guten Tropfen aus Umbrien, Sizilien und Sardinien.

201 E1   141 S. Lake Avenue, Pasadena   (626) 795-4006; www.calogerodrago.com   mittags: Mo–Fr 11.30–14.30; abends: Mo–Sa 17.30–22.30, So 17.30–21 Uhr

Chaya Venice $$$

Japanisch-französisch akzentuiertes Lokal in Venice Beach in luftigen Räumlichkeiten, mit Sushi-Bar und asiatisch inspiriertem Wandgemälde. Spezialität der Küche sind Fischgerichte, und die Weinkarte führt neben einer Vielzahl von Rebensäften diverse importierte Sake-Sorten auf. Meist laut und voll, wie die beiden anderen Filialen in Beverly Hills und Downtown L. A.

201 E1   110 Navy Street, Venice   (310) 396-1179; www.thechaya.com   mittags: Mo–Fr 11.30–14.30 Uhr; abends Mo–Do 18–22.30, Fr, Sa 18–23, So 18–22 Uhr

El Cholo Cafe $

Sie können in L.A. billigeres und vermutlich auch authentischeres mexikanisches Essen bekommen. Aber das El Cholo, das älteste mexikanische Restaurant der Stadt, ist ein fröhlicher Ort, um Texmex-Küche und explosive Margaritas zu genießen. Man kann sich seine Tortillas selbst zusammenstellen oder Sie nehmen (jedoch nur von Mai bis Oktober) die berühmten hausgemachten grünen Mais-Tamales. In Santa Monica gibt es eine neuere Filiale (1025 Wilshire Boulevard, Tel. 310/899-1106).

201 E1   1121 S. Western Avenue, Los Angeles   (323) 734-2773; www.elcholo.com   Mo–Do 11–22, Fr–Sa 11 bis 23, So 11–21 Uhr; geschl. Thanksgiving, 25. Dez.

Cut $$$

Neueste Großtat des Kärntners Wolfgang Puck in Beverly Hills ist dieses elegante Steak-Haus im Beverly Wilshire Hotel. Gestaltet wurde es von Richard Meier (Architekt des Getty Center) mit Eichen-

dielen, weißen Wänden und großen Fenstern. Neben einfallsreichem Umgang der Küche mit Steaks, Saucen und Beilagen und einer Weinkarte von internationalem Anspruch erlebt man einen Service der Sonderklasse, inklusive akribischer Beratung.
✚ 201 E1 ✉ 9500 Wilshire Boulevard, Beverly Hills ☎ (310) 276-8500; www.wolfgangpuck.com/restaurants/fine-dining/3789 ◷ Mo–Do 18–22, Sa 17.30–23 Uhr

◬ 230 Forest Avenue
$$–$$$

Mit seiner regelmäßig wechselnden Dekoration an Bildwerken steht das Bistro ganz in der Tradition des kunstenthusiastischen Laguna Beach. Serviert wird California Cuisine in reichlichen Portionen, mit Flair und Raffinesse – etwa Tenderloin-Steak mit Zuckerrohr, Schälrippchen-Ravioli oder Meeresfrüchte-Salat. Neben einer ordentlichen Wein- und Bier-Auswahl ist man an der Bar besonders auf

Martinis spezialisiert in diesem quirligen Lokal, dessen Trubel man indes auf der schönen Terrasse mühelos entfliehen kann.
✚ 202 A2 ✉ 230 Forest Avenue, Laguna ☎ (949) 494-2545; www.230forestavenue.com ◷ mittags: tägl. ab 11.30 Uhr; abends ab 17 Uhr

◬ James' Beach $$

Zwischen Kanal und Strand von Venice lockt in einem ehemaligen Handwerkshaus das stilvolle Restaurant, wo man drinnen (mit Blick auf die Bar) oder draußen sehr schön sitzt bei authentisch amerikanischer Küche: neben Steaks und Meeresfrüchten auch Vegetarisches oder für die schlanke Linie ein »Swimsuit special« aus Grillhuhn, gedämpftem Gemüse und Naturreis. Das Lokal ist öfters im Fernsehen zu erleben und war Schauplatz des John-Hamburg-Films *Trauzeuge gesucht.*
✚ 201 E1 ✉ 60 N. Venice Boulevard, Venice ☎ (310) 823-5396; www.jamesbeach.com ◷ mittags: Mi–Fr 11.30–15 Uhr; abends:

So–Mi 18–22.30, Do–Sa 18–1 Uhr; Brunch Sa, So 11–15 Uhr

◬ Jar $$$

Das auf alt gemachte Steakhaus mit holzvertäfelten Wände, braunen Sitzecken und einfachem Mobiliar ist spezialisiert auf Rindfleisch mit asiatischer Note – vorwiegend serviert eben als Steak (Rib-Eye, Porterhouse, Filet). Man bekommt aber auch Schmorbraten und Schweinshaxe und dazu fantasievolle Cocktails wie »Starburst« (Orangen-Wodka, Pfirsich, Orangen- und Cranberry-Saft) oder »Koh Samui« (Wodka, Litschisaft und -mus).
✚ 201 E1 ✉ 8225 Beverly Boulevard, West Hollywood ☎ (323) 655-6566; www.thejar.com ◷ abends: tägl. ab 17.30 Uhr; Brunch So 10–13.30 Uhr

◬ Lucques $$$

Chefköchin Suzanne Goin serviert Küche mit französischem Einschlag in einer legeren Umgebung. Sie verwendet viel Saisonware, die in Gerichten wie würziger Lammeintopf

und alaskischem Kabeljau ihre Wirkung entfalten. Ungewöhnliche Desserts wie Erdnussbuttersorbet sind ein Genuss. Sie können auch an der Bar und auf der Terrasse essen.
✚ 201 E1 ✉ 8474 Melrose Avenue, West Hollywood ☎ (323) 655-6277; www.lucques.com ◷ mittags: Di–Sa 12–14.30; abends: Mi–Sa 18–23, So 17–22, Mo–Di 18 bis 22 Uhr

◬ Matsuhisa $$$

Dieses exklusive japanische Restaurant ist bei den Einwohnern von L. A. sehr beliebt, die gerne eine Stange Geld für ein denkwürdiges Essen bezahlen, das normalere japanische Gerichte etwas langweilig wirken lässt. Das nach dem Spitzenkoch Nobu Matsuhisa benannte Restaurant serviert außergewöhnlich frische, einfallsreiche und häufig geradezu blendende Kreationen aus Fisch und Meeresfrüchten.
✚ 201 E ✉ 129 N. La Cienega Boulevard, West Hollywood ☎ (310) 659-9639 ◷ mittags: Mo–Fr 11.45–14.15 Uhr; abends: tägl. 17.45–22.15 Uhr; geschl. Thanksgiving, 25. Dez.

Ocean and Vine $$$

Wer in dem exzellenten New American Restaurant im bekannten, direkt am Strand gelegenen Loews Santa Monica Beach Hotel seinen Wein trinkt – als stilvolle Begleitung zu den ausgezeichneten Steaks oder fangfrischem Fisch und Meeresfrüchten –, genießt dabei in der Tat einen herrlichen Blick aufs Meer. Die Zutaten sämtlicher Gerichte stammen vom hiesigen Farmers' Market, auch beim Frühstück, das – neben einem Angebot für jeden Wunsch – auch mit »Martinis« aus Fruchtsäften aufwartet (Zusammenstellung nach eigener Wahl) und gesundem Weizengras als Extra).

201 E1 1700 Ocean Avenue, Santa Monica (310) 576-3180; www.santamonicaloewshotel.com
tägl. 6.30–14 und 18–22 Uhr

Patina $$$

Sehr beliebtes Relais & Château-Lokal, seit 2003 in der Walt Disney Concert Hall (► 137) ansässig. Chef Joachim Splichal zaubert Gerichte zum Niederknien, kalifornisch-französisch mit deutschen und österreichischen Akzenten. Empfehlenswert sind besonders die fünfgängigen Degustationsmenüs (darunter auch ein komplett vegetarisches). Kaviar und Gourmet-Käse runden das Angebot ab.

196 A2 145 S. Grand Avenue, Los Angeles (213) 972-3331; www.patinagroup.com
Di–Sa 17–21.30, (an Tagen mit Vorstellungen bis 23), So 16–21.30 Uhr; geschl. 1. Jan, 25. Dez.

Philippe the Original $

An den Gemeinschaftstischen dieses zentralen Restaurants aus alten Zeiten sitzt alles beieinander: Geschäftsmänner, Polizisten oder Obdachlose. Alle möglichen Leute kommen wegen der französischen Dip-Sandwiches hierher, die der Gründer des Restaurants 1908 erfand: Roastbeef, Lamm, Schwein und Truthahn auf einem Baguette, das man in Bratensaft tunkt. Wenn man es eher schicker möchte, ist dieses Restaurant wohl nicht das Richtige: Der Boden ist mit Sägemehl bedeckt, und die Gäste stehen Schlange, um an der Theke bestellen zu können. Aber die Preise sind sehr niedrig – der Kaffee kostet nur 9 cents –, und es ist eine tolle Erfahrung.

196 C3 1001 N. Alameda Street, Los Angeles (213) 628-3781; www.philippes.com tägl. 6–22 Uhr; geschl. Thanksgiving, 25. Dez.

Spago Beverly Hills $$$

Diese Filiale des original Spago Hollywood (mittlerweile geschlossen) ist das prunkvollste der Kette von Wolfgang Pucks Restaurants. Es ist gut möglich, dass Sie hier Filmstars und Studiobosse sehen. Stellen Sie sich, selbst wenn Sie reserviert haben, auf eine gewisse Wartezeit und eine laute Geräuschkulisse ein. Die kalifornische Küche mit asiatischen, mediterranen und österreichischen Akzenten enttäuscht nur selten. An der Bar kann man Pucks berühmte Pizzen essen.

201 E1 176 N. Cañon Drive, Beverly Hills (310) 385-0880; www.wolfgangpuck.com/restaurants/fine-dining/3635
mittags: Mo–Fr 11.30–14.15, Sa 12–14.30 Uhr; abends: So–Do 17.30 bis 22.30, Fr–Sa 17.30–23 Uhr; geschl. Thanksgiving, 25. Dez.

Vermont $$

Moderne amerikanische Küche mit französischem Touch bringt man in dem neuen, trendigen Lokal zwischen mächtigen Säulen auf den Tisch. Sogar aus dem Westen der Stadt kommen Gäste hierher ins In-Viertel Los Feliz, um sich an gegrilltem Ahi-Thunfisch, Ziegenkäse, Trüffel-Ravioli oder Angus-Rind vom offenen Feuer zu laben und in der eleganten Cocktailbar einen Drink zu nehmen.

201 E1 1714 N. Vermont Avenue, Hollywood (323) 661-6163; www.vermontrestaurantandbar.com
mittags: Mo–Fr 11.30–15 Uhr; abends: So–Do 17.30–21.30, Fr–Sa 17.30–23 Uhr

Wohin zum ... Einkaufen?

Ob Sie nach ultraeleganter oder Mode im Retrostil, nach feinen Antiquitäten, Hollywood-Souvenirs, Importen aus Mexiko oder Surfausrüstung suchen – das Angebot in Los Angeles ist überwältigend.

Beverly Hills ist die bekannteste Einkaufsgegend, vor allem der **Rodeo Drive** zwischen dem Santa Monica und dem Wilshire Boulevard. Hier finden Sie exklusive Schmuck- und Modegeschäfte: Cartier, Christian Dior, Harry Winston, Tiffany & Co, Van Cleef & Arpels, Valentino, Hugo Boss, Bijan (nur mit Termin), Dolce & Gabbana, Prada, Chanel, Gucci, Hermès, Jimmy Choo und Versace. Am Brighton Way, beim Rodeo Drive, liegen eine Emporio-Armani-Boutique und andere Nobelläden.

Unterschiedlichste Dinge finden Sie in der **Westfield Century City Mall** (10250 Santa Monica Boulevard, Los Angeles, Tel- 310/277-3898, http://westfield.com), die circa 100 Geschäfte (z. B. Macy's und Bloomingdales) beherbergt.

Am Wilshire Boulevard, im Bereich der Blocks 9500 bis 9900, liegen mehrere große Kaufhäuser, so etwa Barneys New York, Neiman-Marcus und Saks Fifth Avenue.

Die **Melrose Avenue** ist eine der trendigsten Einkaufsstraßen. Zwischen Fairfax Street und La Brea Avenue kann man hier sowohl moderne als auch Retromode kaufen. Im **Fred Segal Center** (8100 Melrose Avenue, Tel. 323/651-4129) finden Sie Top-Designerboutiquen von Ron Herman und anderen. **Wasteland** (7428 Melrose Avenue, Tel. 323/653-3028) bietet Secondhandklamotten für Sie und Ihn. Am Westende der Straße befindet sich der durch eine Fernsehserie bekannt gewordene schicke Melrose Place, den mehrere teure Antiquitätenläden einrahmen.

Drei angesagten Gegenden für legere Klamotten und Retromode sind **North La Brea Avenue, Robertson Boulevard** in West Hollywood und der **Sunset Boulevard** in Los Feliz. **Book Soup** (8818 Sunset Boulevard, Tel. 310/659-3110), der beste Buchladen in L.A., hat bis 22 Uhr geöffnet und bietet ein riesiges Angebot an einheimischen und ausländischen Zeitschriften.

Der **Hollywood Boulevard** erholt sich gerade von Jahrzehnten der Schäbigkeit. Man kann hier immer noch gut die Shops nach Filmmemorabilia und kitschigen Souvenirs durchstöbern. **Fredericks of Hollywood** (6751 Hollywood Boulevard, Tel. 323/957-5953) ist ein Tipp für schöne Unterwäsche.

Die **Citadel Factory Stores** (5675 E. Telegraph Road, Tel. 323/888-1724, www.citadeloutlets.com) im markanten Gebäude neben der I-5 bieten reduzierte Markentextilien.

Am altehrwürdigen **Farmer's Market** (6333 W. 3rd Street) konzentrieren sich Dutzende von Läden und ein Lebensmittelmarkt. Das benachbarte **Grove** bietet jede Menge Läden, Restaurants und Kinos.

Mexikanische Souvenirs finden Sie in der **Olvera Street** im historischen El Pueblo. Der ebenfalls im Stadtzentrum liegende farbenfrohe **Grand Central Market** (317 S. Broadway) besteht aus Ständen mit exotischen Waren und Lebensmitteln.

Der **Universal City Walk** nahe den Universal Studios ist die Heimat ausgefallener Geschäfte, die vor allem Kinder begeistern.

In **Santa Monica** ist die **3rd Street Promenade** von Boutiquen, Restaurants und Kinos gesäumt. Ecke Broadway lädt der **Santa Monica Place** mit Terrasse zum Speisen, schön bei Sonnenuntergang.

Wohin zum …
Ausgehen?

Über Konzerte und andere Veranstaltungen informieren Sie sich am besten in dem Blatt *L. A. Weekly* (www.laweekly.com), der Wochenendausgabe der *Los Angeles Times* (www.latimes.com) oder im *Los Angeles-Magazin* (www.lamag.com).

Speziell zu Musik und Theater – u. a. im Dorothy Chandler Pavilion, Ahmanson Theater und Mark Taper Forum – erhalten Sie Informationen per Telefonansage rund um die Uhr beim Music Center of Los Angeles County (Tel. 213/972-7211, www.musiccenter.org).

In der Walt Disney Concert Hall gastiert regelmäßig das hervorragende Los Angeles Philharmonic Orchestra.

HOTELBARS

Angesichts des meist guten Wetters sind die Bars an den Swimming-Pools der Hotels von Los Angeles sehr beliebt, wie die **Cameo Bar** im Viceroy (1819 Ocean Avenue, Tel. 310/260-7500) in Santa Monica. Interessant sind auch die Lounge der **Skybar** im Mondrian (8440 Sunset Boulevard, Tel. 323/848-6025) und die **Roof Bar** im Standard Downtown (550 S. Flower Street, Tel. 213/892-8080).

Wunderbar Cocktails mit Meerblick schlürfen kann man im **Penthouse** (1111 2nd Street, Tel. 310/394-5454) im 18. Stock des Santa Monica's Huntley Hotel.

Eine gute Adresse in Santa Monica ist auch die **Veranda Bar** der Casa del Mar (1910 Ocean Way, Tel. 310/581-5533), wo man in elegantem Ambiente in bequemen Korbsesseln zu leiser Pianomusik abhängt.

BARS UND LIVE MUSIC

Ein gemütlicher Platz für Live-Musik ist das **Hotel Café** (1623 ½ N. Cahuenga Boulevard, kein Telefon, www.hotelcafe.com), wo man u. a. mit Panini und Espresso für das leibliche Wohl des Gastes sorgt.

Stand-up-Comedians sind die Zugnummern im **Comedy Store** (8433 Sunset Boulevard, Tel. 323/656-6225, www.thecomedystore.com), während das beliebte **The Groundlings** (7307 Melrose Avenue, Tel. 323/934-4747) an fünf Abenden der Woche mit improvisierten Shows glänzt.

Gut besuchte Bars in Santa Monica und Venice sind etwa **Father's Office** (1018 Montana Avenue, Tel. 310/736-2224), ein Gastro-Pub mit über 30 Biersorten vom Fass.

In der **Pourtal Wine Tasting Bar** (104 Santa Monica Boulevard, Tel. 310/393-7693) nahe der **3rd Street Promenade** wird Rebensaft maschinengezapft, und angenehm bewirtet wird man auch im **James Beach** (► 146) sowie diversen chicen Lokalen auf der Main Street von Santa Monica.

Beliebt in der einschlägigen Szene ist **Roosterfish** (1302 Abbot Kinney Boulevard, Tel. 310/392-2123) in Venice, ein lockeres Lokal mit Jukebox, Pool-Billard und Video-Spielen. Zur besten Gay-Bar der Welt wurde einst von Logo, MTV und anderen das gigantische **The Abbey** (692 N. Robertson Boulevard, Tel. 310/289-8410) in West Hollywood gekürt. Dort findet man am Santa Monica Boulevard zahlreiche weitere Schwulen- und Lesben-Clubs.

NACHTCLUBS

Zentrum des Nachtlebens in Los Angeles, mit beständig wechselnden

In-Adressen, sind die Stadtteile **Hollywood** und **West Hollywood**. Die meisten Clubs schließen um 2 Uhr morgens, wenn das Ausschankverbot für Alkoholika einsetzt.

Seit jeher eine Amüsiermeile in West Hollywood ist der berühmt-berüchtigte Sunset Strip, wo unter anderem das **Whisky A-Go-Go** (8901 Sunset Boulevard, Tel. 310/652-4202, www.whiskyagogo.com), der **Viper Room** (8852 Sunset Boulevard, Tel. 310/358-1880, www.viperroom.com), der **Key Club** (9039 Sunset Boulevard, Tel. 310/274-5800, www.keyclub.com) und das **House of Blues** (8430 Sunset Boulevard, Tel. 323/848-5100, www.houseofblues.com) als Top-Adressen für Rock, Blues und Jazz beheimatet sind.

Empfehlenswert zum Ausgehen sind auch die Szene-Viertel **Los Feliz** und **Silver Lake** und, traditioneller Treffpunkt der Homo-Szene, die Lokale am **Santa Monica Boulevard** in West Hollywood.

FILMTHEATER

Die alten Filmtheater zählen zu den Sehenswürdigkeiten Hollywoods, wie das **Grauman's Chinese Theatre** (6925 Hollywood Boulevard, Tel. 323/464-8111, www.manntheatres.com) oder **El Capitan** (6838 Hollywood Boulevard, Tel. 323/467-7674, http://disney.go.com /disneypictures/el_capitan). Hier einen Film anzusehen, ist wirklich ein ganz eigenes Erlebnis.

Sitze mit viel Beinfreiheit kann man reservieren im **ArcLight Hollywood** (6360 W. Sunset Boulevard, Tel. 323/464-4226) und dort auch alkoholische Getränke konsumieren vor, nach und während der Vorstellung – für amerikanische Verhältnisse ein relatives Novum. Ausländische Streifen und Autorenfilme zeigt das **Nuart Theatre** (11272 Santa Monica Boulevard, Tel. 310/281-8223)

Anspruchsvolle Filme bringen auch die mehrmals in Los Angeles vertretenen Kinos der Laemmle-Kette (Informationen zu Kinos und Spielplänen: Tel. 310/478-1041; www.laemmle.com).

THEATER UND KONZERTE

Telefonisch erhält man (gegen Vorverkaufsgebühr) Karten bei **Ticketmaster** (Tel. 800/745-3000).

Konzerte und Opernaufführungen bieten **Walt Disney Concert Hall** (111 S. Grand Avenue, Tel. 323/850-2000) und **Dorothy Chandler Pavilion** (135 N. Grand Avenue, www.musiccenter.org) im Los Angeles Music Center.

Von Juni bis Mitte September veranstaltet das renommierte Los Angeles Philharmonic Orchestra Konzerte in der berühmten **Hollywood Bowl** (2301 North Highland Avenue, Tel. 323/850-2000, www.hollywoodbowl.com).

Konzerte von Klassik bis zu Pop und Rock finden im **Greek Theatre** (2700 N. Vermont Avenue, Tel. 323/665-5857) statt, einem Amphitheater mit fast 6000 Plätzen im Griffith Park.

Bühnenstücke gelangen unter anderem zur Aufführung im **Ahmanson Theater** sowie dem **Mark Taper** Forum im Los Angeles Music Center auf der Grand Avenue. In den herrlichen Art-Déco-Palästen **Pantages** (6233 Hollywood Boulevard, Tel. 323/468-1770, www.pantages-theater.com) und **Wiltern Theater** (3790 Wilshire Boulevard, Beverly Hills, Tel. 213/388-1400) spielt man vorwiegend Musicals im Broadway-Stil und ähnliche Produktionen.

Im **Geffen Playhouse** (10886 Le Conte Avenue, Tel. 310/208-5454), sieht man, unter der Schirmherrschaft der nahen Universität U.C.L.A, alles vom Musical bis zur Satire.

Sehr schön für Open-Air-Veranstaltungen an Sommerabenden ist das **John Anson Ford Amphitheater** (2580 Cahuenga Boulevard East, Hollywood, Tel. 323/461-3673, www.fordamphitheater.org).

San Diego und Südkalifornien

Erste Orientierung

Die beiden größten Städte des Bundesstaats, Los Angeles und San Diego, liegen in Südkalifornien. Abseits der Küste besteht der Großteil der Region jedoch aus öder Wüste, wo Sie der Farbe Braun in mehr Nuancen begegnen, als Sie für möglich gehalten hätten. Die Suche nach Wasser hat Südkalifornien geprägt, auch wenn viele Menschen hier eine gesicherte Wasserversorgung für selbstverständlich halten, weil in Nordkalifornien und weiter östlich zahlreiche Quellen angezapft wurden.

Dies war allerdings noch nicht der Fall, als sich Mitte des 19. Jahrhunderts eine Gruppe von etwa hundert Goldgräbern verirrte und sich durch ein langes, flaches Tal schleppte. Der große See, der sich hier einst ausgebreitet hatte, war lange ausgetrocknet. Die Gruppe durchlitt einen grauenhaften Monat der Hitze und des unmenschlichen Dursts. Einer von ihnen überlebte diese Tortur nicht; sein Tod inspirierte die Namensgebung der Region: Death Valley (Tal des Todes).

Death Valley zeigt vermutlich das unbarmherzigste Gesicht der Wüste. Und doch ist dieses so karge Gebiet ein Beweis für die Widerstandskraft des Lebens. Etwa 900 unterschiedliche Pflanzen und mehrere seltene Tierarten existieren hier.

Wenn Sie nach Westen zur Küste fahren, wechseln die niedrig wachsenden Wüstensträucher mit Laub und Kiefern ab. Man spürt die Feuchtigkeit in der Luft, und manchmal zieht Nebel auf. Obwohl es in San Diego sehr heiße Tage gibt, sorgen Meeresbrisen häufig für Abkühlung. Das angenehme Wetter und der seltene Regen haben San Diego zu einem Urlaubsmekka für Liebhaber von Freiluftaktivitäten gemacht. Gleichzeitig ist San Diego mit seinen zahlreichen Museen und seiner lebhaften Kunstszene eine Oase der Kultur.

Die I-5 ist die wichtigste Nord-Süd-Achse und verbindet Los Angeles mit San Diego; sie endet an der mexikanischen Grenze. Die I-15 führt von San Diego aus durch die Wüste nach Norden und Osten bis nach Las Vegas, Nevada. Die I-10 verläuft von Los Angeles aus in östlicher Richtung und über Palm Springs nach Arizona. Außer in Teilen von San Diego und dem Zentrum von Palm Springs ist ein Auto hier unverzichtbar.

Vorhergehende Seite:
Im Death Valley

★ Nicht verpassen!

Nach Lust und Laune!

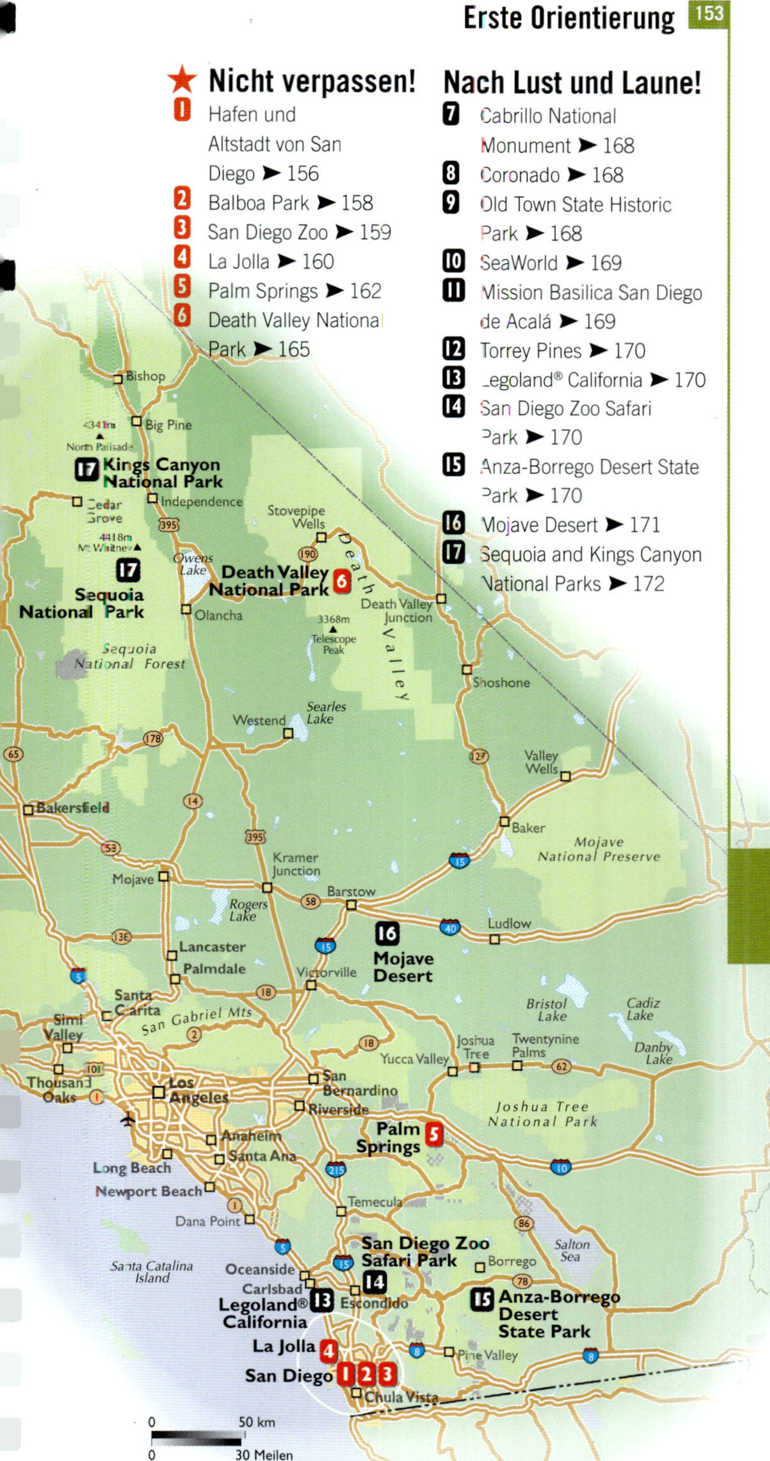

In vier Tagen

Die folgende Route ist eine Möglichkeit, wie Sie einige der interessantesten Sehenswürdigkeiten San Diegos und Südkaliforniens in vier Tagen abklappern können. Nutzen Sie die Karte (➤ 152f) zur Orientierung, die einzelnen Highlights werden im Folgenden (➤ 156ff) näher beschrieben.

Erster Tag

Vormittags
In San Diego sollten Sie zwei Tage einplanen. Beginnen Sie den ersten mit einem Besuch im **3 San Diego Zoo** (rechts, ➤ 159).

Nachmittags
Fahren Sie zum Mittagessen nach **4 La Jolla** (➤ 160f) und erkunden Sie anschließend die Gegend um La Jolla Cove. Dann fahren Sie den Coast Boulevard und den La Jolla Boulevard nach Süden und über den Mission Boulevard zum **Pacific Beach**. Gehen Sie auf den Crystal Pier hinaus, bei Sonnenuntergang ein zauberhaftes Erlebnis.

Abends
Im George's at the Cove (➤ 175), ergänzen sich hervorragende Küche und wunderschöner Meerblick. Nach den Essen können Sie durchs **1 Gaslamp Quarter** (➤ 157) spazieren und in einem Nachtclub etwas Jazz oder Blues hören.

Zweiter Tag

Vormittags
Stehen Sie pünktlich für eine Hafenrundfahrt auf. Gehen Sie anschließend in südlicher Richtung auf dem Embarcadero nach **Seaport Village**.

Nachmittags
Essen Sie im Gaslamp Quarter und fahren Sie dann mit dem San Diego Trolley in die Altstadt zum **9 Old Town State Historic Park** (➤ 168ff).

Abends
Wenn das Wetter es zulässt, sollten Sie eine Bootsfahrt durch die Mission Bay machen (buchen Sie im Voraus) und im Terra (Reservierung; ➤ 176) zu Abend essen.

Dritter Tag

Vormittags
5 **Palm Springs** (➤ 162ff), ein Tagesausflug, lohnt aber auch einen längeren Aufenthalt. Von der **Palm Springs Aerial Tramway** aus genießt man einen atemberaubenden Blick auf das Coachella Valley, einen Besuch wert sind auch die naturkundlichen Exponate des Palm **Springs Arts Museum**.

Nachmittags
Genießen Sie mexikanische Spezialitäten im Las Casuelas Terraza (222 S. Palm Canyon Drive, tel: 760/325-2794). Wenn es nicht zu heiß ist, könnten Sie die **Indian Canyons** besichtigen und einen der kürzeren Rundwege im Palm Canyon laufen.

Abends
Nach einem Snack besuchen Sie eine Show der Fabulous Palm Springs Follies (19 Uhr; www.psfollies.com). Dann auf ein spätes Abendessen ins Le Vallauris (385 W. Tahquitz Canyon Way, Tel. 760/325-5059).

Vierter Tag

Vormittags
Wenn Sie im **6** **Death Valley National Park** (unten; ➤ 165ff) übernachten, können Sie pünktlich zum Sonnenaufgang am **Zabriskie Point** sein – ein beeindruckendes Schauspiel, und ähnlich spektakulär winkt anschließend die Fahrt durch den Twenty Mule Team Canyon zu Dante's View. Fahren Sie dann wieder nach Norden zur Furnace Creek Ranch, auf ein ordentliches Frühstück oder Mittagessen.

Nachmittags
Fahren Sie erneut nach Süden, diesmal auf dem Badwater Road bis nach Badwater. Halten Sie auf dem Rückweg an der Artists Palette und dem Golden Canyon. Zurück auf der Furnace Creek Ranch können Sie zu Mittag essen. Dann geht es zu den Harmony Borax Works und den Sanddünen in der Nähe der Stovepipe Wells.

Abends
Essen Sie im Furnace Creek Inn (➤ 176) oder in der Furnace Creek Ranch (➤ 174).

❶ Hafen und Altstadt von San Diego

Die sonnige, zweitgrößte Stadt Kaliforniens spielte seit jeher in der Geschichte des Bundesstaats eine große Rolle. Spanische Mönche gründeten hier die erste der kalifornischen Missionen. Viele kommen nur wegen des Klimas und der Attraktionen aber die Geschichte San Diegos hat mehr zu bieten.

Am **Embarcadero**, südlich der Ash Street auf dem N. Harbor Drive und dann in südöstlicher Richtung auf dem Harbor Drive zum San Diego Convention Center, reihen sich zahlreiche interessante Sehenswürdigkeiten aneinander.

Im **Maritime Museum of San Diego** kann man an Bord der *Star of India*, eines restaurierten Schiffs von 1863, das Leben auf See nachempfinden. Weiter nördlich liegt die *Berkeley*, eine reich geschmückte (beachten Sie die Buntglasfenster) dampfgetriebene Fähre aus dem Jahr 1898. In der Nähe liegt die USS *Midway*, wo das **San Diego Aircraft Carrier Museum** untergebracht ist. Hier erfahren Sie alles über Flugzeugträger und können das Kasino, die Kojen der Crew, das Bombenareal und mehr besichtigen. Von den Piers südlich des Museums starten die ein- und zweistündigen **Hafentouren**. Die längere Fahrt an Point Loma vorbei ist die bessere Alternative und zeigt mehr vom Hafen. Hier starten auch die Fähren nach Coronado.

Seaport Village und Petco Park

Seaport Village ist ein schön angelegtes, lebhaftes Touristenstädtchen in reizvoller Umgebung mit Hafenpanorama, einer Ansammlung von Geschäften, Restaurants und anderen typischen Etablissements eines solchen Ortes.

Petco Park, das Stadion des hiesigen Baseball-Teams, der San Diego Padres, wurde 2004 im Rahmen einer Neugestaltung der Innenstadt eröffnet. Hier finden des Öfteren auch Konzerte statt.

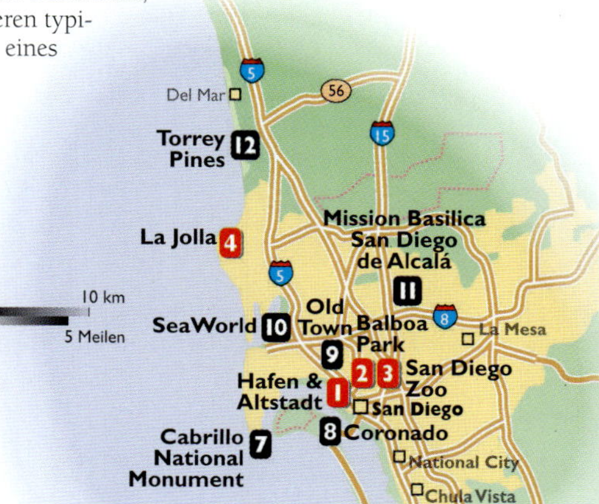

Strand an der Mission Bay

Das Gaslamp Quarter

Die Sanierung des aus dem 19. Jahrhundert stammenden **Gaslamp Quarter** in San Diego ist eine der großen Erfolgsgeschichten des urbanen Amerika. Schmiedeeiserne und andere Gebäude, die schon abgerissen werden sollten, sind in Geschäfte, Restaurants und Nachtclubs verwandelt worden. Diese Gegend, deren belebteste Straßen die 4th und 5th Avenue zwischen der Market Street und dem Harbor Drive sind, erkundet man am besten am Abend (➤ 178). Aber auch tagsüber gibt es historische Sehenswürdigkeiten zu besuchen. Im **William Heath Davis House** (410 Island Avenue, an der 4th Avenue, Tel. 619/233-4692) erhalten Sie hierüber Informationen. Rufen Sie vorher an, da die Öffnungszeiten wechseln.

KLEINE PAUSE

Die Bar des **U.S. Grant Hotel** (326 Broadway, www.usgrant.net) ist ein eleganter Ort für einen Cocktail wie aus alten Zeiten.

✠ 202 B1

Maritime Museum of San Diego
✉ 1492 N. Harbor Drive, an der Ash Street ☎ (619) 2349153; www.sdmaritime.org 🕐 tägl. 9–20 Uhr 🚌 Bus 7; Straßenbahn (Santa Fe Depot) ✋ teuer

San Diego Aircraft Carrier Museum
✉ 910 N. Harbor Drive, am Navy Pier ☎ (619) 544-9600; www.midway.org 🕐 tägl. 10–17 Uhr 🚌 Bus 7, Straßenbahn (Santa Fe Depot) ✋ teuer

Hafenrundfahrten
Hornblower Cruises ✉ 1066 N. Harbor Drive, nahe Broadway (nur Rundfahrten) ☎ (619) 686-8715; San Diego Harbor Excursions ✉ 1050 N. Harbor Drive, Broadway Pier (Rundfahrten, Fähre nach Coronado) ☎ (619) 234-4111 🚌 Bus 7/7A/7B, Straßenbahn (Santa Fe Depot) ✋ mittel–teuer

Seaport Village
✉ Harbor Drive, vom Pacific Highway bis Market Place ☎ (619) 235-4014; www.seaportvillage.com 🚌 Bus 7; Straßenbahn (Seaport Village)

Gaslamp Quarter
✉ 4th, 5th und 6th Avenue zwischen Broadway und Harbor Drive 🚌 Bus 3, 5, 120; Straßenbahn (5th Avenue)

MULTIKULTURELLE GARTENVIELFALT

Der **Alcazar Garden** und der **Japanese Friendship Garden** sind zwei friedliche Orte in der Nähe des El Prado. Das **Botanical Building**, ein großer Freiluftkomplex aus Redwood-Holz, beheimatet tropische und subtropische Pflanzen.

2 Balboa Park

Mit einer Fläche von 485 ha zählt der Balboa Park zu den größten Stadtparks der USA. Genießen lässt sich hier neben der herrlichen Natur auch intellektuell Anspruchsvolles: Die schöne Promenade El Prado ist beiderseits gesäumt von Museen und anderen kulturellen Einrichtungen.

Die meisten spanisch-maurischen Bauten am El Prado wurden 1915 bzw. 1936/37 anlässlich zweier internationaler Messen errichtet. In den Gewölbegängen, die viele der Gebäude miteinander verbinden, hängen Kronleuchter. Die Verzierung der Fassaden wie das muschelförmige Tor zum San Diego Museum of Art und die dazugehörenden Wappen, Gedenkmünzen und die Beschläge sind außergewöhnlich. Im **Balboa Park Visitor Center** bekommen Sie Karten und Veranstaltungskalender.

Die besten Museen des Parks sind das **Mingei International Museum** (interessante Volkskunst), das **San Diego Air and Space Museum** und das **Reuben H. Fleet Space Theater and Science Center** (inklusive Omnimax-Kino mit Kuppeldach und cleveren interaktiven Exponaten). Das **San Diego Automotive Museum** zeigt fahrbare Untersätze – vom Ford T und frühen Prototypen bis hin zu Corvettes und aktuellen Rennwagen.

Drei Einrichtungen teilen sich die Casa de Balboa: Das **San Diego History Center** und das **Museum of Photographic Arts**. Einen Besuch wert ist das **San Diego Model Railroad Museum**. Hier haben Eisenbahnclubs reale, geplante und erdachte Eisenbahnrouten aufgebaut. Die Sammlung im **San Diego Museum of Art** umfasst Gemälde der Renaissance, dem spanischen Barock sowie kalifornische Kunst. Das nahe gelegene **Timken Museum of Art** ist für seine Ikonen berühmt. Das **Centro Cultural de la Raza** am Park Boulevard südlich vom El Prado zeigt Werke lateinamerikanischer Künstler. Das **San Diego Museum of Man** fokussiert die Anthropologie des amerikanischen Südwestens und Lateinamerikas. Wenn Sie wenig Zeit haben, können Sie es aber – ebenso wie das **San Diego Natural History Museum** – auch auslassen. Das **San Diego Hall of Champions** – Sports Museum ehrt lokale Sportler.

KLEINE PAUSE

Seaport Cookie Co. (813 West Harbor Drive, Tel. 619/231-8787) bietet 10 Varianten der Spezialität, gebacken im ehemaligen Leuchtturm.

✉ Balboa Park, Park Boulevard (12th Avenue), neben Highway 163 oder I-5 ◷ Park: 24 Stunden. Museen: unterschiedlich (einige Mo und/oder Di geschl.) ✋ Park: frei. Museums: preiswert–teuer 🚌 Bus 1, 3,7B, 25, 120

Balboa Park Visitor Center (House of Hospitality)
✉ 1549 El Prado ☎ (619) 239-0512; www.balboapark.org ◷ tägl. 9.30–16.30 Uhr

PASS NICHT VERGESSEN!
Mit dem **Passport to Balboa Park** können Sie ein Dutzend der Museen zu erheblich reduzierten Eintrittspreisen besuchen. Sie erhalten ihn im Besucherzentrum oder in den Museen, die an dieser Vereinbarung beteiligt sind.

3 San Diego Zoo

Der San Diego Zoo gilt als einer der besten der Welt, mit einer Vielzahl exotischer Tiere und großzügigen Gehegen für Nilpferde, Eisbären, Menschenaffen, Fauna des asiatischen Regenwaldes und farbenprächtige Vögel. Auf dem Plan, den man am Eingang erhält, sind auch die Zeiten verschiedener Tiervorführungen vermerkt.

Der Zoo liegt zu beiden Seiten einer Schlucht, weshalb es teilweise steil bergauf geht. An den steilsten Stellen, etwa vom Gehege der Pandas aus wieder nach oben, befinden sich Rolltreppen.

Gegen eine zusätzliche Gebühr können Sie die 40-minütige **Guided Bus Tour**, die Ihnen einen guten Überblick über den Park verschafft, mitmachen. Sie dürfen während der Fahrt nicht aussteigen, aber mehrere Pausen unterwegs ersparen Ihnen eine Rückkehr zu manchen Punkten, sodass Sie mehr Zeit für andere Attraktionen haben.

Das Ticket gilt auch im Express Bus, den Sie unterwegs verlassen und wieder besteigen können. In beiden Bussen sitzt man besser rechts, so muss man seltener über andere Fahrgäste hinweggucken. Die **Skyfari**-Gondelbahn (im Ticket für die Guided Bus Tour inkl.) überquert die Schlucht zwischen dem Zooeingang und dem Gehege der Eisbären.

Mit Darstellungen seiner Bewohner begrüßt der San Diego Zoo, einer der schönsten Tierparks der Welt, seine Besucher

KLEINE PAUSE

Albert's ist das beste der Cafés und Restaurants des Zoos (Meeresfrüchte, Steak, Pasta, Huhn, Salat), das **Canyon Café** (mexikanische und amerikanische Küche) und **Sydney's Grill** (Salat, Pasta, Sandwiches) sind auch gut.

✉ neben dem Park Boulevard, Balboa Park ☎ (619) 718-3000; www.sandiegozoo.org Ende Juni–Anfang Sept. 9–21 Uhr (Schließung 22 Uhr); Winter und Frühjahr kürzere Öffnungszeiten Bus 7 teuer

EINE FREUDE FÜR KINDER

Kunstprojekte, Vorstellungen und interaktive Exponate gibt es im **New Children Museum** of San Diego, das 2008 wiedereröffnen wurde. (200 W. Island Avenue, Tel. 619/233-8792, Mo, Di, Fr, Sa 10–16 Uhr, Do 10–18 Uhr, So 12–16 Uhr; Bus: 4; Straßenbahn bis Convention Center West; Eintritt: mittel)

④ La Jolla

Ob sich sein Name nun ableitet vom spanischen »joya« (Juwel) oder »hoyo« (Loch), ist zwar umstritten, doch dies ist allemal einer der schönsten Stadtteile San Diegos, mit himmelhoch ragenden Palmen und wahren Schmuckstücken von Häusern im mediterranen und Jugendstil.

Eine schöne Wanderung bietet sich ab den **La Jolla Caves** (1325 Coast Boulevard, Tel. 858/459-0746) an. Sie betreten hier einen Bungalow, zahlen dort und gehen die 133 Treppenstufen in die Höhlen hinunter (der Rückweg ist steil). Eine Plattform am Fuß der Treppe gewährt Ausblicke auf das Meer und die Küste.

Wenden Sie sich nun nach Westen und laufen dann südwärts entlang der meist von Pelikanen bevölkerten Felsen. Wenn man bei Ebbe hierher kommt, kann man in den Prielen zwischen Fels und Seegras Krabben, Seeschnecken und anderes Getier beobachten.

Die Küste entlang

Südlich vom Ellen Scripps Browning Park, der an den La Jolla Cove angrenzenden Grünanlage, lässt sich die Küste weiter erkunden. Oder man begibt sich einen Block weit ins Landesinnere zum **Museum of Contemporary Art, San Diego**. Dessen postmoderne Architektur ist bemerkenswerter als die Kunstsammlung selbst, auch wenn bedeutende kalifornische Nachkriegskünstler vertreten sind. Mit der Zweigstelle im Stadtzentrum verfügt das **MCASD** über eine Ausstellungsfläche von 16 000 m².

La Jolla ist auch ein gutes Pflaster zum Einkaufen, vor allem die Prospect Street unweit des Museums und die Girard Avenue. Hier findet man Dutzende Antiquitätenläden, Kunstgalerien, Juweliere, Boutiquen und Spezialitätengeschäfte.

Nördlich von der Prospect Street kommen Sie über die Torrey Pines Road und den La Jolla Shores Drive zur Avenida de la Playa und dem palmenbestandenen Sandstrand La Jolla Shores Beach, einer wahren Postkarten-Idylle.

Windansea Beach ist ein Treffpunkt der Surfer, mit seiner heftigen Brandung jedoch nichts für Anfänger (die in La Jolla Shores besser aufgehoben sind).

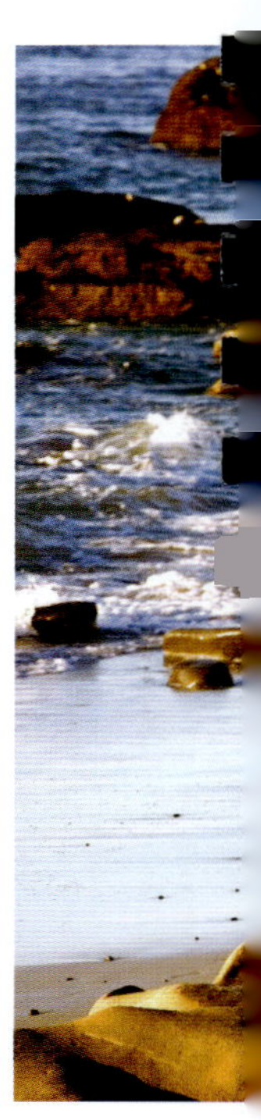

DIE STRÄNDE

Wenn an einem sonnigen Tag die Hobbysegler in See stechen und sich Picknicker am Strand tummeln, ist der 1714 Hektar große **Mission Bay Park** (Mission Bay Drive, neben der I-8) wunderschön. Rasante Achterbahnen und Karussells sorgen im nahe gelegenen **Belmont Park** (3146 Mission Boulevard, am West Mission Bay Drive, Tel. 858/228-9283), der an den Sandstrand **Mission Beach** grenzt, für Abwechslung. Nördlich davon liegt der Pacific Beach, wo das **Crystal Pier** (Garnet Avenue, westlich vom Mission Boulevard) so weit in den Ozean hineinragt, dass man Surfer in ungewohnter Weise von hinten sieht (Bus: 8/9, 27, 30).

Bei der La Jolla Historical Society (7846 Eads Avenue, Tel. 858/459-5335) erhält man für einen anderthalbstündigen **Rundgang** durch den Ort einen Plan der historischen Gebäude und anderer Sehenswürdigkeiten.

KLEINE PAUSE

Im **Brockton Villa Restaurant** (1235 Coast Boulevard, Tel. 858/454-7393) kann man wunderbar zum Lunchen oder Brunchen einkehren, hoch über den Felsen und dem La Jolla Cove. Alternativ empfiehlt sich ein Cocktail in der Bar des **La Valencia Hotel** (1132 Prospect Street) aus dem Jahr 1926, ebenfalls mit Panoramablick. Hier oder im nahen **George's at the Cove** (➤ 175) mit seiner guten Küche erhascht man oft einen Blick auf einen Schwarm Delfine.

✚ 202 B1　✉ Vom Stadtzentrum San Diegos aus die I-5 nach Norden, die Ardath Road nach Weste dann in die Torrey Pines Road (nach Süden zum Coast Boulevard, nördlich zu den La Jolla Shores)　🚌 Bus 30, 34/34A

La Jolla Visitor Information Center
✉ 7966 Herschel Avenue, Suite A　☎ (619) 236-1212　🕐 tägl. 11–16 Uhr (an Wochenenden und im Sommer länger)

Museum of Contemporary Art (MCASD), San Diego
✉ 700 Prospect Street and 1001 Kettner Boulevard　☎ (858) 454-3541; www.mcasandiego.org　🕐 Do–Di 11–17; jeden dritten Do bis 19 Uhr　✋ mittel

5 Palm Springs

Wenn es in San Diego oder Los Angeles wolkig ist oder immer dann, wenn Südkalifornier ausspannen wollen, wandern ihre Gedanken nach Palm Springs. »Perfektes Klima, wundervolle Landschaft, reine Bergluft«, warb 1887 eine Zeitungsanzeige für den Ort, der für eine kurze Zeit Palm Valley hieß. Die Berg- und Wüstenluft hat seitdem wohl einiges an Unberührtheit eingebüßt, aber das Klima ist, außer im extrem heißen Sommer, sehr angenehm und die Landschaft vielfältig.

Palm Springs ist das Herz des **Coachella Valley** und liegt an dessen Westrand. Im Tal leben das ganze Jahr über etwa 250 000 Menschen, aber im Winter wächst die Bevölkerung auf 320 000 an. Die meisten Superreichen residieren in **Rancho Mirage**, **Palm Desert** und **La Quinta**, alle am Highway 111 östlich von Palm Springs gelegen. Weitere Städte im Tal sind das Erholungsgebiet **Desert Hot Springs**, das relativ lockere **Cathedral City** und **Indio**. Der Südeingang des Joshua Tree National Park (▶ rechts) liegt 40 Kilometer östlich von Indio, das wiederum 35 Kilometer von Palm Springs entfernt ist.

Die Seilbahn Aerial Tramway in den San Jacinto Mountains

Eldorado der Elite

In den 1920er- und 1930er-Jahren entwickelte sich Palm Springs zu einem Refugium für Hollywoods Elite. Schauspieler, Regisseure und Produzenten spannten im La Quinta Hotel (heute La Quinta Resort & Club) und im El Mirador Hotel aus und spielten im Raquet Club Tennis. Radiostars wie Jack Benny übertrugen ihre Shows manchmal aus ihrem Urlaubsparadies.

Lokalen Erhebungen zufolge ist Shoppen die beliebteste Beschäftigung der Touristen im Gebiet von Palm Springs. Der **Palm Canyon Drive** in Palm Springs, El Paseo in Palm Desert (der The-Gardens-Komplex, **73–585 El Paseo**, ist ein guter Ausgangspunkt), und die **Desert Hills Premium Outlets** (48-400 Seminole Drive, neben der I-10, Tel. 951/849-6641, www.premiumoutlets.com) in Cabazon sind die drei wichtigsten Einkaufsgegenden.

Des Weiteren beschäftigt man sich hier gern mit Golf, entspannt sich am Pool oder lässt sich in einem der Wellnesshotels verwöhnen. Das **Tahquitz Creek Palm Springs Golf Resort** (1885 Golf Club Drive, Tel. 760/328-1005, www.tahquitz golfresort.com) ist ein wichtiger öffentlicher Golfplatz. Das noch einigermaßen günstige **Spa Resort Casino** (100 N. Indian Canyon Drive, Tel. 760/778-1772, www.sparesortcasino.com) und das exklusivere **Spa La Quinta** (La Quinta Resort & Club, 49–499 Eisenhower Drive, La Quinta, Tel. 760/777-4800, www.laquintaresort.com) sind zwei gute Kurhotels.

Highlights

Die rotierenden Kabinen der **Palm Springs Aerial Tramway** sorgen für eine aufregende Fahrt zum knapp 3300 Meter hohen Mount San Jacinto. An manchen Stellen zwischen der Talstation (805 Meter hoch) und der Bergstation (2591 Meter hoch) schwingt die Gondel mitten zwischen massiven grauen Granitblöcken von gigantischen Ausmaßen. Die ursprüngliche Wüste geht in eine alpine Bergwelt über, und die Temperatur fällt um 22 Grad Celsius. Hier kann man wandern und picknicken (das Essen im Restaurant ist nicht sehr zu empfehlen).

Das schöne **Palm Springs Art Museum** am Museum Drive bietet einen guten Einstieg in die Geschichte der Wüste und ihrer Bewohner. Im Erdgeschoss befindet sich indianische Kunst, im Dachgeschoss amerikanische Nachkriegskunst.

Kakteen, Agaven und andere Wüstenpflanzen gedeihen im überwucherten **Moorten Botanical Garden** am S. Palm Canyon Drive. Den Palm Canyon, den prächtigsten der **Indian Canyons** (Indian Canyon Drive, fünf Kilometer südlich vom E. Palm Canyon Drive, Informationen zu Führungen: Tel. 760/325-3400 oder www.theindiancanyons.com), säumen hohe Palmen. Bei einer Canyonwanderung können Sie Petroglyphen und indianische Nahrungszubereitungsplätze entdecken, am leichtesten als solche zu identifizieren sind die glatten Einbuchtungen in den Felsen, wo Eicheln zu Mehl zerstampft wurden.

Der 485 Hektar große **Living Desert Zoo & Garden** an der Portola Avenue, nördlich vom Highway 111 bietet eindrucksvollen exotischen Spezies der ganzen Welt eine Heimat.

Der **Joshua Tree National Park** erstreckt sich an der Grenze von Colorado- und Mojave-Wüste, deren Hochebene das interessantere Terrain bildet, mit markanten Felsen als Kulisse für Kakteen, Josua-Palmlilien und andere Sukkulenten.

KLEINE PAUSE

Essen Sie im legeren **Hair of the Dog English Pub** (238 N. Palm Canyon Drive, Palm Springs, Tel. 760/323-9809) einen Snack. In Palm Desert können Sie das **Café des Beaux Arts** (73–640 El Paseo, Tel. 760/346-0669) ausprobieren.

Palm Springs
✚ 202 C2 ✉ Highway 111, neben der I-10 (110 Meilen – 177 km – von Los Angeles) ☎ Touristeninformation: (800) 347-7746

Palm Springs Aerial Tramway
✉ Tramway Road, neben N. Palm Canyon Drive (an der San Rafael Road)
☎ (760) 325-1391 oder (888) 515-8726; www.pstramway.com 🕓 Mo–Do
10–20 (letzte Talfahrt: 21.45), Fr 10–21 (letzte Talfahrt: 22.30), Sa 8–21 (letzte Talfahrt: 22.30 Uhr), So 8–20 Uhr (letzte Talfahrt: 21.45) 🚌 SunBus 24
(3 Kilometer zu Fuß bergauf zur Talstation) ✋ teuer

Palm Springs Art Museum
✉ 101 Museum Drive ☎ (760) 325-0189; www.psmuseum.org 🕓 Di–Mi, Fri–Sun 10–17, Do 12–20 Uhr ✋ mittel (Do 16–20 Uhr: frei)

Moorten Botanical Garden
✉ 1701 S. Palm Canyon Drive ☎ (760) 327-6555; www.moortengarden.com
🕓 tägl. 10–16 Uhr; Mi geschl. ✋ preiswert

Living Desert Zoo & Gardens
✉ 47–900 Portola Avenue, nördlich vom Highway 111 ☎ (760) 346-5694;
www.livingdesert.org 🕓 Juni–Sept. tägl. 8–13.30 (letzter Einlass: 13 Uhr);
Okt.–Mai 9–17 (letzter Einlass: 16 Uhr) ✋ teuer

Joshua Tree National Park
✉ Haupteingang: Utah Trail, neben Highway 62, Twentynine Palms ☎ (760) 367-5500; www.nps.gov/jotr ✋ mittel (pro Auto, Ticket eine Woche gültig)

Josua-Palmlilie *(Yucca brevifolia)* im gleichnamigen Nationalpark

PALM SPRINGS: INSIDER-INFO

Top-Tipps: Wenn Sie kein Auto zur Verfügung haben, rufen Sie bei **Classic Yellow Cab** (Tel. 760/322-2264) oder SunBus (Tel. 800/347-8628) an.
■ Donnerstagsabends wird der S. Palm Canyon Drive zwischen Tahquitz Canyon Way und Baristo Road ein **Fußgängern vorbehaltener Freiluftmarkt** mit Straßenmusikern und Lebensmittel- und Kunsthandwerkständen.

6 Death Valley National Park

In der frühen Morgensonne leuchten die Westhänge der kargen Panamint Mountains häufig in einem sanften Rot. Innerhalb einer Stunde verwandelt es sich in ein warmes Braun. Im Laufe des Tages werden die Farben immer intensiver, eine passende Metapher für die trügerische Schönheit dieses Ortes, der an manchen Tagen der heißeste der Welt ist.

Furnace Creek, das Herz des Tals, besteht aus einer Ferienanlage, einigen nüchternen Unterkünften, einer Tankstelle, einem Lebensmittelladen sowie ein paar Restaurants. Eine Ausstellung im Besucherzentrum des National Park Service beschreibt die Geologie sowie die Flora und Fauna der Region. Von den Park Rangers können Sie Informationen und Landkarten zu längeren und kürzeren Wandermöglichkeiten bekommen. Lesen und beachten Sie unbedingt die Warnungen!

Am Südende von Furnace Creek führt vom Highway 190 eine Straße in südlicher Richtung zu drei Highlights: dem **Golden Canyon**, wo Sie eine kurze Wanderung mit dem Gelände vertraut machen wird; den vielfarbigen Felsen der **Artists Palette**

Malerische Sanddünen im Death Valley National Park

und der Salzwüste von **Badwater**, mit 86 m unterhalb Meeresniveau der niedrigste Punkt der westlichen Hemisphäre. (Vom Parkplatz aus auf der anderen Seite der Badwater Road sehen Sie hügelaufwärts das Schild, das den Meeresspiegel markiert.)

Spektaluläre Panoramen

Weiter südlich (und östlich) von Furnace Creek passiert der Highway 190 den ruhigen und verlassenen **Zabriskie Point**. Die Gegend hier ist zumeist sandfarben, nur im Norden liegen einige rotbraune Hügel. Wo die Farben aufeinander treffen, sieht es aus, als ob sich Milchkaffee und Schokoladeneis vermischen. Ungefähr eine Meile (1,6 km) weiter erstreckt sich der **Twenty Mule Team Canyon**. Er ist so schmal, dass man bei seiner aufregenden Durchquerung auf einem unbefestigten Rundweg teilweise vom Wagen aus die Wände berühren kann. Nach einigen Meilen kommt eine Weggabelung. Der Highway 190 führt links weiter, und rechts geht die **Dante's View** Road ab, die sich 13,3 Meilen (21 km) bis auf eine Höhe von 1525 m hinaufwindet. Von Dante's View haben Sie einen großartigen Blick auf fast das gesamte Tal mit seinen aus weißen Salzseen aufsteigenden braunen Bergen.

Der Ubehebe Crater Crater im Death Valley

Nördlich von Furnace Creek

Nördlich von Furnace Creek liegen neben dem Highway 190 die **Harmony Borax Works**, wo im 19. Jahrhundert unter grauenhaften Bedingungen Borax gefördert und verarbeitet wurde. Etwas weiter nördlich, an Scotty's Castle (unten) vorbei, verändert schon der kleinste Windhauch die Form einer lange Dünenkette. Eine Kiesstraße zweigt zu einem Parkplatz ab, von dem aus Sie in die Dünen wandern können.

Die Kiesstraße verläuft am Parkplatz vorbei nach Norden zur Straße zu **Scotty's Castle** (Tel. 760/786-2395). Biegen Sie links ab, wenn Sie auf diesem Weg gekommen sind. Das 60 Meilen (96 Kilometer) von Furnace Creek gelegene Schloss im spanischen Stil kann man nur im Rahmen von 50-minütigen Führungen besichtigen. Es wurde nach Walter E. Scott (»Death Valley Scotty«), einem berüchtigten Betrüger, benannt. Vor oder nach

WISSENSWERTES

Fläche: 1,32 Mio. ha
Durchschnittlicher jährlicher Niederschlag: weniger als 5 cm
Höchste gemessene Temperatur: 57 °C in der Luft, 93 °C am Boden
Jährliche Besucher: 1,2 Mio.
Höchster Punkt: Telescope Peak (3367 m über dem Meeresspiegel)
Tiefster Punkt: Badwater (86 m unter dem Meeresspiegel)

der Führung sollten Sie den nahen **Ubehebe Crater** (folgen Sie den Wegweisern) besuchen, das eindrucksvolle Resultat eines Vulkanausbruchs vor 1000 Jahren.

✠ 202 B5 ✉ Highway 190 (östlich und nördlich von der US 395 auf Highway 178 und der Panamint Valley Road; östlich auf dem Highway 190) ☎ (760) 786-3200; www.nps.gov/deva ✋ teuer (pro Auto, Ticket eine Woche gültig)

DEATH VALLEY: INSIDER-INFO

Top-Tipps: Trinken Sie viel Wasser (es werden bis zu 7,6 l pro Tag empfohlen), um Dehydrierung zu vermeiden.

- Tanken Sie bevor Sie ins Tal fahren. **Tankstellen sind hier selten.**
- Restaurants und Lebensmittelgeschäfte sind teuer. Wenn Sie aufs Geld achten müssen, sollten Sie in **Ridgecrest Ihre Kühlbox auffüllen** (➤ 171).
- Westlich der Dünen liegt **Stovepipe Wells**, ein kleiner Ort mit den grundlegenden Versorgungseinrichtungen, am Highway 190.

Geheimtipp: In der Kleinstadt **Death Valley Junction**, südöstlich von Furnace Creek, wo die Highways 190 und 127 sich kreuzen, ist nicht viel los. Aber das dortige **Amargosa Opera House** (Tel. 760/852-4441) zieht mit seinen amüsanten Vorführungen »getanzter Pantomime in einem Programm musikalischen Theaters« viele Besucher.

Nach Lust und Laune!

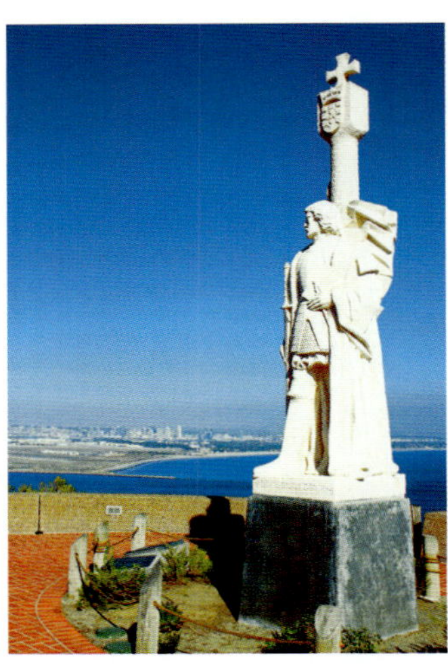

Das Cabrillo National Monument in Point Loma vor der Silhouette der Stadt

7 Cabrillo National Monument

Der Entdecker Juan Rodriguez Cabrillo ging 1542 nicht weit von dem heutigen Denkmal, das seinen Namen trägt, vor Anker. »Ein sehr guter, geschlossener Hafen«, lautete sein Kommentar zur Bucht von San Diego. Das Besucherzentrum informiert über die Geschichte, an einem klaren Tag können Sie aber auch nur die Aussicht auf den Pazifik, San Diego, die Cuyamaca Mountains und sogar Mexiko genießen, im Winter ziehen Grauwale vorbei.

✚ 202 B1 ✉ 1800 Cabrillo Memorial Drive (Südende des Catalina Boulevard) ☎ (619) 557-5450; www.coronadovisitorcenter.com ◷ tägl. 9–17 Uhr 🚌 Bus 84 ✋ preiswert

8 Coronado

Mit der 15-minütigen Überfahrt nach Coronado bietet sich eine kleinere Exkursion an. Attraktionen sind die Häuser aus dem 19. Jahrhundert im Hafenviertel wie das Hotel Del Coronado, die Geschäfte und kleinen Parks an der Orange Avenue sowie der Silver Strand State Beach. Am Fähranleger können Sie ein Fahrrad mieten (das Gelände ist zumeist flach).

✚ 202 B1 🚌 Bus 901, 902, 903, 904

9 Old Town State Historic Park

Auch viele Einheimische empfinden die Stadtgeschichte als wenig ereignisreich, aber im farbenfrohen **Old Town State Historic Park** mit seinen Glanzstücken des 19. Jahrhundert wird sie zum Leben erweckt. Restaurierte oder nachgebaute Häuser säumen die unbefestigten Straßen am alten Stadtplatz. Sie bekommen eine Vorstellung von der Vergangenheit, fühlen sich aber nicht wie im Museum.

Die *Old California Gazette* enthält eine gute Karte. Das **Robinson-Rose House,** mit Diorama und historischen Fotos der Altstadt, bietet sich als Startpunkt an. Gehen Sie nach Süden (d. h. nach rechts, wenn Sie wieder hinaustreten) zum nachgebauten **San Diego House** und dem Restaurant im ehemaligen **Commercial House** (auf der Karte U.S. House). Östlich liegt das sorgfältig sanierte **Racine & Laramie**, San Diegos erstes Zigarrengeschäft, das die 1870er-Jahre aufleben lässt und immer noch Zigarren verkauft.

Das schlichte Holzgebäude der **Mason Street School** von 1865 kuschelt sich hinter das **Brick Courthouse**. Das einzige Klassenzimmer ist original ausgestattet, sogar mit einem Verzeichnis, das je nach Vergehen eine unterschiedliche Zahl von Schlägen vorsieht. Apropos Folter: Wer ungern zum Zahnarzt geht, dürfte die Ausstellungsstücke im nahen **McKinstry Dentist Office** unerträglich finden.

Nördlich hiervon befindet sich die massige **Casa de Estudillo.** Mit ihren breiten, mit Rindsleder zusammengebunden, Deckenbalken, ist sie das größte erhaltene Lehmziegelgebäude aus der Mitte des 19. Jahrhunderts in der Altstadt. Das Innere vermittelt einen Eindruck vom ehemaligen Leben einflussreicher Rancher-Familien. Auf der anderen Seite der Calhoun Street beherbergen die **Seeley Stables** eine exzellente Kutschensammlung.

Die Calhoun Street hinunter stoßen Sie hinter der **Casa de Bandini** auf den fröhlichen **Bazaar del Mundo**. Das Mini-Einkaufszentrum unter freiem Himmel in kräftigem Gelb, Rot und Orange bewahrt das mexikanische Erbe der Stadt.

Auf der Taylor Street nördlich und auf dem Presidio Drive nach Osten gelangen Sie zum **Presidio** (mit großartigem Blick auf das Stadtzentrum). Die ehemalige Mission San Diego beherbergt das **Junipero Serra Museum** mit seiner regionalen Kunstsammlung.
✚ 202 B ✉ Old Town San Diego State Historic Park, begrenzt von Taylor, Juan, Twiggs und Congress Streets (Hauptparkplatz an der Twiggs Street) ☎ (619) 220-5422; www.oldtownsandiegoguide.com 🚌 Bus 8/9, 10, 14, 28, 30, 35, 44, 84, 105, 150 ✋ frei

⑩ SeaWorld

Wussten Sie, dass Pottwale bis zu einer Stunde den Atem anhalten können? Und dass Killerwale pfeilschnell unterwegs sind? Dies und anderes erfährt man in der beliebten San Diego SeaWorld, einem Freizeitpark, der seit 1964 Besucher mit dem Leben der Unterwasserwelt vertraut macht. Besondere Attraktionen sind (neben Haien, Pinguinen und Eisbären) vor allem die Killerwal- und Delfin-Shows sowie die »Journey to Atlantis« und die »Shipwreck-Rapids«-Bootsfahrt: eine ansprechende Mischung aus Information und Unterhaltung, an Sommerabenden oft auch Feuerwerk.
✚ 202 B1 ✉ SeaWorld Drive, neben der I-5 (folgen Sie den Wegweisern), Mission Bay ☎ (619) 226-3901; www.seaworld.com/sandiego 🕓 unterschiedliche Öffnungszeiten, im Allgemeinen 10 Uhr bis Sonnenuntergang (im Sommer später) 🚌 Bus 9, 27 ✋ teuer

⑪ Mission Basilica San Diego de Alcalá

Diese Missionsstation wurde 1769 von Franziskanern in der Nähe der Altstadt gegründet, 1774 aber an ihren heutigen Standort verlegt. Prompt brannten Indianer die erste Kirche nieder. 1803 machte ein Erdbeben ihre Nachfolgerin dem Erdboden gleich, und die dritte verfiel immer mehr, bis im 20. Jahrhundert die Restaurierung begann. Bemerkenswert sind der 14 Meter hohe *campanario* (Glockenturm), die Gärten (Rosen, Bougainvillea und einheimische Sukkulenten) und die Hauptkirche, die man so lang und eng baute, weil für die Balken keine größeren Bäume zur Verfügung standen.
✚ 202 B1 ✉ 10818 San Diego Mission Road ☎ (619) 281-8449; www.missionsandiego.com 🕓 tägl. 9–16.45 Uhr 🚌 Bus 13, Straßenbahn: Mission San Diego ✋ preiswert

Besuchermagnet in SeaWorld sind die Delfin-Shows

12 Torrey Pines

Weiter im Norden neben der Torrey Pines Road liegt Torrey Pines State Beach and Reserve (N. Torrey Pines Road, südlich der Carmel Valley Road, Tel. 858/755-2063), wo Sie die vielen dort rastenden Zugvögel beobachten oder einfach am Strand entspannen können.

Nördlich von Torrey Pines lockt das **Birch Aquarium at Scripps**, mit herrlichen Ozeanblicken und ebensolchen Exponaten zur Meerfauna und Ozeanografie.

Torrey Pines – der Name lässt Golfer-Herzen höher schlagen, ist es doch einer der landschaftlich schönsten Kurse Kaliforniens. Auch ohne Abschlag schön zum Lunch mit Superblick.

🞦 202 B1 ✉ vom Stadtzentrum San Diegos aus die I-5 nach Norden, Ardath Road nach Westen, dann die Torrey Pines Road (nach Süden zum Coast Boulevard, nördlich zu den La Jolla Shores) 🚌 Bus 30, 34/34A

Birch Aquarium at Scripps
✉ 2300 Expedition Way ☎ (858) 534-3474; aquarium.ucsd.edu 🕓 tägl. 9–17 Uhr
✋ mittel

13 Legoland® California

Dieser Freizeitpark gründet sich auf den bekannten farbigen Bausteinen. Hier gibt es Karussells, Spiele, interaktive Attraktionen und vieles mehr für Kinder von zwei bis zehn Jahren.

🞦 202 B1 ✉ 1 Legoland Drive, von der I-5 in östlicher Richtung auf der Cannon Road, Carlsbad ☎ (760) 918-5346; www.legoland.com 🕓 tägl. 10–17 Uhr (im Sommer länger; erkundigen Sie sich telefonisch) 🚌 County Bus 321, 444 (vom Coaster-Zug) ✋ teuer

14 San Diego Zoo Safari Park

Der Großteil des 405 Hektar großen Geländes dieses mit dem San Diego Zoo zusammenarbeitenden Tierparks besteht aus weitläufigen Tierlebensräumen, die man auf einer 55-minütigen Bahnfahrt betrachten kann. Hier treffen Sie auf Nashörner, Giraffen und weniger bekannte Tiere, die fast wie in freier Wildbahn leben. Nahe dem Eingang kann man afrikanische Tiere aus der Nähe bewundern. Im Condor Ridge leben kalifornische Kondors, amerikanische Dickhornschafe und andere Tiere Nordamerikas.

🞦 202 B1 ✉ 15500 San Pasqual Valley Road, Escondido, Highway 78 (nehmen Sie die Ausfahrt Via Rancho Parkway östlich der I-15) ☎ (760) 747-8702; www.sandiegozoo.org 🕓 tägl. ab 9 Uhr, Schließungszeiten variieren 🚌 Bus 307 (nur Mo–Sa) ✋ teuer

15 Anza-Borrego Desert State Park

Fans von Offroadfahrzeugen und Wanderer lieben diese große Wüste an der Hinterlandroute von San Diego nach Palm Springs. Außer während der Blüte der Wildblumen, sechs Wochen von Ende Februar bis April (die Blütezeiten variieren von Jahr zu Jahr), lässt sich kaum eine Menschenseele hier blicken. Um manche Sehenswürdigkeiten zu besichtigen, benötigen Sie ein Fahrzeug mit Allradantrieb. Aber Sie können auch einfach durch den **Borrego Palm Canyon** wandern, eine Oase inmitten dieser staubtrockenen Gegend. Holen Sie sich dafür Karten und Tipps im Besucherzentrum. Wer keine Lust auf Wandern hat, kann sich die Broschüre über die **Erosion Road** Autoroute besorgen.

🞦 202 C1 ✉ Besucherzentrum: 200 Palm Canyon Drive, neben County Road S22, Borrego Springs ☎ (760) 767-5311 ✋ preiswert

Sand-Eisenkraut in Anza-Borrego

Die markanten Trona Pinnacles aus
Kalkstein in der Mojave-Wüste

16 Mojave Desert

Die Mojave-Wüste umfasst den südlichen Teil des Death Valley National Park. Die an ihrer Westseite an der US 395 und dem Highway 178 gelegene Stadt **Ridgecrest** dient als Tor zum Park. Bei **Albertson's** (927 S. China Lake Boulevard) oder einem der anderen Geschäfte sollten Sie volltanken und sich mit Lebensmitteln sowie Wasser und Eis versorgen. Im Death Valley sind die Einkaufsmöglichkeiten seltener und teurer.

Vor Millionen von Jahren bedeckte Wasser große Teile des Gebiets um Ridgecrest. Dies dokumentieren die **Trona Pinnacles** (RM 143, neben Highway 178, 22 Meilen (35 km) östlich von Ridgecrest). Die vom Highway 178 abgehende Straße ist unbefestigt, aber fast immer befahrbar. Die Gipfel hat man auch schon in Sciencefiction-Filmen (so etwa in Star Trek V) als außerirdische Landschaften gesehen, aber in Wirklichkeit bildeten sie einmal den Grund eines Sees. Ähnlich verhält es sich mit den vertrockneten **Fossil Falls** (Highway 395, 20 Meilen/32 km nördlich der Kreuzung Highway 14/US 395), heute eine staubtrockene Schlucht, wurde sie einst von einem Fluss gegraben.

Das **Maturango Museum** dient gleichzeitig als Besucherzentrum. Es ist im Frühling und Herbst am Wochenende Ausgangspunkt faszinierender Führungen zum **Little Petroglyphs Canyon**. Buchen Sie möglichst lange im Voraus, damit Sie tatsächlich an diesen Rundgängen teilnehmen und die Felszeichnungen besichtigen können, die teilweise Tausende von Jahren alt sind.

Südlich von Ridgecrest, neben der US 395, liegt Randsburg, ein interessantes Bergwerksstädtchen mit alten Hütten, die sich an die Hänge verwahrloster Hügel schmiegen. Fahren Sie nun auf der Red Rock-Randsburg Road nach Westen und Sie gelangen zum Südende des **Red Rock Canyon State Park** (Abbott Road, neben Highway 14, Tel. 661/231-4389), einem der Drehorte des Films *Jurassic Park*.

Weite Teile der östlichen Mojave-Wüste liegen innerhalb des **Mojave National Preserve**. Die Ranger im Kelso Depot Visitor Center versorgen Sie mit Lagekarten der hiesigen Sanddünen, Höhlen und anderen Naturwunder.

✚ 202 B3

Maturango Museum
✉ 100 E. Las Flores Avenue, vom N. China Lake Boulevard ab ☎ (760) 375-6900; www.maturango.org 🕐 tägl. 10–17 Uhr

Kelso Depot Visitor Center
✉ Kelbaker Road, 22 Meilen/35 km nördlich der US 40 ☎ (760) 252-6108; www.nps.gov/moja 🕐 tägl. 9–17 Uhr

⓲ Sequoia und Kings Canyon Nationalparks

Diese beiden bewaldeten Nationalparks sind weniger stark frequentiert als der **Yosemite National Park**, jedoch ebenso schön. Im Grant Grove Visitor Center erfahren Sie alles über die Sehenswürdigkeiten des **Kings Canyon National Park**. Die Panoramastraße (im Winter geschl.) entlang Highway 180 durch die Gegend um Cedar Grove ist der Höhepunkt. Sie folgt den Biegungen des Südarms des Kings River durch üppiges und dann trockeneres Gebiet, bevor sie in einer Sackgasse endet. Der Parkplatz, drei Meilen (5 km) nördlich von Grant Grove Village am Highway 180, ist Ausgangspunkt für eine kurze Wanderung zu den **Roaring River Falls**. 1,5 Meilen (2,5 km) weiter windet sich ein Weg (eine Meile, 1,6 km) zur malerischen **Zumwalt Meadow**.

Verschneite Baumriesen im winterlichen Sequoia National Park

Der Generals Highway führt vom Kings Canyon nach Süden in den **Sequoia National Park**. Im Lodgepole Visitor Center finden Sie eine Ausstellung über beide Parks und können für die nahe **Crystal Cave** Tickets kaufen. Die »marmornen Räume« dieser Höhle können nur im Rahmen einer Führung (Mitte Mai bis Ende September) besichtigt werden.

Ranger führen Sie hier auch zu den Wiesengründen und Sequoias des Giant Forest und des **Moro Rock**, einer Granitformation, die sich dort 2050 m hoch steil über der Ebene erhebt.

✠ 201 E4 ✉ Kings Canyon National Park, Highway 180; Sequoia National Park, Highway 198 und Generals Highway ☎ (559) 565-3341 (beide Parks); www.nps.gov/seki ✋ teuer (pro Auto, Ticket gilt in beiden Parks für eine Woche)

Wohin zum ...
Übernachten?

Preise
Pro Nacht im Doppelzimmer (ohne Steuern):
$ unter 100 $ $$ 100–175 $ $$$ über 175 $

SAN DIEGO

◈◈◈ Best Western Blue Sea Lodge $$–$$$

Wenn Sie aus Ihrem Zimmer direkt an den Strand oder auf die Uferpromenade gehen wollen, gibt es nichts Besseres als dieses Motel am Pacific Beach. Bedenken Sie aber, dass der häufig gut gefüllte Strand und die lebhafte Uferpromenade nicht gerade ruhig sind. Ungefähr die Hälfte der Zimmer verfügt über Miniküchen.

✚ 202 B1 ✉ 707 Pacific Beach Drive, San Diego, CA 92109 ☎ (858) 488-4700 oder (800) 258-3732; www.bestwestern-bluesea.com

◈◈◈◈ Hotel del Coronado $$$

Im »Del«, der größten Ferienanlage der Westküste aus dem Jahre 1888, haben schon US-Präsidenten und Mitgliedern des britischen Königshauses übernachtet. Es gibt zwei moderne Anbauten; die Zimmer im Hauptgebäude – einem Wunderwerk aus kunstvollem Dekor, Kuppeldächern, Veranden, einem Turm, roten Schindeldächern und weißem Holz – sind oft klein und ohne Klimaanlage. Großzügige Gemeinschaftsflächen entschädigen jedoch dafür.

✚ 202 B1 ✉ 1500 Orange Avenue, Coronado, CA 92118 ☎ (619) 435-6611 oder (800) 468-3533; www.hoteldel.com

Hotel Indigo San Diego Gaslamp Quarter $$$

Erstes Hotel der Stadt mit LEED-Öko-Zertifikat, eröffnet 2009 im East Village nahe dem Gaslamp Quarter. Gleich in der Lobby wird man auf ein grünes Bewusstsein eingestimmt mit großformatigen Pflanzenbildern, um dann einen begrünten Dachgarten und ermäßigte Parkgebühren für Wagen mit Hybrid-Motor zu genießen. Viel Grünes vom Dach (zugleich ein idealer, energiesparender Klimaschutz für das Haus) begegnet einem in der Hotelküche wieder, und auch Haustiere erfreuen sich hier eines kostenlosen Willkommens. Von der Phi Terrace Bar im 9. Stock hat man schöne Sicht auf die City.

✚ 202 B1 ✉ 509 9th Avenue, San Diego, CA 92101 ☎ (619) 727-4000 oder (877) 846-3446; www.hotelsandiegodowntown.com

◈◈ La Jolla Inn $$–$$$

Hotels in La Jolla sind häufig kostspielig. Aber dieses 23-Zimmer-Gasthaus bietet angesichts seiner Lage direkt am Strand und der malerischen Bucht von La Jolla ein gutes Preis-Leistungs-Verhältnis. Einige Zimmer haben Balkon mit wunderbarem Blick auf den Ozean. Sie können aber auch die Dachterrasse nutzen, wo Sie außerdem das im Preis inbegriffene kontinentale Frühstück gleichzeitig mit einem tollen Meerblick genießen können.

✚ 202 B2 ✉ 1110 Prospect Street, La Jolla, CA 92037 ☎ (858) 454-0133 oder (888) 855-7829; www.lajollainn.com

◈◈◈ Paradise Point Resort & Spa $$$

Diese Ferienanlage auf einer 18 ha großen Insel im Mission Bay Park ist toll für Aktivurlauber. Es locken fünf Pools unter freiem Himmel, Heißwasserbäder und die hoteleigenen Sandstrände. Danach können Sie sich ein Kanu oder ein Ruderboot mieten, um die Bucht zu erkunden. Untergebracht sind Sie in hüttenähnlichen Zimmern.

✚ 202 B1 ✉ 1404 W. Vacation Road, San Diego, CA 92109 ☎ (858) 274-4630 oder (800) 344-2626; www.paradisepoint.com

♦♦♦ Sofia Hotel $$–$$$

Das Boutique-Hotel im Stadtzentrum, mit seiner akkurat erhaltenen Gothic Revival-Architektur, gehört zu den National Trust Historic Hotels of America. Jüngst renoviert, verfügt es über saubere, moderne Zimmer mit Flachbild-TV, High-Speed Internet und anderen Annehmlichkeiten besonders für Geschäftsreisende. Gegenüber liegt die Horton Plaza, und zum Petco Park sind es nur wenige Schritte zu laufen.
✚ 202 B1 ✉ 150 W. Broadway, San Diego, CA 92101 ☎ (619) 234-9200 oder (800) 826-0009; http://thesofiahotel.com

PALM SPRINGS

♦♦ Casa Cody Country Inn $–$$

Historisches Gasthaus aus den 1920er-Jahren, vor der Kulisse der San Jacinto Mountains. Viele der 28 Zimmer sind mit Kamin, Terrasse und Küche ausgestattet, alle verfügen über freien Internet-Zugang (Frühstück im Preis inbegriffen). An Wochenenden sind zwei Übernachtungen obligatorisch.
✚ 202 C2 ✉ 175 S Cahuilla Road, Palm Springs, CA 92262 ☎ (7609 320-9346; www.casacody.com

♦♦♦ Lake La Quinta Inn $$$

Ein französisches Château im Stil des 18. Jahrhunderts mitten in der Wüste am Ufer eines künstlichen Sees wirkt eigenartig. Doch in diesem luxuriösen B&B geht es sehr stilvoll und zugleich bemerkenswert gemütlich zu. Die Zimmer sind geschmackvoll und mit subtilem Flair nach Themen gestaltet (z. B. »Don Quixote« und »Afrikasafari«). Der Service und das Frühstück sind ein Gedicht.
✚ 202 C2 ✉ 78-120 Caleo Bay, La Quinta, CA 92253 ☎ (760) 564-7332 oder (888) 226-4546; www.lakelaquintainn.com

♦♦♦ Spa Resort Casino $$–$$$

Das Hotel in Palm Springs liegt zentral und bietet alles, was das Herz begehrt: 228 Zimmer, ein kompletter Wellnessbereich mit Fitnesscenter, und wer ein Spiel wagen möchte, geht ins rund um die Uhr geöffnete Kasino mit Automaten und Spieltischen. Im Hotel gibt es zudem eine Reihe Restaurants und die Cascade Lounge, wo regelmäßig Sänger und DJs auftreten. Nur ein paar Minuten entfernt, befindet sich der Indian Canyons Golfplatz.
✚ 202 C2 ✉ 100 N. Indian Canyon Drive, Palm Springs, CA 92262 ☎ (888) 999-1995 oder (800) 854-1279; www.sparesortcasino.com

♦♦♦ The Westin Mission Hills Resort & Spa $$$

Auf dem 145 ha großen Anwesen wird der Gast rundum verwöhnt, und zwar vom Feinsten: Unter allen erdenkbaren Annehmlichkeiten erwarten ihn zwei anspruchsvolle Golf-Kurse (am besten schon vor dem Aufenthalt buchen), Spa und Wellness-Center, drei Swimmingpools (einer mit 18 m Länge), sieben beleuchtete Tennisplätze und ein Kinder-Club. In den Gebäude im spanisch-maurischen Stil verteilen sich 472 großzügige Zimmer mit Terrasse und »Heavenly Bed« (eine konzerneigene Luxusbettmarke), außerdem 30 Luxus-Suiten. Mehrere Restaurants vervollständigen das Angebot.
✚ 202 C2 ✉ 71–333 Dinah Shore Drive, Rancho Mirage, CA 92270 ☎ (760) 328-5955 oder (800) 937-8461; www.starwoodhotels.com

DEATH VALLEY

♦♦♦♦ Furnace Creek Inn and Ranch Resort $–$$$

Der Reiz dieser Anlage besteht in der Mixtur aus Geschichte, Rustikalität und lockerer Eleganz. Sanfte Farben, sich im Wind wiegende Palmen, Gärten, ein von einer Quelle gespeister Pool und aufmerksames Personal sorgen trotz der Temperaturen für gute Stimmung. Alle Zimmer sind modern, aber nicht übertrieben eingerichtet. Die nahe gelegene Ranch bietet günstigere Unterkunftsmöglichkeiten im Stil eines Motels.
✚ 202 B5 ✉ Highway 190, Death Valley National Park, CA 92328 ☎ (760) 786-2361; www.furnacecreekresort.com

Wohin zum ...
Essen und Trinken?

Preise
Für ein Essen (ohne Getränke und Service):
$ unter 15 $ $$ 15–25 $ $$$ über 25 $

SAN DIEGO & UMGEBUNG

Candelas $$–$$$
Fast clubartig ist die Atmosphäre in diesem mexikanischen Lokal im Gaslamp District und die Küche ausgezeichnet: ein Erlebnis schon die Schwarze Bohnencremesuppe (mit mexikanischem Bier gekocht) oder die Poblano-Chile-Creme-Suppe mit halbem Hummerschwanz. Als Hauptgerichte werden vorwiegend Meeresfrüchte und Steaks serviert. In der Lounge nebenan gibt es Donnerstag- bis Samstagabend Live-Musik.
202 B1 416 Third Avenue, San Diego (619) 702-4455; www.candelas-sd.com

Casa Guadalajara $
Mexikaner in der Altstadt (unter der Regie der Bazaar del Mundo-Läden) mit Tex-Mex-Kost und Super-Margaritas. Am Wochenende kann man auch frühstucken in diesem etwas touristischen Lokal (in dem eine *Mariachi*-Band lärmt), wo es immer gesteckt voll und lebhaft ist. Außer im farbenprächtigen Restaurant wird auch im hübschen Innenhof serviert. Besser einen Tisch reservieren, vor allem am Wochenende.
202 B1 4105 Taylor Street, San Diego (619) 295-5111; www.casaguadalajara. com Mo–Do 11–22, Fr 11–23, Sa 0–23, So 8–22 Uhr

Chez Loma $$$
Das Chez Loma in Coronado liegt in einem 1889 erbauten Haus und bietet seit drei Jahrzehnten romantische Dinner. Die europäische Karte wechselt je nach Jahreszeit und beinhaltet kreative Zubereitungen von Fisch, Lamm, Ente und Nudeln sowie geniale Nachspeisen. Es geht ruhig und intim, aber nicht zu formell zu. Sie können sich leger kleiden, doch die meisten Gäste kommen eher elegant. Es gibt eine kleine Bar und eine exzellente Weinkarte.
202 B1 1132 Loma Avenue, Coronado (619) 435-0661; www.chezloma.com So–Do 16–23, Fr, Sa 16–24 Uhr; Thanksgiving, 25. Dez. geschl.

The Fish Market $$
In der Nähe der Kirmes und der Rennbahn von Del Mar gelegenes, günstiges und legeres Fischlokal. Auf der Karte stehen Austern, Fischsuppe, geräucherter Fisch, Sashimi und Sushi, Fish & Chips, Meeresfrüchte Cocktail, gedämpfte Schalentiere und sogar Huhn oder Steak. Das Hauptrestaurant liegt am North Harbor Drive 750 in San Diego.
205 F1 640 Via De La Valle, Solana Beach (858) 755-2277; www.thefishmarket.com So–Do 11–21.30, Fr–Sa 11–22 Uhr

George's at the Cove $$–$$$
Im ersten Stock befindet sich ein Speisesaal mit Panoramafenstern zur Bucht von La Jolla. Am Wochenende muss man hier vorher reservieren. Die Dachterrasse bietet einen tollen Blick auf den Ozean, ist etwas legerer und nimmt keine Reservierungen an; an warmen Abenden muss man etwas warten. Hervorragende kalifornische Küche.
202 B1 1250 Prospect Street, La Jolla (858) 454-4244; www.georgesatthecove. com Speisesaal tägl. mittags: 11.30–14.30; abends: 17.30–22 Uhr; Terrasse tägl. 11–1 Uhr

abends: tägl. 17–10.30; Frühstück: Sa–So 8.30–14.30; Bar Sa, So 17–2, unterschiedlich lang an anderen Abenden

❖❖❖ Nine-Ten $$$

Der Meerblick, die schicke Umgebung und die ausgezeichnete kalifornische Küche ziehen Einheimische und Touristen an. Suppen, Meeresfrüchte und Gourmetkäse sind kulinarische Highlights, ebenso die erstklassige Weinkarte. Das Probiermenü bereitet der Chefkoch persönlich zu. ✚ 202 B1 ✉ 910 Prospect Street, La Jolla ☎ (858) 964-5400; www.nine-ten.com ◕ tägl. 6.30–11 (So bis 12.30), 11.30–14.30, 18–22 Uhr

❖❖❖ Terra $$

Unprätentiöses Restaurant in Hillcrest/Uptown mit amerikanischer Küche und internationalen Akzenten – wie Thai-Chicken mit Salat und gegrillter schottischen Lachs. Die Karte wechselt saisonbedingt und ist auf heimische Zutaten abgestimmt (mit einigen gluten-freien Gerichten). Happy Hour mit Häppchen, Plätze auch auf der Terrasse. ✚ 202 B1 ✉ 3900 Vermont Street, San Diego ☎ (619) 293-7088; http://terrasd.com ◕ mittags: Mo–Fr 11.30–14, So 10–14 Uhr; abends: tägl. ab 17 Uhr

PALM SPRINGS

❖❖ Billy Reed's $$

Seit 1975 in Palm Springs ein Renner bei Einheimischen und Touristen, mit einer viktorianischen Einrichtung, deren Pomp allerdings nicht ganz zu der eher einfachen Küche passt. Frühstück und Lunch werden ganztägig serviert, in großzügigen Portionen. In der Cocktail Lounge lockt an Wochenenden ein DJ zum Tanz. ✚ 202 C2 ✉ 1800 N. Palm Canyon Drive, Palm Springs ☎ (760) 325-1946; www.billyreedspalmsprings.com ◕ So–Do 7–21, Fr–Sa 7–22 Uhr

❖❖❖ Shame on the Moon $$–$$$

Der ungewöhnliche Name stammt von einem alten, von Bob Seger neu interpretierten Song. Die elegante, leichte Ausstattung, der aufmerksame, aber nie hektische Service, das sorgfältig zubereitete Essen und die bemerkenswert zivilen Preise in diesem stilvollen Lokal in Rancho Mirage strahlen ebenfalls Harmonie aus. Die Karte mit Nudel- und Meeresfrüchtegerichten und Ente wechselt mit den Jahreszeiten. Die Vorspeisen, Suppen und himmlischen hausgemachten Desserts sind auch alle einen Blick wert; Spezialität des Küchenchefs ist die sautierte Kalbsleber. ✚ 202 C2 ✉ 69-950 Frank Sinatra Drive, Rancho Mirage ☎ (760) 324-5515; www.shameonthemoon.com ◕ tägl. ab 17 Uhr; 1.–2. Jan., Thanksgiving, 24.–25. Dez. geschl.

❖❖❖ Le Vallauris $$$

Alteingessenes, renommiertes französisches Restaurant mit kreativer Assimilation der California-Cuisine in der Zubereitung von Lamm, Kalb, Rind und Fisch. Hier lässt es sich romantisch und stilvoll speisen, samt entspannendem Drink in der Piano Lounge. Lockerer geht es beim Lunch und Sonntags-Brunch zu, besonders im schönen Innenhof. Hier waren schon eine Menge Prominenter zu Gast, von Frank Sinatra bis Präsident Ford. ✚ 202 C2 ✉ 385 W. Tahquitz Canyon Way, Palm Springs ☎ (760) 325-5059; www.levallauris.com ◕ mittags: tägl. 11.30–14,30; abends: 17–22.30 Uhr

DEATH VALLEY

❖❖❖ Furnace Creek Inn Dining Room $$$

Dieses Restaurant ist das weitaus formellste im Death Valley und bringt einen Hauch Nouvelle Cuisine in die Oase. Bergarbeiter und Wüstenratten wären entsetzt gewesen, geschmorten Thunfisch oder Lachs in Sesamkruste auf einer Karte zu sehen, wo es ein ordentlicher Klapperschlangeneintopf auch täte. Die saisonalen Gerichte werden Sie vergessen lassen, wie seltsam es eigentlich ist, in dieser abgelegenen Gegend frischen Fisch und Gemüse serviert zu bekommen. ✚ 205 F5 ✉ Highway 190, Death Valley National Park ☎ (760) 786-2345; www.furnacecreekresort.com ◕ Mitte Okt.–Mitte Mai Mo–Sa 7–10.30, 12–14.30, 17.30 bis 20.45, So 7–10, 17.30–20.45 Uhr

Wohin zum ... Einkaufen?

In Südkalifornien wird eine gute Auswahl interessanter Waren geboten: so etwa Antiquitäten und Wüsten-Datteln. San Diego und die Region um Palm Springs sind die bedeutendsten Einkaufsbezirke.

SAN DIEGO

In San Diego finden Sie Boutiquen und Spezialläden. Viele Einkaufszentren liegen im Gebiet des Mission Valley und des Hotel Circle. **Fashion Valley** (7007 Friars Road, Tel. 619/688-9113) und **Westfield Mission Valley Shopping Mall** (1640 Camino del Rio North, Tel. 619/296-6375, http://westfield.com/missionvalley) sind die beiden größten. **Westfield Horton Plaza** (zwischen von Broadway, G Street, 1st und 4th Avenue, Tel. 619/239-8180, http://westfield.com/hortonplaza) ist das interessanteste der Innenstadt. Auf mehreren Etagen finden Sie Kaufhäuser, Läden, Restaurants und Imbisse.

Im **Gaslamp Quarter** (zwischen 4th und 6th Avenue, Harbor Drive und Broadway) im Zentrum finden Sie Antiquitätengeschäfte und Kunstgalerien. **Seaport Village** (Harbor Drive am Kettner Boulevard, Tel. 619/235-4014, www.seaportvillage.com) im Hafenviertel ist ein vor allem für Touristen gedachtes Einkaufszentrum unter freiem Himmel, das einem alten Fischerdorf nachempfunden wurde. Auf dem Plazaähnlichen **Bazaar del Mundo** (Juan Street und Taylor Street, Tel. 619/296-3161, www.bazaardel mundo.com) in der Altstadt wird günstige mexikanische Volkskunst, Kunsthandwerk, Töpferwaren und Bekleidung angeboten. Im angesagten **Hillcrest** nördlich des Zentrums befinden sich Buch- und Musikgeschäften und die meisten auf schwule Kunden ausgerichteten Läden.

In Coronado kann man die exklusiven Boutiquen an der Orange Avenue durchstöbern. Den **Ferry Landing Marketplace** (www.coronadoferrylandingshops.com) säumen mehr als zwei Dutzend Geschäfte. In La Jolla gibt es viele Boutiquen, v. a. rund um die Prospect Street.

PALM SPRINGS UND UMGEBUNG

In Palm Springs und Umgebung ist **Palm Desert** die beste Einkaufsmeile. Am El Paseo mit seinen Springbrunnen und Höfen im mediterranen Stil, reihen sich Boutiquen, Galerien, Kaufhäuser und Restaurants aneinander. Wenn es zu heiß wird, können Sie ins **Westfield Palm Desert Town Center** (http://westfield.com/palmdesert) ausweichen, ein großes Einkaufszentrum mit 150 Shops, Restaurants und Kinos.

In Palm Springs ist der **Palm Canyon Drive** die Haupteinkaufsstraße. Die Palm Springs Promenade bietet eine gute Auswahl eleganter Boutiquen und größerer Läden. **North Palm Canyon Drive** ist ein guter Ort, um nach Antiquitäten und Sammlerstücken zu suchen.

In **Thermal** und **Indio**, bei **Oasis Date Gardens** (59–111 Highway 111, Thermal, Tel. 760/399-5665, www.oasisdate.com) und **Shields Date Gardens** (80–225 Highway 111, Indio, Tel. 760/347-7768, www.shieldsdategarden.com), gibt es Datteln zum sofortigen Verzehr, Dattel-Shakes (Eiscreme, Milch und Datteln) oder zum Mitnehmen.

In **Cabazon**, ein paar Meilen nordwestlich von Palm Springs, wird bei den **Desert Hills Premium Outlets** (48–400 Seminole Drive, Tel. 951/849-6641, www.premiumoutlets.com) in mehr als 130 Geschäften und Factory-Outlets Kleidung zu reduzierten Preisen angeboten.

Wohin zum ...
Ausgehen?

Südkalifornien, in erster Linie die Gegend um San Diego und Palm Springs, bietet vitales Nachtleben, Freiluftaktivitäten und Kultur. In San Diego finden Sie Veranstaltungstipps im *San Diego* Magazin (www.sandiegomagazine.com) oder im kostenlose Wochenblatt *The Reader* (www.sandiegoreader.com). In Palm Springs entnehmen Sie entsprechende Informationen der Zeitschrift *Palm Springs Life* (www.palmspringslife.com) oder der Freitagsausgabe der *Palm Desert Sun* (www.mydesert.com). Unter (619) 497-5000 betreibt die San Diego Performing Arts League eine Bandansage zu Veranstaltungen. Dies ist auch die Nummer von Arts Tix, einem Ticketservice.

San Diego

Bei **Arts Tix** (Broadway Circle, Horton Plaza, Tel. 619/497-5000) erhalten Sie Tickets für Aufführungen am selben Tag zum halben Preis.

Im **Old Globe Theater** (Tel. 619/239-2255, www.theoldglobe.org) im Balboa Park spielt eines der ältesten Embles Kaliforniens im Sommer Stücke von Shakespeare. Ebenfalls im Sommer führt das **Starlight Musical Theater** (Tel. 619/232-7827, www.starlighttheatre.org) Open-Air-Musicals im Balboa Park auf. Das **La Jolla Playhouse** (Mai–Nov.), das **Horton Grand Theatre**, **Coronado Playhouse** und das **Old Town Theatre** (www.cygnettheatre.com) sind ebenso zu empfehlen.

San Diego

Im Gaslamp Quarter, vor allem an der 4th und 5th Avenue, findet sich die größte Konzentration an Bars und Nachtclubs. Die Gegend um den Pacific, den Mission und den Ocean Beach beherbergen ebenfalls Nachtlokale. Die Clubs bieten Dance, Rock, Jazz oder Blues. Die University Avenue, Park Boulevard und 5th Avenue in Hillcrest sind das Zentrum des homosexuellen Nachtlebens.

La Jolla ist für seine Singlebars bekannt. Einige Tophotels in San Diego und Umgebung besitzen Pianobars. Die Spielzeit der im Civic Theatre beheimateten **San Diego Opera** (Tel. 619/570-1100, www.sdopera.com) geht von Januar bis Mai.

Palm Springs

Die **Fabulous Palm Springs Follies** (Plaza Theater, 128 S. Palm Canyon Drive, Tel. 760/327-0225, www.psfollies.com, Nov.–Mai) sind das schärfste Theaterereignis in Palm Springs. In der Varietéshow treten nur Sänger und Tänzer auf, die älter als 50 Jahre sind. Das **McCallum Theater** (73–000 Fred Waring Drive, Palm Desert, Tel. 760/340-2787, www.mccallumtheatre.com) und das **Annenberg Theater** (101 Museum Drive, Palm Springs, Tel. 760/325-4490, www.psmuseum.org) spielen traditionellere Stücke.

Die Gegend von Palm Springs ist vor allem für ihre zahlreichen **Golfplätze**, viele von ihnen öffentlich, bekannt. Außerdem kann man hier gut wandern, reiten, fischen und Fahrrad fahren.

San Diego zeichnet sich durch viele schöne **Badestrände** aus. Zu den größten und beliebtesten gehören Coronado, Mission, Ocean, Pacific und Silver Strand Beach. An kleineren und abgeschiedeneren Stränden sind die La Jolla Cove, die La Jolla Shores und der Torrey Pines State Beach zu nennen.

Touren

COAST HIGHWAY 1 UND POINT REYES NATIONAL SEASHORE

Drive

LÄNGE: 57 miles/91km (einfach) **ZEIT:** 6–8 Stunden **START:** Golden Gate Bridge (US 101 vom Doyle Drive abgehend) 🕂 200 A5
ZIEL: Point Reyes Lighthouse 🕂 198 C1

Das Hauptmerkmal dieser Tour sind eindrucksvolle Blicke – auf San Francisco, die Golden Gate, hohe Redwood-Wälder, ausgedehntes Ranchland und einen vom Wind geformten Abschnitt der Pazifik- küste. Auf einer Landkarte sieht die Strecke kür- zer aus als sie ist. Sie werden für diese Tour fast einen ganzen Tag brauchen. **Fahren Sie früh los, und vergessen Sie Ihre Kamera nicht.**

1–2

Fahren Sie die US 101 nach Norden über die **Golden Gate Bridge** (► 54). Halten Sie am Aussichtspunkt an ihrem Nordende, um die Stadtsilhouette von San Francisco zu bewundern.

2–3

Bleiben Sie auf der US 101 Nord bis zur Ausfahrt Mill Valley/ Stinson Beach. Dort fahren Sie rechts ab. Unterqueren Sie die US 101, und biegen Sie scharf nach rechts ab. Sie passieren einige kleinere Einkaufszentren und biegen dann links auf den Highway 1. Fahren Sie den Highway 1 nach Westen, und biegen Sie rechts auf den Panoramic Highway ein. Dann biegen Sie nach einer Meile (1,6 km) nach links auf die Muir Woods Road ab und folgen den Wegweisern zum **Muir Woods National Monument** (► 61). Gehen Sie auf einem der kürzeren Wanderwege durch seine alten Redwoods.

3–4

Fahren Sie auf der Muir Woods Road weiter nach Westen, bis sie auf den Highway 1 trifft, biegen Sie rechts ab, und fahren Sie etwa 7 Meilen (11 km) nach Norden zum **Stinson**

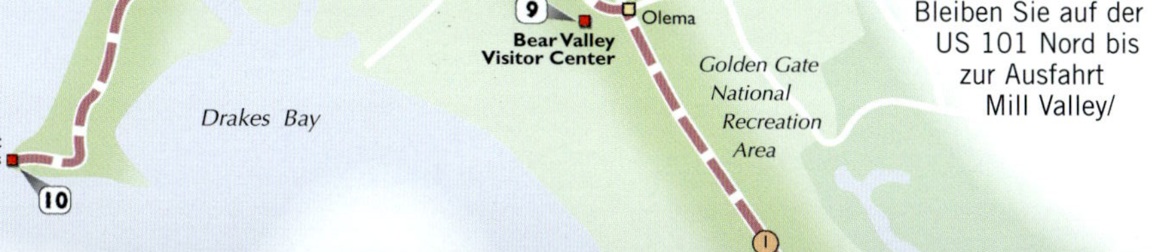

Seite 179: Jahrhundertealte Redwood-Bäume wachsen in den Muir Woods in den Himmel

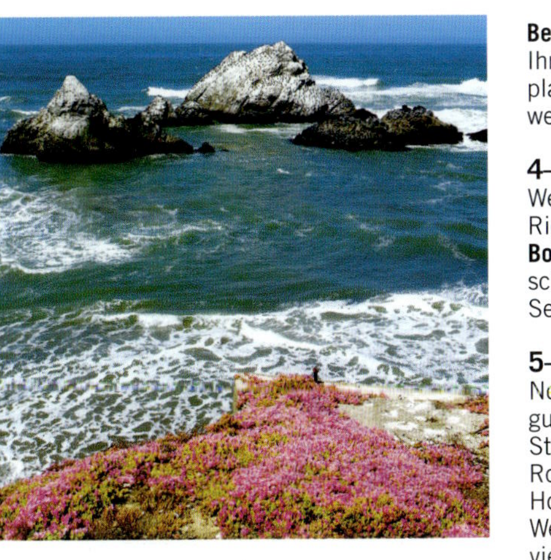

In der Goldern Gate National Recreation Area

Beach. Stellen Sie Ihren Wagen auf dem Parkplatz des Strands ab (direkt westlich vom Zentrum der Stadt).

4–5

Wenn Sie Stinson nun in nördlicher Richtung verlassen, kommen Sie an der **Bolinas Lagoon** vorbei, wo Sie höchstwahrscheinlich weiße Kraniche, Pelikane und Seelöwen sehen können.

5–6

Nehmen Sie nach der Lagune die erste Abzweigung links, und biegen Sie nach einer kurzen Strecke wieder links auf die Olema-Bolinas Road ab. Biegen Sie am Stoppzeichen an der Horseshoe Hill Road wieder links ab. Auf diese Weise gelangen Sie in **Bolinas** kleines Geschäftsviertel mit dem Bolinas Coast Café, Smiley's Schooner Saloon und ein paar Galerien.

6–7

Verlassen Sie die Stadt auf der Olema-Bolinas Road nach Norden. Biegen Sie an der Mesa Road nach links, dann nochmal links auf den Overlook Drive ab und dann rechts auf die Elm Road (innerhalb von weniger als 2 Meilen/ 3 km). Nun können Sie bereits den Parkplatz des **Duxbury Reef** sehen, wo Unmengen von Meerestieren in der Gezeitenzone leben.

Hinweise zur Planung: Die Straße nach Muir Woods und zum Stinson Beach kann an sonnigen Wochenenden voll sein; das Point Reyes Lighthouse ist dienstags und mittwochs geschlossen.

Die lange, steile Treppe führt von der windumtosten Küste hinunter zum Point Reyes Lighthouse

landschaftlich schöne Alternative wäre, den Sir Francis Drake Boulevard von der Küste aus nach Osten zu nehmen.

7–8
Kehren Sie von Mesa auf die Olema-Bolinas Road zurück und biegen Sie links ab. Fahren Sie in nördlicher Richtung auf der Horseshoe Hill Road, die bald in den Highway 1 übergeht. Biegen Sie nach links ab, und fahren Sie nach Norden nach **Olema**. Wenn Sie noch nicht in Bolinas zu Mittag gegessen haben, nehmen Sie im **Olema Farm House** (10005 Highway 1, Tel. 415/663-1264) etwas zu sich. Die Austerngerichte hier sind phantastisch.

8–9
Einige Blocks weiter nördlich fahren Sie links auf die Bear Valley Road, die zum Bear Valley Visitor Center der **Point Reyes National Seashore** (▶ 60) führt.

9–10
Sie brauchen fast eine Stunde, um den Sir Francis Drake Boulevard erst in nördlicher und dann in westlicher Richtung bis zum Point Reyes Lighthouse zu fahren. Sie müssen mindestens eine halbe Stunde – besser noch eine Stunde – vor Schließung (17 Uhr) eintreffen. Die Szenerie lohnt den Weg aber auch ohne Turmbesichtigung. Eine einfachere, aber

2 SANTA BARBARA UND DER SAN MARCOS PASS

Drive

LÄNGE: 51 Meilen/82km (einfach) ZEIT: 3–5 Stunden
START: Mission Santa Barbara 201 D1
ZIEL: Solvang 201 D1

Auf dieser Tour werden Sie den Abwechslungsreichtum und die Schönheit des Santa Barbara County schätzen lernen. Sie beginnt in den farbenfrohen Gebirgsausläufern von Santa Barbara und schlängelt sich am Wasser entlang. An einem alten Postkutschenpass verändert sich die Landschaft urplötzlich. Üppiges Grün macht beinahe leblosem Braun Platz. Wenn Sie in das Weinbaugebiet des Santa Ynez Valley kommen, wird sie wieder freundlicher. Die letzte Verwandlung dürfte Sie am meisten erstaunen: das im dänischen Stil gehaltene Dorf Solvang.

Sie können diese Tour problemlos in zwei Stunden bewältigen und haben immer noch genug Zeit für die Ausblicke und eine kleine Weinprobe. Während der ersten neun Stationen brauchen Sie in Santa Barbara nur auf die »Scenic-Drive«-Schilder zu achten.

1–2

Folgen Sie von der **Mission Santa Barbara** (➤ 110) aus den »Scenic-Drive«-Schildern in östlicher Richtung auf dem Alameda Padre Serra. Halten Sie an einem kleinen **Aussichtspunkt** unmittelbar hinter dem Brooks Institute Jefferson-Campus.

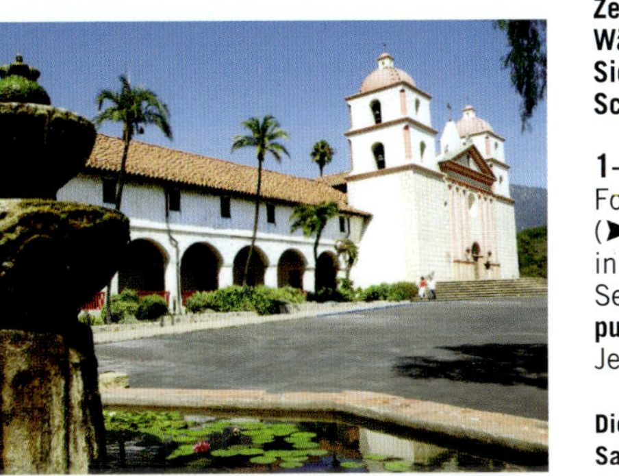

Die Mission Santa Barbara in den Ausläufern der Santa Ynez Mountains

2–3

An der Salinas Street erreicht die Alameda Padre Serra einen Kreisverkehr. Fahren Sie diesen etwa zu drei Vierteln, und biegen Sie auf die Weiterführung der Alameda Padre Serra. Kurz darauf wird die Straße zur Alston Road. Folgen Sie dieser weiter nach Osten.

3–4

Bleiben Sie auf der Alston Road, bis Sie an der Olive Mill Road rechts abbiegen. Einige Blocks weiter südlich fahren Sie rechts auf die Coast Village Road. Im kleinen Geschäftsviertel von **Montecito** erwarten Sie Galerien, elegante Geschäfte und Cafés im Freien.

4–5

Flanieren Sie über die Coast Village Road, oder fahren Sie weiter nach Westen zur Hot Springs Road, wo Sie links abbiegen und der Straße unter der US 101 hindurch und um die Südspitze des **Andree Clark Bird Refuge** (➤ 109) folgen.

5–6

Sie sind nun auf dem Cabrillo Boulevard, der in westlicher Richtung am von Palmen gesäumten Ufer entlang an **Stearns Wharf** (➤ 108) und dem **Santa Barbara Yacht Harbor** (➤ 109) vorbeiführt.

6–7

Wenn Sie den schmalen grünen **Shoreline Park** sehen können, befinden Sie sich auf einer Klippe auf dem Shoreline Drive. Vom Parkplatz genießen Sie die Sicht auf den Ozean.

7–8

Der Shoreline Drive mündet in die Meigs Road (biegen Sie rechts ab). Kurz darauf fahren Sie links auf den Cliff Drive, der zur exklusiven **Hope-Ranch**-Siedlung führt.

8–9

Wenn Sie weiterfahren, wird der Cliff Drive zunächst zum Marina Drive, dann zum Roble Drive, bevor er in den Las Palmas Drive übergeht (der nun nach Norden führt). Folgen Sie einfach den »Scenic-Drive«-Schildern zur State Street (unmittelbar, nachdem Sie die US 101 gequert haben). Sie sind nun auf der La Cumbre Road und verlassen den Scenic Drive.

9–10

Biegen Sie links auf die State Street und wenig später rechts auf den Highway

154 ab. Das Schild zeigt »San Marcos Pass/Lake Cachuma« an. Üppiges Grün geht bald in eintöniges Braun über, wenn Sie den **San Marcos Pass** überqueren.

10–11

Der Highway 154 schlängelt sich die Santa Ynez Mountains hinauf, bevor er steil zum **Lake Cachuma** abfällt, der rasch ins Blickfeld gerät, sobald Sie den Berggipfel erreicht haben. Sie können auf der Abfahrt eine Pause einlegen, indem sie am Aussichtspunkt direkt hinter der Stagecoach Pass Road anhalten.

11–12

Bleiben Sie hinter der Kreuzung mit dem Highway 246 noch einige Meilen auf dem Highway 154. Biegen Sie (links, nach Süden) auf die Grand Avenue ab, die Hauptstraße von **Los Olivos**. Hier können Sie im **Panino** (2900 Grand Avenue, Tel. 805/688-9304) tolle Snacks und Sandwiches oder im **Los Olivos Café** (2879 Grand Avenue, Tel. 805/688-7265) ein Gourmetessen zu sich nehmen. Im **Los Olivos Tasting Room & Wine Shop** (2905 Grand Avenue, Tel. 805/ 688-7406) können Sie einheimische Tropfen kosten und Lagekarten naher Weingüter mit Probierstuben bekommen.

In der Region um Solvang dominiert der spanischer Kolonialstil, eine große architektonische Überraschung

12–13

Fahren Sie auf der Grand Avenue ein paar Blocks weiter nach Süden zur Alamo Pintado Road, die an Farmen und Ranches vorbeiführt. Hinter der **Quicksilver Ranch,** wo Miniaturpferde grasen (1555 Alamo Pintado Road, Tel. 805/686-4002, tägl. 10–15 Uhr, Eintritt frei), geht sie in den Highway 246 (Mission Drive) über. Biegen Sie rechts ab.

13–14

Nachdem Sie die **Mission Santa Inés** hinter sich gelassen haben, verändert sich der Architekturstil abrupt und spanische Elemente machen dänischen Platz, die auch das heitere **Solvang** prägen. Copenhagen Drive und die Alisal Road eignen sich toll zum Shoppen und für einen Snack.

14–15

Um nach Santa Barbara zurückzukehren, folgen Sie dem Mission Drive (Highway 246) nach Westen. Nehmen Sie die US 101 in südlicher Richtung. (Die Mission La Purísima Concepción, ▶ 16, liegt 20 Meilen (32 km) westlich vom Highway 246 und der US 101.)

3 MULHOLLAND DRIVE

Drive

LÄNGE: 77 Meilen/124km (einfach) **ZEIT:** 3–5 Stunden
START: North Highland Avenue und Hollywood Boulevard ✚ 201 E1
ZIEL: Santa Monica ✚ 201 E1

Der Mulholland Drive, benannt nach William Mulholland, der die Wasserversorgung für Los Angeles stahl, äh, entwickelte, schlängelt sich von Hollywood bis zum Pazifik 55 Meilen (88 km) an den Santa Monica Mountains entlang. Diese spektakuläre Route ermöglicht Rundumblicke auf die besten (zerklüftete Schluchten, Anwesen von Filmstars, Kakteen und manchmal sogar Kojoten) und schlimmsten Seiten (verstopfte Autobahnen) von Los Angeles.

Einige der Richtungsangaben erscheinen seltsam, aber es lohnt sich. Hier ist die Kurzversion: den Mulholland Drive nach Westen, bis die befestigte Straße endet. Umfahren Sie diesen Abschnitt nördlich auf dem Encino Hills Drive und der Hayvenhurst Avenue bis zum Ventura Highway nach Wesen. Am Topanga Canyon Boulevard fahren Sie nach Süden und zurück zum Mulholland Drive. Biegen Sie in westlicher Richtung (rechts) auf den Mulholland Drive. Wenn Sie den Mulholland Highway angezeigt sehen, fahren Sie auf diesem in südwestlicher Richtung nach Malibu.

1–2

Die erste Herausforderung besteht darin, den Anfang des Mulholland Drive zu finden. Fahren Sie auf der **Highland Avenue** am Hollywood Boulevard vorbei nach Norden. In der Nähe des

Blick auf die Hollywood Hills vom Runyon Canyon Park am Mulholland Drive in Hollywood

Hollywood Freeway (US 101) vereint sich die Straße mit dem **Cahuenga Boulevard West** (auf dem Schild steht »Cahuenga Blvd West/Barham Blvd«), der sich an der Westseite der Autobahn zum Mulholland Drive schlängelt. Hier biegen Sie links ab. (Wenn Sie auf dem Cahuenga Boulevard East östlich der Autobahn landen keine Bange: Biegen Sie an der Lakeridge Road, im Bereich des Blocks 2700 des Cahuenga, rechts ab, unmittelbar bevor es so aussieht, als ob Sie auf die Autobahn fahren. Biegen Sie dann links zum Lakeridge Place ab, der sich links von einer Brücke dahinwindet, die über die US 101 führt. Ein Wegweiser zeigt Ihnen dann die kurze Strecke zum Mulholland Drive.)

2–3

Der Mulholland beginnt sofort seinen kurvenreichen Weg. Aber der erste Punkt für eine Rast – und zum Fotografieren – kommt schon nach weniger als einer Meile am **Hollywood Bowl Overlook**. Schilder informieren über William

Mulholland, aber eigentlich geht es hier wie auch bei späteren Stopps um die Aussicht.

3–4

Dies ist der am stärksten befahrene Abschnitt des Mulholland. Hier schwirren Unmengen Stars und Normalsterbliche herum. Viele tolle Aussichtspunkte erwarten Sie. Kurz nach Mulholland 7701 stoßen Sie auf den **Universal City Overlook**, etwas später ist der Fryman Canyon Overlook einen Stopp wert. Ein Stück weiter am Bowmont Drive und gegenüber **Mulholland 13810** folgen weitere wunderschöne Aussichtspunkte.

4–5

Etwa zwei Meilen (3 km) westlich der 405 (San Diego Freeway) ist der Mulholland auf 7 Meilen (11 km) eine Schotterpiste. (Sie können ein kleines Stück zu einem Überbleibsel des Kalten Krieges, der früheren San Vicente Nike Missile Site, fahren, aber ein Tor wird sie schließlich stoppen. Genießen Sie den

Ausblick aufs San Fernando Valley am Anfang der Schotterpiste, folgen Sie dann der Asphaltstraße.

5–6
Jetzt sind Sie auf dem **Encino Hills Drive**. Dies ist Teil eines Umwegs durch das San Fernando Valley, der Sie auf den Mulholland zurückführt. Biegen Sie an der **Hayvenhurst Avenue** links ab.

6–7
Folgen Sie der Straße zum Ventura Boulevard. Biegen Sie nach Westen auf den Ventura ab und kurz darauf in Richtung Norden auf den Balboa Boulevard. Sie kommen auf die US 101, die nun **Ventura Freeway** heißt, und bleiben 5 Meilen (8 km) darauf. Am Topanga Canyon Boulevard (Highway 27) biegen Sie nach Süden ab.

7–8
Nach weniger als einer Meile biegen Sie rechts auf den **Mulholland Drive**.

8–9
Nicht ganz eine Meile später gelangen Sie zu einer Kreuzung. Der Topanga führt weiter nach Süden, der Mulholland Drive nach Nordwesten und der Mulholland Highway nach Südwesten. Sie nehmen den **Mulholland Highway**.

9–10
Der Mulholland Highway windet sich durch ein immer trostloser werdendes Gebiet nach Westen. Es sieht so nach dem amerikanischen Westen des 19. Jahrhunderts aus, dass die Paramount Pictures hier mehrere Western gedreht haben. Man baute sogar eine Kulissenstadt, die besichtigt werden kann. Hierfür biegen Sie rechts auf die Cornell Road und folgen den Wegweisern zur **Paramount Ranch**, die heute vom National Park Service betrieben wird. Wenn eine Tür in ihren rostigen Scharnieren quietscht, erwartet man, dass plötzlich Henry Fonda oder John Wayne auftauchen und sich einem Duell stellen.

10–11
Fahren Sie auf der Cornell Road zurück zum Mulholland Highway, und biegen Sie rechts ab. Sie kommen an der Peter Strauss Ranch und den Rocky Oaks vorbei, beide mit Wanderwegen und Picknickmöglichkeiten. Brauntöne und gedämpftes Grün bestimmen die Region, die vor etwa 13 bis 16 Millionen Jahren durch Vulkanausbrüche geformt worden ist.

11–12
Direkt beim **Meilenstein 13.58** liegt ein Aussichtspunkt mit tollen Blick zurück zur Strauss Ranch und dem künstlichen Malibu Lake. Wenn Sie weiter zur Küste fahren, bemerken Sie, dass die Luft kühler und feuchter wird, ein Zeichen, dass Sie nach **Malibu** (▶ 135) kommen.

12–13
Der Mulholland Highway kreuzt am **Leo Carrillo State Beach** (▶ 135) den **Pacific Coast Highway** (PCH). Hier können Sie rasten und den Surfern bei ihren Kunststücken zusehen.

13–14
Fahren Sie auf dem PCH in südlicher Richtung durch Malibus Geschäftsviertel. Fahren Sie weiter nach Süden und durch **Pacific Palisades** nach **Santa Monica** (▶ 136). Von hier aus führt Sie die I-10 zurück nach Los Angeles.

Wenn Sie hungrig sind, biegen Sie an der Cross Creek Road links ab. Pausieren Sie im **Marmalade Café** (Tel. 310/ 317-4242) oder in einem der anderen Lokale in der Malibu Country Mart.

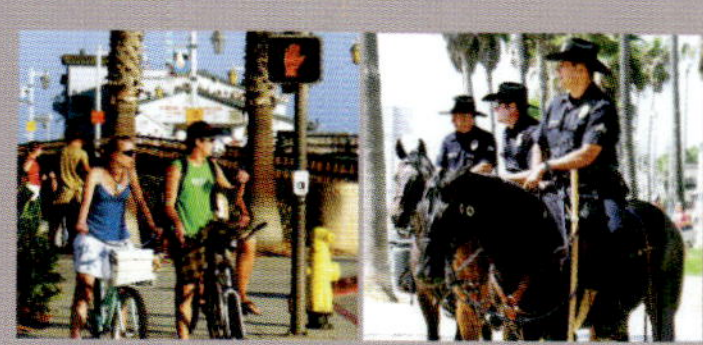

Praktisches

REISEVORBEREITUNG

WICHTIGE PAPIERE

	Bei einigen Ländern muss der Pass über das Einreisedatum hinaus noch eine bestimmte Zeit gültig sein (i.d.R. mindestens sechs Monate). Prüfen Sie Ihren Pass vor der Abreise.	Deutschland	Österreich	Schweiz
● Erforderlich				
○ Empfohlen				
▲ Nicht erforderlich				
△ Nicht gültig				
Pass/Personalausweis		●	●	●
Visa (Visa Waiver Programm; nur neue maschinenlesbare Reisepässe)		▲	▲	▲
Weiter- oder Rückflugticket		●	●	●
Impfungen (Tetanus und Polio		▲	▲	▲
Krankenversicherung (▶ 194, Gesundheit)		▲	▲	▲
Reiseversicherung		●	●	●
Führerschein (national; internationaler Führerschein empfohlen)		●	●	●
Kfz-Haftpflichtversicherung		△	△	△
Fahrzeugschein		△	△	△

REISEZEIT

San Francisco

Hochsaison　　　　Nebensaison

JAN	FEB	MÄRZ	APRIL	MAI	JUNI	JULI	AUG	SEPT	OKT	NOV	DEZ
13°C	14°C	17°C	18°C	19°C	21°C	22°C	22°C	23°C	22°C	18°C	14°C

Sonnig　　Wechselhaft　　Regnerisch　　Bedeckt

Die Temperaturen bezeichnen die **durchschnittliche Tageshöchsttemperatur**. Die **durchschnittlichen Tagestiefsttemperaturen** liegen etwa 8 bis 10 °C niedriger. In Kalifornien ist das Wetter von Region zu Region etwas anders.

Im gesamten Bundesstaat sind der Frühling und der Herbst **gewöhnlich freundlich**, und in Palm Springs, Los Angeles und anderen Orten Südkaliforniens ist es selbst im Winter angenehm. Im Sommer erreichen die Temperaturen in den Küstenregionen 16 bis 32 °C, in den Wüsten im Binnenland, im Central Valley und im Gold Country bis zu 38 °C.

In San Francisco, Monterey und anderen Küstenstädten zieht im Sommer häufig **Nebel** auf und sorgt für Kühle. Die **regnerische Saison** in Kalifornien dauert normalerweise von November bis April.

INFORMATIONEN VORAB

Websites

- Die offizielle kalifornische Website (mit Links zu San Francisco, L.A., San Diego und anderen Sites): www.visitcalifornia.com
- California State Parks: www.parks.ca.gov
- National Park Service: www.nps.gov
- www.magazinusa.com
- Travel California: www.travelcalifornia.com
- www.usatourist.com/deutsch

ANREISE & UNTERWEGS IN KALIFORNIEN

Mit dem Flugzeug Kalifornien besitzt zwei bedeutende **Flughäfen**, San Francisco International (SFO) und Los Angeles (LAX). Beide werden von den meisten internationalen Fluggesellschaften, die in die USA fliegen, sowie von den großen und einigen kleineren nationalen Linien der USA angeflogen.
Flüge aus Deutschland gehen oft über Frankfurt, können aber auch auf anderen europäischen Flughäfen zwischenlanden (z.B. in Heathrow von Berlin aus). Wohnt man im Westen Deutschlands, sollte man auch Amsterdam als Startort in die Überlegungen einbeziehen. Alle **Flughafengebühren**, die eher gering sind, sind bereits im Preis Ihres Flugtickets enthalten.

Mit dem Auto Die Interstates 10, 15, 40 und 80 sind die Hauptverkehrsadern, über die Sie aus dem Osten des Landes nach Kalifornien gelangen; aus nördlicher Richtung sind dies die I-5 and US 101. Außer wenn anders angezeigt, können Sie an roten Ampeln rechts abbiegen, nachdem Sie angehalten haben. An Kreuzungen von drei oder vier Straßen, die alle mit Stoppschild versehen sind, fährt derjenige zuerst, der zuerst an der Kreuzung ist. Kinder unter sechs Jahren und 27 Kilogramm müssen in einem Kindersitz sitzen und alle Passagiere müssen einen Sicherheitsgurt anlegen.

Mit Eisenbahn und Bus Die Züge von Amtrak (Tel. 800/872-7245; www.amtrak.com) sind eine Alternative für Reisende aus Kanada und den restlichen USA und halten in San Diego, Los Angeles, Santa Barbara, Emeryville (Shuttlebus nach San Francisco steht zur Verfügung), Sacramento und vielen anderen Städten. Eine andere Möglichkeit sind die Überlandbusse der **Greyhound Lines** (Tel. 800/231-2222; www.greyhound.com).

ZEIT

 In Kalifornien gilt **Pacific Standard Time** (PST), und liegt 9 Stunden hinter der Mitteleuropäischen Zeit (MEZ -9). Anfang April wird die Uhr für die Sommerzeit um eine Stunde vor- und Ende Oktober wieder zurückgestellt.

WÄHRUNG

Währung: Der Dollar ist das gesetzliche Zahlungsmittel der USA. Ein Dollar besteht aus 100 Cent. **Geldscheine** (*bills*) sind als 1, 5, 10, 20, 50 und 100 Dollar im Umlauf. Alle Banknoten sind grün und gleich groß, weshalb Sie genau hinsehen sollten. Es gibt **Münzen** (*coins*) zu 1 (*penny*), 5 (*nickel*), 10 (*dime*), 25 (*quarter*) und 50 (*half-dollar*) Cents sowie die 1-Dollar-Münze. Die beiden Letztgenannten sind allerdings relativ selten. Es gibt keine Import- oder Exportbeschränkungen, Summen über 10 000 Dollar müssen allerdings deklariert werden.
In US-Dollar ausgestellte **Reiseschecks** sind die beste Art, Geld mit sich zu führen. Sie werden ebenso wie Kreditkarten (Visa und Mastercard, etwas weniger geläufig sind Karten von Amex und Diners Club), von den meisten Geschäften akzeptiert.

Geldwechsel: Banknoten aus anderen Ländern tauscht man am besten bei einer Bank in Dollar um. An Geldautomaten können Sie Geld von Ihrem Konto in Dollars abheben.

In der U.S.A.
■ California Division of
   Tourism
   PO Box 1499
   Sacramento, CA 95812
   ☎ (877) 225-4367

In Deutschland
■ California Tourism
   Information Office
   c/o Touristikdienst Truber
   Schwarzwaldstraße 13
   D-63811 Stockstadt
   ☎ (49) 6027 401108

DAS WICHTIGSTE VOR ORT

FEIERTAGE

1. Jan.	Neujahr
3. Mo im Jan.	Martin Luther King Day
3. Mo im Feb.	President's Day
März/April	Ostern
Letzer Mo im Mai	Memorial Day
4. Juli	Independence Day
1. Mo im Sept.	Labor Day
2. Mo im Okt.	Columbus Day
11. Nov.	Veterans' Day
4. Do im Nov.	Thanksgiving
25. Dez.	Weihnachten

Der 26. Dez. (Boxing Day) ist kein gesetzlicher Feiertag. Einige Geschäfte sind an Nationalfeiertagen geöffnet.

ELEKTRIZITÄT

Die Netzspannung beträgt 110–120 Volt (Wechselstrom). Für die Steckdosen benötigen Sie Stecker mit zwei Flachstiften. Für Geräte mit zwei runden oder drei Stiften ist ein Adapter erforderlich. Europäische Geräte brauchen einen Spannungswandler.

ÖFFNUNGSZEITEN

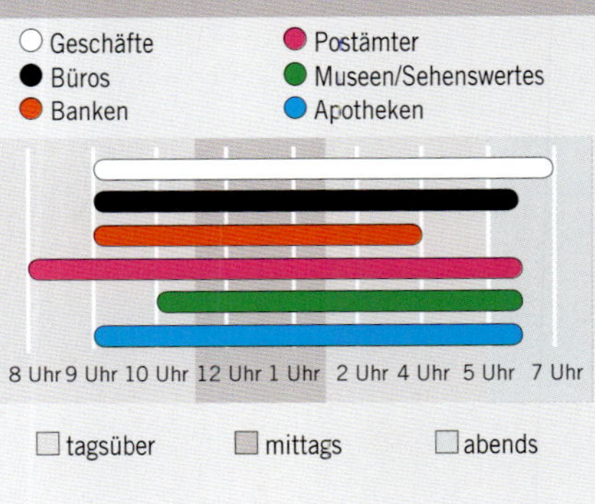

Geschäfte: Die meisten öffnen von 9–18/19 Uhr und viele sogar bis 21 Uhr.

Banken: Werktags zwischen 9/10 und 15/16 Uhr geöffnet, manche bis 18 Uhr.

Postämter: An Wochentagen von 8 oder 8.30 bis 17 oder 18 Uhr geöffnet. Samstags öffnen viele bis 13 Uhr.

Museen: Die meisten öffnen um 10 Uhr und schließen um 17 oder 18 Uhr. Donnerstag und Freitag oft länger.

TRINKGELD

Für alle Dienstleistungen wird ein Trinkgeld erwartet. Als Richtlinie gilt:

Restaurant (Service nicht inklusive)	15–20 %
Barkeeper	15 %
Fremdenführer	nach Ermessen
Taxi	15 %
Zimmermädchen	1 $ pro Tag
Gepäckträger	1 $ pro Gepäckstück

RAUCHEN

Neben dem Rauchverbot in geschlossenen Räumen, Restaurants, Bars, öffentlichen Verkehrsmitteln und Taxis, gilt ein Rauchverbot im eigenen Fahrzeug sobald Minderjährige mitfahren sowie im Abstand von 6 m vor Eingängen zu öffentlichen Gebäuden.

ZEITUNTERSCHIED

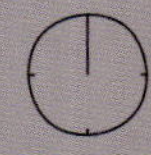
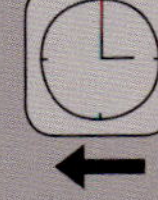
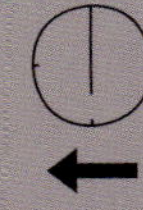
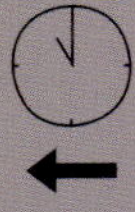
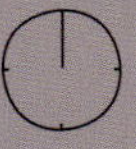
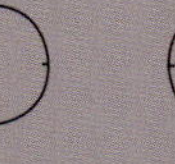
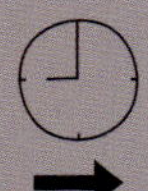

MEZ	Kalifornien	New York	London	Berlin	Sidney
12 Uhr	3 Uhr	6 Uhr	11 Uhr	12 Uhr	21 Uhr

IN VERBINDUNG BLEIBEN

Post Unter »U.S. Government« finden Sie in den *White Pages* des örtlichen Telefonbuchs eine Liste der Posteinrichtungen. Briefkästen stehen an vielen Straßenecken, häufig in der Nähe von Abfallkörben.

Telefonieren An vielen Straßenecken gibt es öffentliche Telefone, die meist mit Münzen bestückt werden. Von öffentlichen Telefonen wählen Sie zunächst eine 0 und geben der Vermittlung dann das Land, die Stadt und die Nummer an, die Sie anrufen wollen. Für einen Anruf nach Übersee benötigen Sie mindestens 5,50 Dollar in 25-Cent-Münzen. Es gibt auch Telefone für Telefonkarten, die man in Drugstores und an Zeitschriftenständen erhält. Einige Telefone akzeptieren Kreditkarten. Wählen Sie die 1 plus Vorwahl für Gespräche innerhalb der USA.

Internationale Vorwahlen – wählen Sie die 011 und für

Deutschland:	49
Österreich:	43
Schweiz:	41

Mobiltelefon Kalifornische Mobilfunkanbieter sind AT&T, Verizon, Sprint, T-Mobile und Metro PCS. Telefongespräche nach Europa können sehr teuer sein. Fragen Sie vor Reiseantritt ihren Anbieter nach den Roamingtarifen. Billiger sind Prepaid-Handys, die in Elektromärkten wie Radio Shack (www.radioshack.com) angeboten werden. Achtung: Das Bedienen eines Mobiltelefons während des Autofahrens ist verboten!

Wi-Fi und Internet Das Internet ist in Kalifornien gut ausgebaut. Viele Hotels vermieten Arbeitsräume und Leihcomputer und haben kostenlosen Netz-Zugang auf den Zimmern. In den Filialen von Starbucks können Sie mittlerweile unbegrenzt und umsonst surfen. Die Schreibwarenkette FedEx Kinko bietet neben WiFi-Zugängen auch weitere Büro-Dienstleistungen.

SICHERHEIT

In den meisten Touristengebieten Kaliforniens ist die Kriminalität kein Problem. Besonders in Städten sollte man aber vorsichtig sein:

- Tragen Sie nicht mehr Bargeld mit sich herum, als Sie benötigen. Lassen Sie Ihr übriges Geld und Wertstücke im Hotelsafe.
- Verriegeln Sie beim Autofahren alle Türen.
- Achten Sie in der Öffentlichkeit stets auf Ihre Sachen.
- Begeben Sie sich nicht in unbekannte Stadtviertel und meiden Sie bei Dunkelheit Parks und dunkle Seitenstraßen.
- Kalifornien-Reisende sind nicht bevorzugte Ziele von Überfällen. Trotzdem sollten Sie wachsam sein. In den Visitor Centern informiert man Sie, welche Gegenden gefährlich sind und besser gemieden werden sollten.
- Zeigen Sie Diebstahl oder Straßenraub bei der Polizei an, um einen Beleg für die Versicherung zu.

Polizei:
☎ **911 von jedem Telefon**

NOTRUFNUMMERN

POLIZEI 111 ODER 911

FEUERWEHR 111

NOTARZT 111

GESUNDHEIT

 **Krankenversicherung:** Eine Auslandskrankenversicherung mit einer Versicherungssumme über eine Million Dollar wird empfohlen. Behandlungskosten sind nicht staatlich geregelt. Sie werden behandelt, müssen aber später bezahlen.

 **Zahnärzte:** Ihre Auslandskrankenversicherung sollte auch zahnärztliche Behandlungen abdecken, die zwar leicht zu bekommen, aber teuer sind. Viele Zahnärzte akzeptieren Kreditkarten, aber die meisten ziehen Bargeld oder Reiseschecks vor.

 **Wetter:** Im Sommer ist die Sonneneinwirkung recht stark. Sie sollten im gesamten Bundesstaat, vor allem aber in der Wüste und in Südkalifornien, einen guten Sonnenschutz benutzen, längere Kleidung tragen und viel trinken.

 **Medikamente:** Im gesamten Bundesstaat gibt es viele Apotheken, bei denen man Rezepte einlösen und nicht verschreibungspflichtige Medikamente kaufen kann. Wenn Sie regelmäßig Medikamente einnehmen müssen, bringen Sie Ihre eigene Medizin und – für den US-Zoll – ein Rezept mit. Rite- Acid-Apotheken haben oft 24 Stunden geöffnet.

 **Trinkwasser:** Sie können ohne Bedenken Leitungswasser trinken, ohne es abzukochen. Mineralwasser ist überall erhältlich.

ERMÄSSIGUNGEN

Studenten/Kinder: Inhaber eines Internationalen Studentenausweises (ISIC) erhalten bei vielen Attraktionen eine Ermäßigung. Kinder unter drei Jahren haben grundsätzlich freien Eintritt. Ermäßigte Eintrittskarten sind normalerweise für Kinder bis 12 erhältlich. Teenager müssen häufig den vollen Preis zahlen.
Senioren: Senioren erhalten bei vielen Dienstleistungen und Sehenswürdigkeiten sowie während der Nebensaison in Hotels häufig Ermäßigungen. Das entsprechende Mindestalter variiert zwischen 55 und 65 Jahren. Sie müssen aber von vornherein nach dieser Ermäßigung fragen, und man wird Sie um einen Nachweis Ihres Alters und Ihrer Identität bitten.

EINRICHTUNGEN FÜR BEHINDERTE

Laut Gesetz müssen öffentliche Einrichtungen für Behinderte zugänglich sein. Bei den wenigen Ausnahmen handelt es sich in aller Regel um ältere Gebäude wie Bed & Breakfasts aus dem 19. Jahrhundert. Die meisten öffentlichen Busse besitzen eine Hebevorrichtung und Platz für Rollstühle; Bahnhöfe und U-Bahn-Stationen haben einen Rollstuhleingang.

FUNDSACHEN

Bei Diebstählen wenden Sie sich an die Polizei und bitten Sie um eine Kopie der Anzeige für Ihre Versicherung.
Flughäfen
SFO ☎ (650) 821-7014
LAX ☎ (310) 417-0440
Züge
Amtrak ☎ (800) 872-7245

KINDER

In vielen Hotels, Restaurants und Sehenswürdigkeiten gibt es Wickelräume. Veranstaltungen für Kinder werden in der Freitags- und/oder der Samstagsausgabe der Tageszeitungen aufgelistet.

TOILETTEN

Die saubersten und sichersten Toiletten gibt es in Hotels, den Filialen von Buchladenketten und Kaufhäusern.

KONSULATE

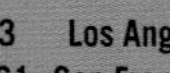

 **Deutschland**
Los Angeles: (323) 930-2703
San Francisco: (415) 775-1061

 **Österreich**
Los Angeles: (310) 444-9310
San Francisco: (415) 765-9576

 **Schweiz**
Los Angeles: (310) 575-1145
San Francisco: (415) 788-2272

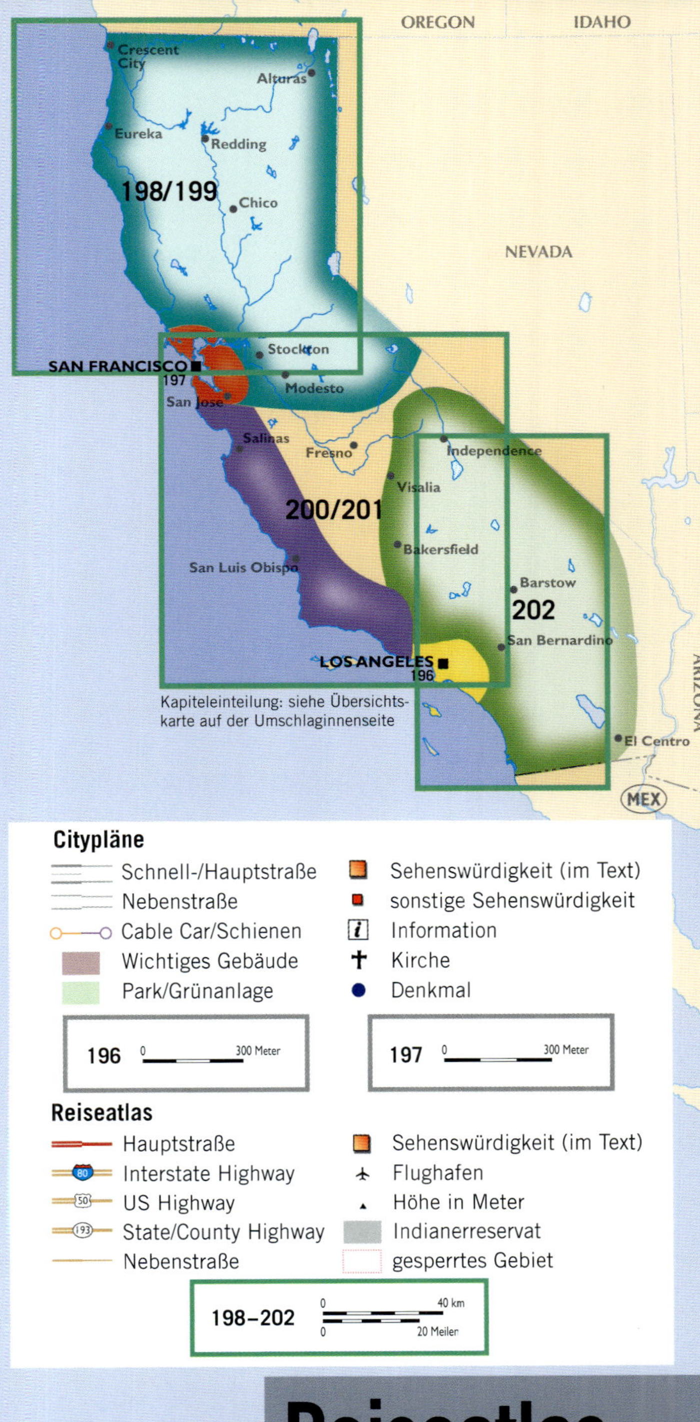

Citypläne

Schnell-/Hauptstraße	Sehenswürdigkeit (im Text)
Nebenstraße	sonstige Sehenswürdigkeit
Cable Car/Schienen	*i* Information
Wichtiges Gebäude	† Kirche
Park/Grünanlage	● Denkmal

Reiseatlas

Hauptstraße	Sehenswürdigkeit (im Text)
Interstate Highway	Flughafen
US Highway	▲ Höhe in Meter
State/County Highway	Indianerreservat
Nebenstraße	gesperrtes Gebiet

Reiseatlas

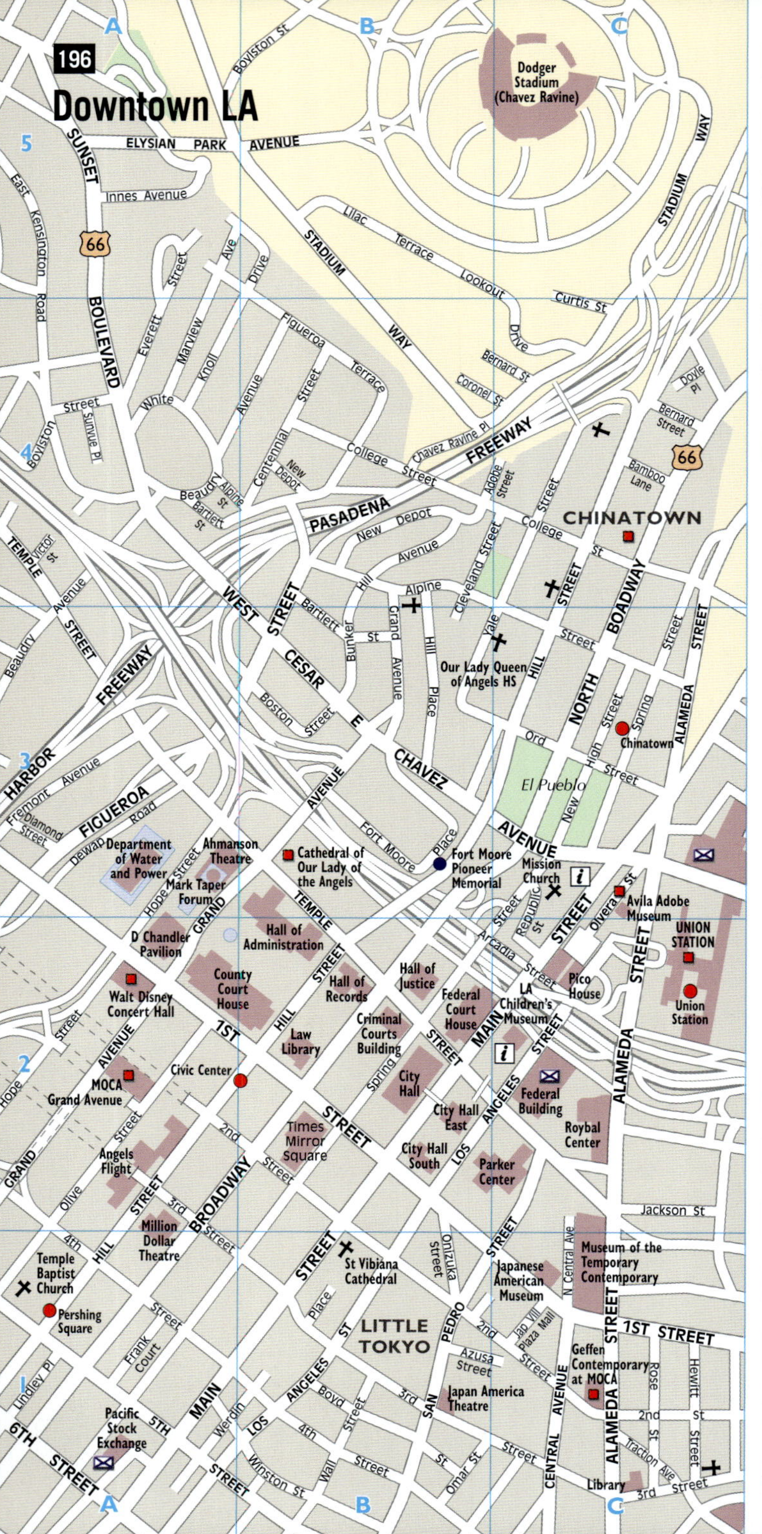
196
Downtown LA
Dodger Stadium (Chavez Ravine)
ELYSIAN PARK AVENUE
Innes Avenue
SUNSET
BOULEVARD
66
East Kensington Road
Boylston St
Stadium Way
Lilac Terrace
Lookout Drive
Bernard St
Coronel St
Chavez Ravine Pl
FREEWAY
Curtis St
Doyle Pl
Bernard Street
66
Everett Street
Marview Avenue
Knoll Avenue
White Street
Sunwue Pl
Boylston Street
Figueroa Terrace
College Street
New Depot
Centennial Street
Alpine St
Bartlett St
Beaudry Av
PASADENA
New Depot Avenue
Hill St
Grand Avenue
Alpine Street
Hill Place
Ord Street
Cleveland Street
Yale Street
College Street
Adobe Street
CHINATOWN
NORTH BROADWAY
HILL STREET
Spring Street
ALAMEDA STREET
Bamboo Lane
WEST STREET
CESAR E CHAVEZ
Bartlett Street
Bunker St
Boston Street
Our Lady Queen of Angels HS
New High Street
Chinatown
FREEWAY
TEMPLE STREET
Victor St
Beaudry Avenue
HARBOR
Fremont Avenue
Diamond Street
FIGUEROA
Dewap Road
Hope Street
AVENUE
Fort Moore Place
El Pueblo
AVENUE
Republic Street
Arcadia Street
Olvera St
Department of Water and Power
Ahmanson Theatre
Mark Taper Forum
Cathedral of Our Lady of the Angels
Fort Moore Pioneer Memorial
Mission Church
Avila Adobe Museum
UNION STATION
D Chandler Pavilion
TEMPLE STREET
Hall of Administration
Hall of Records
Hall of Justice
Federal Court House
LA Children's Museum
Pico House
GRAND
Walt Disney Concert Hall
County Court House
HILL STREET
Law Library
Criminal Courts Building
MAIN STREET
Union Station
MOCA Grand Avenue
AVENUE
Hope Street
Civic Center
1ST
Spring Street
City Hall
City Hall East
LOS ANGELES STREET
Federal Building
Royal Center
ALAMEDA STREET
GRAND
Olive Street
Angels Flight
2nd Street
Times Mirror Square
City Hall South
Parker Center
Jackson St
BROADWAY
3rd Street
HILL STREET
Million Dollar Theatre
STREET
St Vibiana Cathedral
Onizuka Street
PEDRO STREET
Japanese American Museum
N Central Ave
Museum of the Temporary Contemporary
ALAMEDA STREET
1ST STREET
Temple Baptist Church
Pershing Square
Frank Court
Angeles St
LITTLE TOKYO
Azusa Street
Jap Vill Plaza Mall
Geffen Contemporary at MOCA
Rose Street
Hewitt St
Lindley Pl
Pacific Stock Exchange
6TH STREET
MAIN STREET
5TH
HILL
4th Street
LOS ANGELES STREET
Winston St
Boyd Street
Wall Street
3rd Street
SAN
Omar St
Japan America Theatre
CENTRAL AVENUE
Library
ALAMEDA STREET
2nd St
Traction Ave
3rd Street

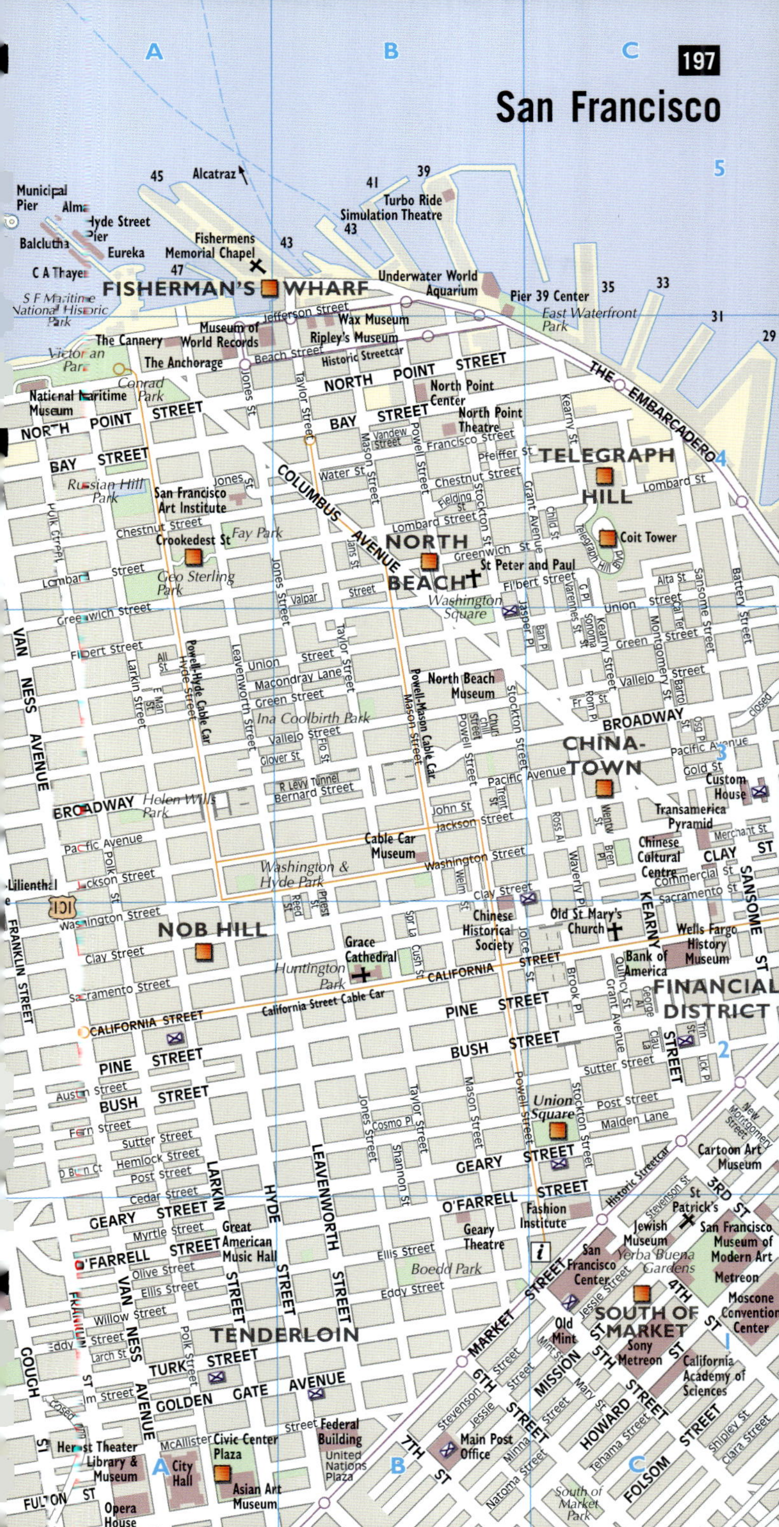

197
San Francisco
A B C
5
45 Alcatraz 41 39
Municipal Turbo Ride
Pier Alma Simulation Theatre
Hyde Street 43
Balclutha Pier 43
Eureka Fishermens
C A Thayer Memorial Chapel 47
S F Maritime FISHERMAN'S WHARF Underwater World
National Historic Aquarium Pier 39 Center 35 33
Park Jefferson street East Waterfront
Victor an Wax Museum Park 31
Par The Cannery Museum of Ripley's Museum 29
The Anchorage World Records Historic Streetcar THE EMBARCADERO
National Maritime Beach Street NORTH POINT STREET
Museum Conrad North Point
NORTH POINT Park Jones St Taylor Street Center
STREET BAY North Point
NORTH POINT STREET Vandew Theatre TELEGRAPH
BAY STREET Water St street Francisco Street Pfeiffer St HILL
Russian Hill Powell Street Chestnut Street Kearny St
Park Jones Mason street Child St Lombard St
San Francisco Chestnut Street Fielding Coit Tower
Polk Street Art Institute Fay Park St Stockton Grant Avenue
Chestnut Street COLUMBUS Lombard Street Greenwich St Telegraph Alta St
Crookedest St NORTH St Peter and Paul Hill Sansome Street
Lombard AVENUE Jans St BEACH Filbert street G Pl Battery Street
Geo Sterling Valpar Street Washington Fi bert street Varennes St Union
Park NORTH Square Jasper Pl Green street
Greenwich street Ban Pl Montgomery St
Filbert Street Taylor Street North Beach Fr Pl Vallejo St
All Museum Stockton Rom Pl BROADWAY
VAN St Union Street street Church St CHINA-
Larkin street Leavenworth Street Powell street Pacific Avenue TOWN Pacific Avenue 3
NESS Man Macondray Lane Gold St
St Green Street Trent St Custom
AVENUE Ina Coolbirth Park Waverly Pl House
Powell-Hyde Cable Car Vallejo Street Pacific Avenue Transamerica
Glover St John st Ross Al Pyramid
Hyde Street R Levy Tunnel Jackson street Chinese CLAY ST
BROADWAY Bernard Street Brenn St Cultural
Helen Wills Cable Car Washington street Centre Commercial st
Park Museum George Al Sacramento st
Pacific Avenue Welm St Clay Street Old St Mary's Bank of Wells Fargo
Lilienthal Polk Street Jackson Street Reed Prest St Chinese Church America History
e Washington street Spl La Historical Quincy St FINANCIAL Museum
ICI Society Grant Avenue DISTRICT SANSOME ST
Clay Street NOB HILL Grace Chinese George Al
Sacramento street Cathedral Historica Clay St 2
Huntington Society CALIFORNIA Brook Pl
California Street Cable Car Park Tin Al
CALIFORNIA STREET PINE STREET Sutter street
PINE STREET BUSH STREET New Montmeri St
Austin street Cartoon Art
BUSH STREET Taylor Street Mason Street Post street Museum
Fern street Jones Street Cosmo Pl Union Stockton Street Maiden Lane Historic Streetcar 3RD ST
Sutter Street Square Stevenson St St Patrick's
Hemlock Street Shannon St GEARY STREET San Francisco
D Bl n Ct Post street LEAVENWORTH Jewish Museum of
Cedar street O'FARRELL STREET Museum Modern Art
GEARY STREET HYDE Geary Fashion San Yerba Buena Metreon
Myrtle Street Great Theatre Institute Francisco Gardens 4TH ST
O'FARRELL STREET American Ellis Street i Center Moscone
Van Ness Music Hall Boedd Park O'Farrell Street South Convention
Olive Street Eddy Street MARKET Old SOUTH OF Center
Willow street Mint MARKET California
Eddy street LARKIN Polk Street Jessie Sony Academy of
Larch St Turk Street STREET 6TH Metreon Sciences
TENDERLOIN MISSION Minna 5TH Shipley St
FRANKLIN STREET TURK GOLDEN GATE AVENUE 7TH Howard street Clara St
Elm street Street Federal Main Post HOWARD
GOUGH ST Herbst Theater McAllister Civic Center Building Office Tahama street FOLSOM STREET
Library & Plaza United Natoma
Museum A City Hall Nations South of
FULTON ST Opera Asian Art B Plaza C Market
House Museum Park

A
B
C
Harbor
O'Brien
Rogue River National Forest
Mt Ashland
Smith River
101
199
Siskiyou Mountains
Klamath River
Point St George
197
Patrick Creek
2228m Preston Peak
Fort Goff
96
Hamburg
Crescent City
Battery Point Lighthouse
Klamath
Clear Creek
National Forest
2257m
Kings Castle
Marble Mountains
Etna
Fort
Requa
96
Somes Bar
Salmon River
2498m
Russian Peak
Callahan
101
Johnsons
Klamath River
169
Weitchpec
Salmon Mountains
Scott
3
Orick
Redwood National Park
Redwood Creek
Hoopa Valley Indian Reservation
2744m Thompson Peak
Patricks Point
96
Trinity National Forest
Trinidad
Willow Creek
299
McKinleyville
Arcata
Del Loma
Weaverville
Whiske
Arcata Bay
1365m Sims Mtn
Trinity River
299
Eureka
South Fork
Douglas City
Whiskeytown Lake
Humboldt Bay
Redwood Country
Mad River
3
2126m
Bully Choop Mtn
Loleta
Fortuna
Hayfork
Ferndale
101
Capetown
Pepperwood
Bridgeville
36
Six Rivers National Forest
Cape Mendocino
942m Taylor Peak
Redcrest
1790m Mt Lassic
Platina
Humboldt Redwoods State Park
Eel River
36
Rosewood
Punta Gorda
Mattole River
Gold Fork
Honeydew
Phillipsville
2397m North Yolla Bolly Mts
King Range National Conservation Area
South Fork
Garberville
2466m South Yolla Bolly Mts
Point Delgada
Piercy
Mendocino
Sinkyone Wilderness State Park
Paskenta
Round Valley Indian Res
Covelo
National
Newville
Rockport
101
Dos Rios
Eel River
Forest
Laytonville
162
Estel Ridge
2054m Bald Mtn
Alder Springs
Longvale
1
Lake Pillsbury
2055m St John Mtn
Fort Bragg
Jackson State Forest
Willits
Middle Mountain
Rice Fork
Lodog
20
Mendocino
Calpella
Lake Mendocino
Upper Lake
Elk
Navarro
Ukiah
Indian Valley Res
128
Clear Lake
Manchester
Boonville
253
Clear Lake Oaks
Point Arena
Hopland
175
Kelseyville
29
Yorkville
128
29
Gualala
Cloverdale
175
29
Mid
Soda Springs
Lake Sonoma
101
Geyserville
Stewarts Point
Kruse Rhododendron State Reserve
128
Fort Ross
Windsor
116
Jenner
Sebastopol
12
Santa Rosa
Bodega
Sonom
Bodega Bay
Rohnert Park
Bodega Head
Petaluma
Tomales Point
Novato
Marshall
1
Point Reyes National Seashore
San Anselmo
Point Reyes
Muir Woods National Monument
Mill Valley
Gulf of the Farallones
Sausalito
SAN FRANCISCO
Farallon Islands
5
4
3
2
1

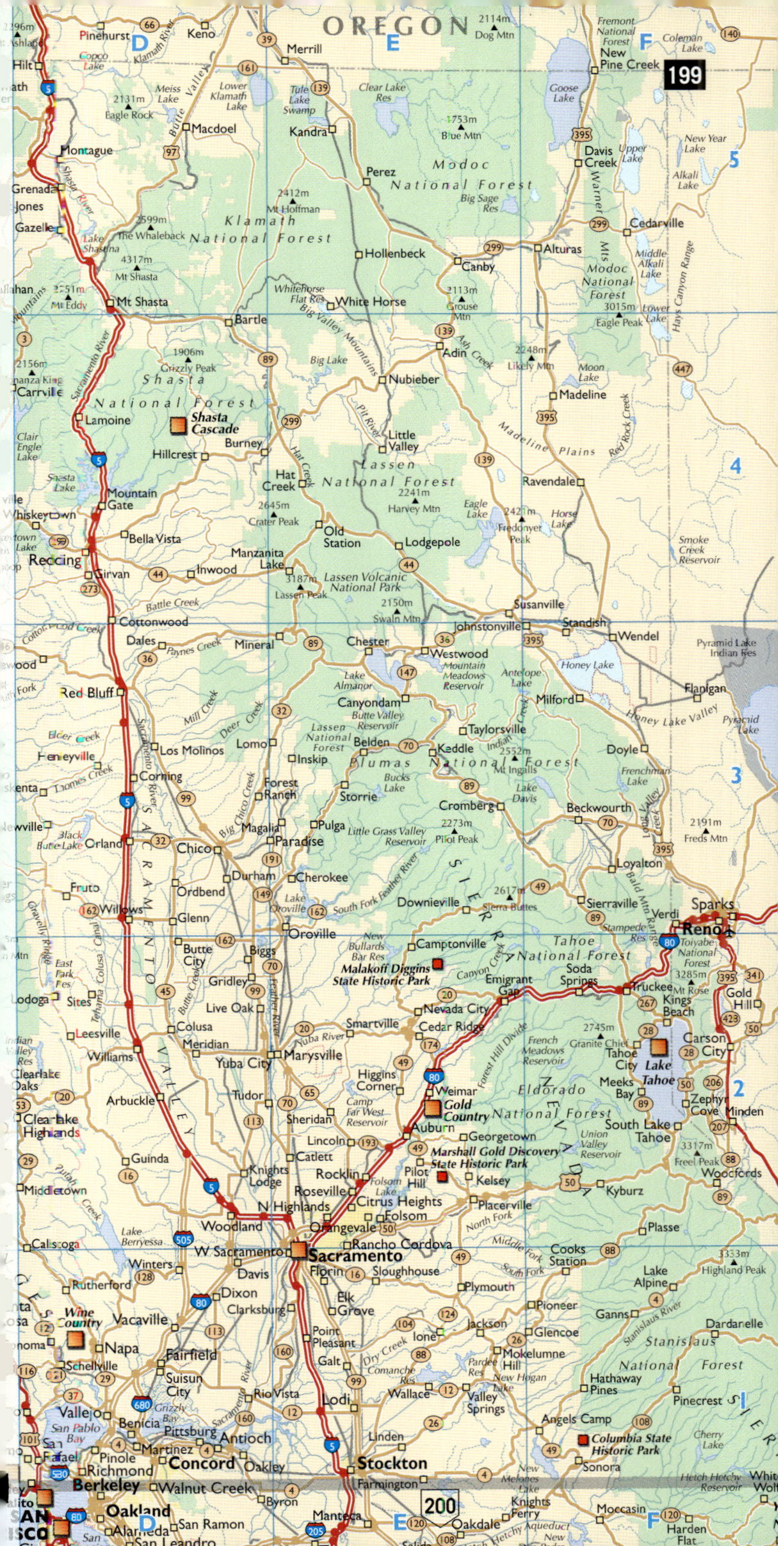
OREGON
199
200

Novato
Vallejo
San Pablo Bay
Benicia
Pittsburg
Antioch
Linden
Angels Camp
Columbia State Historic Park
San Anselmo
Martinez
Oakley
Stockton
Sonora
San Rafael
Pinole
Richmond
Concord
Farmington
New Melones Lake
Knights Ferry
Moccasin
Mill Valley
Berkeley
Walnut Creek
Byron
Oakdale
Hetch Hetchy Aqueduct
Sausalito
Oakland
Manteca
Salida
Don Pedro Reservoir
SAN FRANCISCO
Alameda
San Ramon
Tracy
Modesto
La Grange
Lake McClure
Daly City
Hayward
San Leandro
Livermore
Vernalis
Ceres
Turlock Lake
South San Francisco
San Lorenzo
Pleasanton
Patterson
Turlock
San Bruno
Union City
Delhi
Pacifica
Newark
Fremont
Irwin
Livingston
San Mateo
Belmont
Palo Alto
Milpitas
Atwater
Merced
Redwood City
Sunnyvale
SAN JOSE
Planada
Filoli
Mountain View
Winchester Mystery House
Gustine
San Gregorio
Saratoga
Los Gatos
Henry W Coe State Park
Red Top
Pigeon Point
Morgan Hill
San Luis Res
Los Banos
Fairme
Point Año Nuevo
Brookdale
San Martin
Bell Station
Dos Palos
Madera
Swanton
Santa Cruz
Gilroy
Hollister
Oxalis
Natural Bridges State Beach
Capitola
Sargent
Potrero Peak
Mendota
Watsonville
Prunedale
Paicines
Monterey Bay
Castroville
Salinas
Marina
Point Pinos
Monterey
Llanada
Seaside
Gonzales
Three Rocks
Monterey Peninsula
Carmel
Soledad
Five Points
Carmel Highlands
Carmel Valley
Metz
Bitterwater
San Benito Mtn
Joaquin Ridge
Oilfields
Point Sur
Los Padres National Forest
Greenfield
Priest Valley
Coalinga
Big Sur
Arroyo Seco
Junipero Serra Peak
San Lucas
Lucia
Lockwood
Wunpost
Parkfield
Gorda
Lake San Antonio
Avenal
Lake Nacimiento
San Miguel
Cholame
Hearst Castle
Point Piedras Blancas
San Simeon
Shandon
Cambria
Harmony
Atascadero
Creston
Estero Bay
Santa Margarita
Morro Bay
Los Osos
San Luis Obispo
Pozo
Point Buchon
Los Padres National Forest
Avila Beach
Edna
Pismo Beach
Arroyo Grande
San Luis Obispo Bay
Grover City
Twitchell Reservoir
Guadalupe
Santa Maria
Point Sal
Orcutt
Sisquoc
VANDENBURG AIR FORCE BASE
Los Alamos
Los Oliv
Lompoc
Buellton
Solvan
Las Cruces
Gaviota
Point Conception
San Miguel Island
Santa Rosa Island
Channel Island

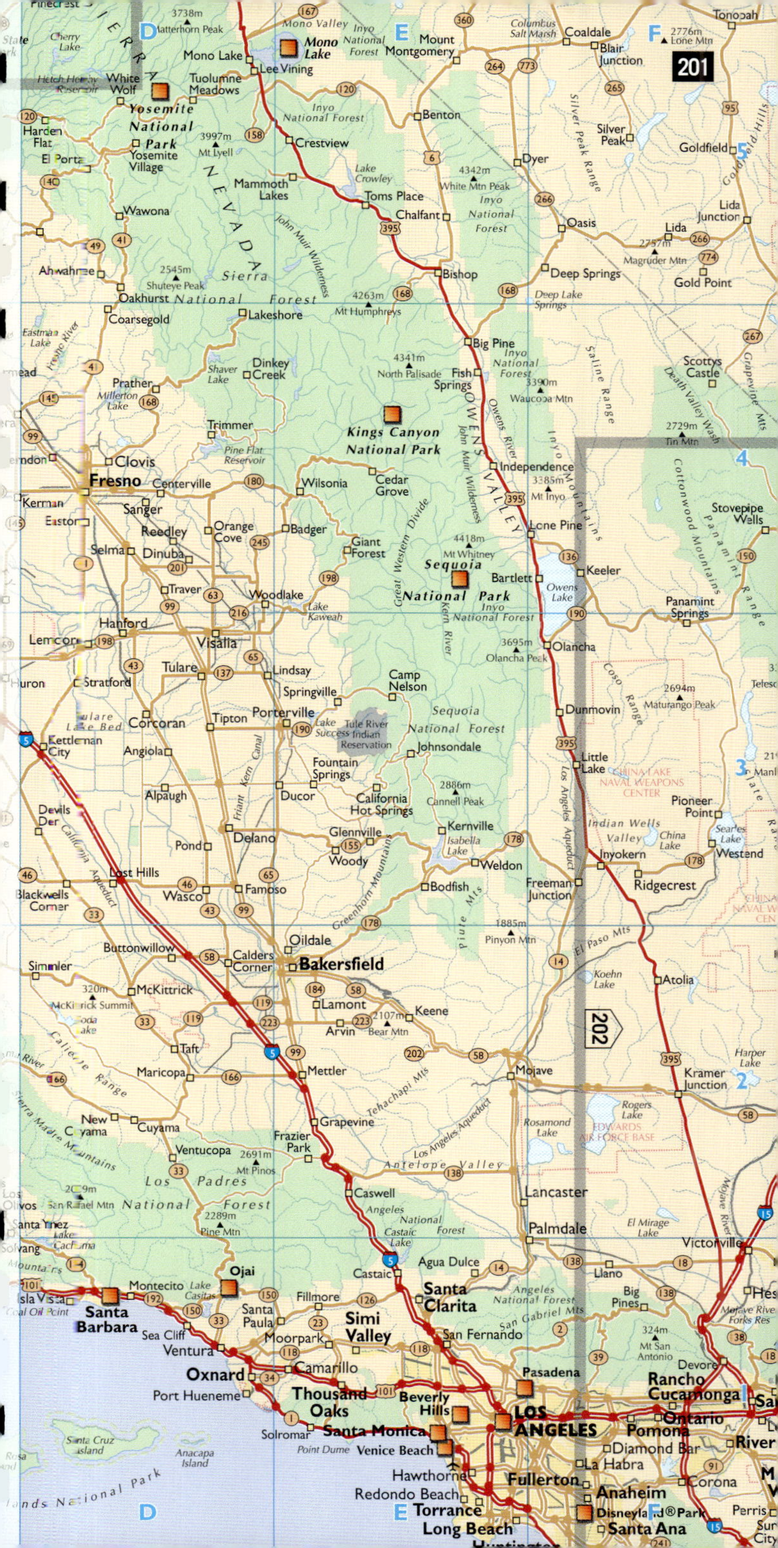

201
202
SIERRA
NEVADA
Pinecrest
Cherry Lake
State
Matterhorn Peak 3738m
Mono Valley
Mono Lake
Lee Vining
Tuolumne Meadows
White Wolf
Hetch Hetchy Reservoir
Yosemite National Park
Yosemite Village
Mt Lyell 3997m
Wawona
Harden Flat
El Porta
Ahwahnee
Shuteye Peak 2545m
Oakhurst
Coarsegold
Eastman Lake
Prather
Millerton Lake
Clovis
Fresno
Centerville
Kerman
Easton
Sanger
Reedley
Selma
Dinuba
Orange Cove
Badger
Traver
Woodlake
Hanford
Lemcor
Visalla
Tulare
Lindsay
Springville
Stratford
Corcoran
Tipton
Porterville
Kettleman City
Angiola
Alpaugh
Pond
Ducor
Delano
Devils Der
Lost Hills
Wasco
Famoso
Blackwells Corner
Buttonwillow
Calders Corner
Oildale
Bakersfield
Simmler
McKittrick
Lamont
Arvin
Keene
Taft
Mettler
Maricopa
New Cuyama
Cuyama
Ventucopa
Frazier Park
Grapevine
Los Padres National Forest
Mt Pinos 2691m
Pine Mtn 2289m
Caswell
Angeles National Forest
Castaic Lake
Los Olivos
Santa Ynez
Solvang
Ojai
Montecito
Lake Casitas
Santa Barbara
Sea Cliff
Ventura
Oxnard
Port Hueneme
Santa Paula
Fillmore
Moorpark
Camarillo
Thousand Oaks
Simi Valley
San Fernando
Santa Clarita
Agua Dulce
Castaic
Solromar
Point Dume
Santa Monica
Venice Beach
Beverly Hills
LOS ANGELES
Hawthorne
Redondo Beach
Torrance
Long Beach
Fullerton
Anaheim
Disneyland Park
Santa Ana
Huntington
La Habra
Pasadena
Pomona
Diamond Bar
Rancho Cucamonga
Ontario
Corona
River
Victorville
Hesperia
Devore
Mono Lake
Mammoth Lakes
Crestview
Toms Place
Chalfant
Benton
Bishop
Big Pine
Fish Springs
Independence
Lone Pine
Keeler
Bartlett
Owens Lake
Olancha
Dunmovin
Little Lake
Inyokern
Ridgecrest
Westend
Freeman Junction
Mojave
Kramer Junction
Atolia
Koehn Lake
Rosamond Lake
Edwards Air Force Base
Antelope Valley
Lancaster
Palmdale
Llano
Big Pines
Columbus Salt Marsh
Mount Montgomery
White Mtn Peak 4342m
Dyer
Oasis
Deep Springs
Deep Lake Springs
Coaldale
Blair Junction
Silver Peak
Goldfield
Lida Junction
Lida
Gold Point
Magruder Mtn
Scottys Castle
Stovepipe Wells
Tin Mtn 2729m
Panamint Springs
Maturango Peak 2694m
Pioneer Point
China Lake
China Lake Naval Weapons Center
Searles Lake
Indian Wells Valley
Harper Lake
Mojave River Forks Res
San Antonio 324m
Tonopah
Lone Mtn 2776m
Goldfield
Kings Canyon National Park
Cedar Grove
Wilsonia
Giant Forest
Sequoia National Park
Mt Whitney 4418m
Sequoia National Forest
Camp Nelson
Johnsondale
Kernville
Isabella Lake
Weldon
Bodfish
Woody
Glennville
California Hot Springs
Fountain Springs
Kern River
Greenhorn Mountain
Pinyon Mtn
Pinte Mts
El Paso Mts
Tehachapi Mts
Mono Lake
Owens Valley
Owens River
Inyo Mountains
Panamint Mountains
Death Valley Wash
Grapevine Mts
Cottonwood Mountains
Saline Range
Inyo National Forest
John Muir Wilderness
Great Western Divide
North Palisade 4341m
Mt Humphreys 4263m
Mt Inyo 3385m
Olancha Peak 3695m
Cannell Peak 2886m
Bear Mtn 2107m
Los Angeles Aqueduct
California Aqueduct
Friant Kern Canal
Tule River Indian Reservation
Lake Success
Lake Kaweah
Pine Flat Reservoir
Shaver Lake
Dinkey Creek
Trimmer
Lakeshore
Coso Range
Rogers Lake
El Mirage Lake
San Gabriel Mts
Santa Cruz Island
Anacapa Island
Channel Islands National Park
Santa Rosa Island
Coal Oil Point
Isla Vista
Koda Lake
McKittrick Summit 320m
Callesse Range
Sierra Madre Mountains
San Rafael Mtn
Tulare Lake Bed
Huron
Stratford
Lemcor
Kettleman City
Waucoba Mtn 3390m
Silver Peak Range
Gold Hills

202
201
NEVADA
Hampel Hill
Amargosa Valley
Crystal
Amargosa Desert
DEATH VALLEY
Death Valley
Death Valley National Park
Death Valley Junction
Pahrump
Stovepipe Wells
Panamint Range
Telescope Peak
Black Mountains
Greenwater Range
Shoshone
Owlshead Mountains
Kingston Peak
Panamint Springs
Panamint Mountains
Manly Peak
Slate Range
Amargosa River
Granite Mountains
Valley Wells
Searles Lake
Westend
China Lake
Ridgecrest
Inyokern
Indian Wells Valley
China Lake Naval Weapons Center
Pioneer Point
China Lake Naval Weapons Center
Cady Mountains
Soda Mts
Baker
Soda Lake
Mojave National Preserve
FORT IRWIN MILITARY RESERVATION
Eagle Crags
Harper Lake
Coyote Lake
Silver Lake
Independence
Mt Inyo
Lone Pine
Keeler
Owens Lake
Mt Whitney
Sequoia National Park
Bartlett
Inyo National Forest
Olancha
Olancha Peak
Camp Nelson
Sequoia National Forest
Johnsondale
Dunmovin
Little Lake
Los Angeles Aqueduct
Cannell Peak
Kernville
Isabella Lake
Weldon
Bodfish
Piute Mts
Pinyon Mtn
El Paso Mts
Atolia
Koehn Lake
Freeman Junction
Keene
Tehachapi Mts
Los Angeles Aqueduct
Mojave
Kramer Junction
Barstow
Manix
Newberry Springs
Ludlow
Rogers Lake
Edwards Air Force Base
Rosamond Lake
Antelope Valley
Lancaster
Palmdale
El Mirage Lake
Victorville
Mojave River
Mojave Desert
Ord Mtn
Amboy
Bristol Lake
Hidalgo Mtn
Deadman Lake
Bullion Mountains
Apple Valley
Lucerne Valley
Lucerne Lake
Twentynine Palms Marine Corps Base
Hesperia
San Bernardino National Forest
Lake Arrowhead
Big Bear City
Big Bear Lake
Joshua Tree
Twentynine Palms
Agua Dulce
Santa Clarita
San Fernando
Angeles National Forest
San Gabriel Mts
Big Pines
Llano
Mt San Antonio
Devore
Highland
Yucca Valley
San Gorgonio Mtn
Quail Mtn
Joshua Tree National Park
Castaic Lake
Pasadena
Beverly Hills
Rancho Cucamonga
LOS ANGELES
Ontario
Pomona
San Bernardino
Redlands
Loma Linda
Riverside
Desert Hot Springs
Colorado River Aqueduct
Santa Monica
Hawthorne
Diamond Bar
La Habra
Corona
Moreno Valley
Banning
Palm Springs
Cathedral City
Monument Mtn
Fullerton
Anaheim
Disneyland Park
Santa Ana
Perris
Hemet
San Jacinto
Palm Desert
Indio
Torrance
Long Beach
Huntington Beach
Newport Beach
Laguna Beach
Dana Point
ORANGE COUNTY
Sun City
Winchester
Lake Elsinore
Sage
San Bernardino National Forest
La Quinta
Coachella
Mecca
Nightingale
Toro Peak
Santa Rosa Mts
Desert Beach
Cleveland National Forest
Temecula
Aguanga
Cahuilla Ind Res
Torres Martinez Ind Res
Desert Shores
Salton Sea
San Pedro Channel
Santa Catalina Island
San Onofre
Fallbrook
Palomar Mountain
Los Coyotes Indian Res
Warner Springs
Borrego
Ocotillo Wells
Las Flores
Bonsall
Pauma Valley
San Diego Aqueduct
Anza-Borrego Desert State Park
Santa Barbara Passage
San Clemente Island
Oceanside
Carlsbad
Vista
San Marcos
Lake Henshaw
San Diego Zoo Safari Park
Escondido
Santa Ysabel
Ramona
Julian
Agua Caliente Springs
Gulf of Santa Catalina
Legoland California
Encinitas
Solana Beach
Del Mar
Capitan Grande Ind Res
Cuyamaca Peak
Torrey Pines
La Jolla
La Mesa
Santee
El Cajon
Lakeside
Cleveland National Forest
Pine Valley
SAN DIEGO
National City
Chula Vista
Imperial Beach
Tijuana
Spring Valley
Dulzura
Potrero
Campo
Boulevard
Mountain Spring
La Rumorosa
Tecate
El Encinal
El Condor
MEX

Abbildungsnachweis

Abkürzungen: (o) oben; (u) unten; (l) links; (r) rechts; (m) Mitte; (AA) AA World Travel Library

Der Verlag bedankt sich bei folgenden Fotografen und Agenturen für die freundliche Unterstützung
bei der Realisierung dieses Buches:

2(i) Bill Varie/Alamy; **2**(ii) AA/Anna Mockford & Nick Bonetti; **2**(iii) AA/Clive Sawyer; **2**(iv) Brand X/ImageState; **2**(v) gary corbett/Alamy; **3**(i) AA/Anna Mockford & Nick Bonetti; **3**(ii) Brand X/ImageState; **3**(iii) ImageState/Alamy; **5**(l) AA/Max Jourdan; **5**(um) Photolibrary Group; **5**(ur) AA/Anna Mockford & Nick Bonetti; **6/7** Brad Perks Lightscapes/Alamy; **9** Chuck Place/Alamy; **10** Film Magic/Getty Images; **11** Popperfoto/Getty Images; **12** Mary Evans Picture Library; **13** Bettman/Corbis; **14**t AA/Anna Mockford & Nick Bonetti; **14**(u) Green Stock Media/Alamy; **15** Robert Holmes/Alamy; **16/17** Ian Dagnall/Alamy; **17**(ol) Corbis RF/Alamy; **17**tc John Elk III/Alamy; **17**(or) Russ Bishop/Alamy; **19** Getty Images; **20**(ol) Mary Evans Picture Library/Alamy; **20**(or) Time & Life Pictures/Getty Images; **23**(ol) Bloomberg via Getty Images; **21**(or) NK/KEYSTONE USA/Rex Features; **22/3** AA/Ken Paterson; **24/5** Robert Holmes/Alamy; **26**(ol) Robert Harding Picture Library Ltd/Alamy; **26**tc Kari Marttila/Alamy; **26**(or) StockShot/Alamy; **27**(ol) Danita Delimont/Alamy; **27**tc David W. Hamilton/Alamy; **27**(or) Roberto Soncin Gerometta/Alamy; **218** H. Mark Weidman Photography/Alamy; **29**(l) AA/Anna Mockford & Nick Bonetti; **29**(um) AA/Anna Mockford & Nick Bonetti; **29**(ur) AA/Clive Sawyer; **39**(l) AA/Clive Sawyer; **39**(um) AA/Clive Sawyer; **39**(ur) AA/Clive Sawyer; **42** AA/Clive Sawyer; **43**(o) AA/Clive Sawyer; **43**(u) AA/Clive Sawyer; **44** AA/Clive Sawyer; **45** AA/Clive Sawyer; **46** AA/Clive Sawyer; **47** AA/Clive Sawyer; **48** AA/Clive Sawyer; **50/51** AA/Clive Sawyer; **51** AA/Clive Sawyer; **52** AA/Clive Sawyer; **54** AA/Clive Sawyer; **55** AA/Clive Sawyer; **56** AA/Ken Paterson; **57** AA/Clive Sawyer; **58** AA/Clive Sawyer; **59** AA/Clive Sawyer; **60** Eric Foltz/Alamy; **61** Chad Ehlers/Alamy; **69**(l) Brand X/ImageState; **69**(um) AA/Harold Harris; **69**(ur) AA/Richard Ireland; **70** Anthony Dunn/Alamy; **72** E. J. Baumeister Jr. /Alamy; **73** AA/Richard Ireland; **74/75** Richard Shaughnessey/Alamy; **76** Patrick Batchelder/Alamy; **78** Friedrich Stark/Alamy; **79** AA/Ken Paterson; **80** Caroline Commins/Alamy; **81** Wallace Weeks/Alamy; **82/83** david sanger photography/Alamy; **84/85** AA/Richard Ireland; **86/87** Brand X/ImageState; **88** Emily Riddell/Alamy; **89** Julius Fekete/Alamy; **90** Peter Barritt/Alamy; **97**(l) gary corbett/Alamy; **97**(um) AA/Richard Ireland; **97**(ur) Terry Donnelly/Alamy; **98** Richard Broadwell/Alamy; **99** Frank Vetere/Alamy; **100** AA/Richard Ireland; **101** AA/Anna Mockford & Nick Bonetti; **103** California California/Alamy; **104** AA/Richard Ireland; **105** AA/Richard Ireland; **106** Melvyn Longhurst/Alamy; **107** Robert Martin/Alamy; **108/109** AA/Anna Mockford & Nick Bonetti; **109** AA/Anna Mockford & Nick Bonetti; **111** AA/Clive Sawyer; **112** nik wheeler/Alamy; **113** E. J. Baumeister Jr. /Alamy; **119**(l) AA/Anna Mockford & Nick Bonetti; **119**(um) AA/Clive Sawyer; **119**(ur) AA/Anna Mockford & Nick Bonetti; **122** AA/Anna Mockford & Nick Bonetti; **123**(o) AA/Anna Mockford & Nick Bonetti; **123**(u) AA/Anna Mockford & Nick Bonetti; **124/125** AA/Max Jourdan; **125** AA/Anna Mockford & Nick Bonetti; **126** AA/Anna Mockford & Nick Bonetti; **127** AA/Clive Sawyer; **128** AA/Anna Mockford & Nick Bonetti; **129** AA/Anna Mockford & Nick Bonetti; **130** AA/Anna Mockford & Nick Bonetti; **131** Rolf Richardson/Alamy; **132** AA/Anna Mockford & Nick Bonetti; **133** © Disney Enterprises, Inc.; **134** © Disney Enterprises, Inc.; **135** AA/Anna Mockford & Nick Bonetti; **136**(o) AA/Anna Mockford & Nick Bonetti; **136**(u) AA/Anna Mockford & Nick Bonetti; **138** AA/Anna Mockford & Nick Bonetti; **139** AA/Anna Mockford & Nick Bonetti; **140**(o) AA/Anna Mockford & Nick Bonetti; **140**(u) AA/Anna Mockford & Nick Bonetti; **141** AA/Anna Mockford & Nick Bonetti; **142** Niebrugge Images/Alamy; **151**(l) Brand X/ImageState; **151**tc AA/Anna Mockford & Nick Bonetti; **151**(or) AA/Anna Mockford & Nick Bonetti; **152** Danita Delimont/Alamy; **154** AA; **155** Photodisc; **157** Ron Niebrugge/Alamy; **159** Nick Greaves/Alamy; **160/161** Steve Shuey/Alamy; **162** AA/Anna Mockford & Nick Bonetti; **164** AA/Anna Mockford & Nick Bonetti; **165** Brand X/ImageState; **166/167** Ben Barden/Alamy; **168** Christopher Penler/Alamy; **169** SeaWorld San Diego © 2010 by Sea World inc.; **170** Robert Harding Picture Library Ltd/Alamy; **171** Witold Skrypczak/Alamy; **172** Brand X/ImageState; **179**(l) ImageState/Alamy; **179**(um) AA/Anna Mockford & Nick Bonetti; **179**(ur) Terry Donnelly/Alamy; **181** AA/Clive Sawyer; **182** Dave Bowman/Alamy; **183** AA/Anna Mockford & Nick Bonetti; **185** Simon Reddy/Alamy; **186** AA/Anna Mockford & Nick Bonetti; **189**(l) Jon Arnold Images Ltd/Alamy; **189**tc AA/Anna Mockford & Nick Bonetti; **189**(or) AA/Anna Mockford & Nick Bonetti; **193**(o) AA/Clive Sawyer; **193**c AA/Anna Mockford & Nick Bonetti; **193**(u) AA/Clive Sawyer.

Der Verlag hat keine Mühen gescheut die Copyright-Inhaber zu ermitteln, dennoch möchte sich der Verlag für mögliche Fehler entschuldigen. Hinweise und Korrekturen sind jederzeit willkommen.

Leserbefragung

NATIONAL GEOGRAPHIC

Ihre Ratschläge, Urteile und Empfehlungen sind für uns sehr wichtig. Wir bemühen uns, unsere Reiseführer ständig zu verbessern. Wenn Sie sich ein paar Minuten Zeit nehmen, diesen kleinen Fragebogen auszufüllen, könnten Sie uns sehr dabei helfen.

Wenn Sie diese Seite nicht herausreißen möchten, können Sie uns auch eine Kopie schicken, oder Sie notieren Ihre Hinweise einfach auf einem separaten Blatt.

Bitte senden Sie Ihre Antwort an:
NATIONAL GEOGRAPHIC SPIRALLO-REISEFÜHRER, MAIRDUMONT GmbH & Co. KG,
Postfach 31 51, D-73751 Ostfildern, E-Mail: spirallo@nationalgeographic.de

Über dieses Buch …
NATIONAL GEOGRAPHIC SPIRALLO-REISEFÜHRER **KALIFORNIEN**

Wo haben Sie das Buch gekauft? __________

Wann? Monat / Jahr

Warum haben Sie sich für einen Titel dieser Reihe entschieden?
____
____

Wie fanden Sie das Buch?

Hervorragend ☐   Genau richtig ☐   Weitgehend gelungen ☐

Enttäuschend ☐

Können Sie uns Gründe angeben?
____
____
____
____

Hat Ihnen etwas an diesem Führer besonders gut gefallen?
____
____
____
____

Was hätten wir besser machen können?
____
____
____

Persönliche Angaben

Name __________

Adresse __________
____

Zu welcher Altersgruppe gehören Sie?
Unter 25 ☐   25–34 ☐   35–44 ☐   45–54 ☐   Über 65 ☐

Wie oft im Jahr fahren Sie in Urlaub?
Seltener als einmal ☐   Einmal ☐   Zweimal ☐   Dreimal bzw. öfter ☐

Wie sind Sie verreist?
Allein ☐   Mit Partner ☐   Mit Freunden ☐   Mit Familie ☐

Wie alt sind Ihre Kinder? __________

Über Ihre Reise …

Wann haben Sie die Reise gebucht? Monat / Jahr

Wann sind Sie verreist? Monat / Jahr

Wie lange waren Sie verreist? __________

War es eine ☐ Urlaubsreise oder ☐ ein beruflicher Aufenthalt?

Haben Sie noch weitere Reiseführer gekauft? ☐ Ja   ☐ Nein

Wenn ja welche? __________

Herzlichen Dank dafür, dass Sie sich die Zeit genommen haben, diesen Fragebogen auszufüllen.

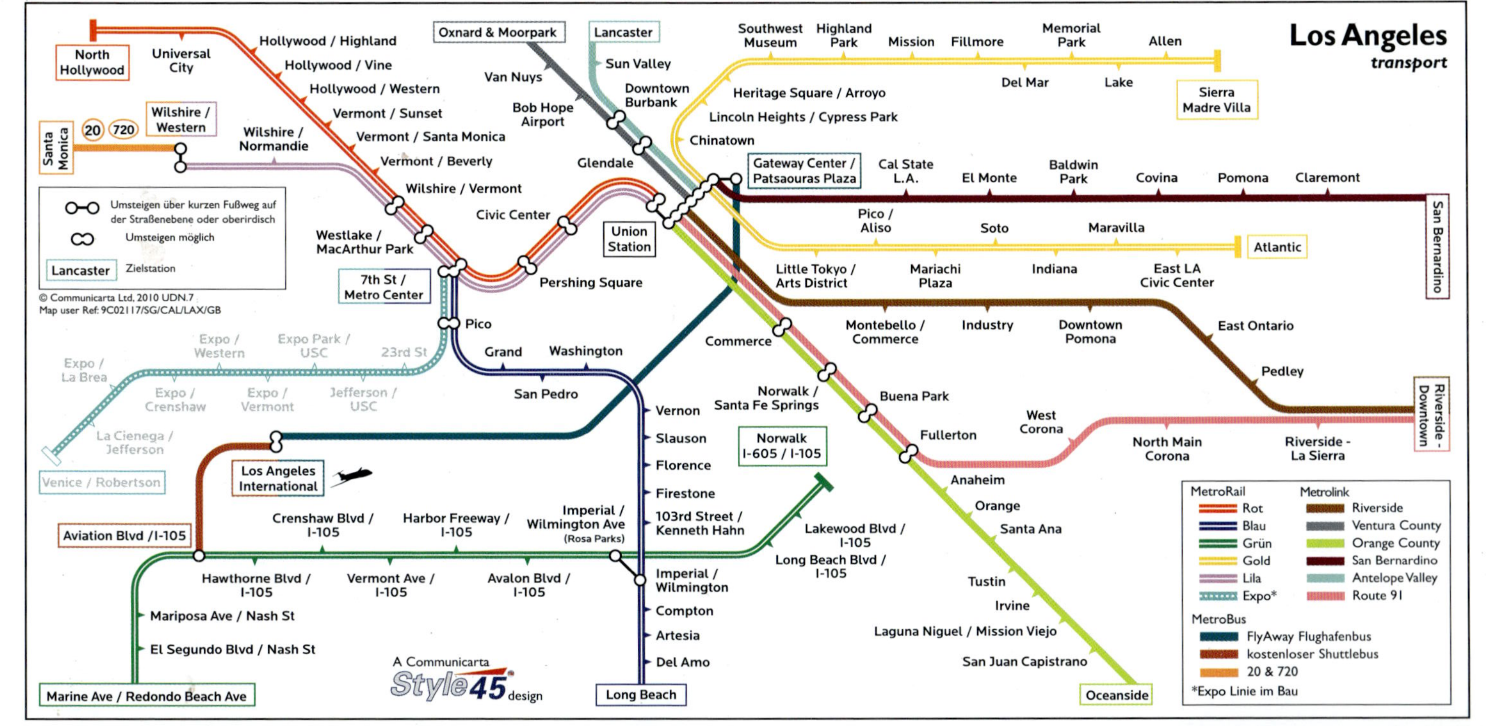

Los Angeles
transport

North Hollywood
Universal City
Hollywood / Highland
Hollywood / Vine
Hollywood / Western
Vermont / Sunset
Vermont / Santa Monica
Vermont / Beverly
Wilshire / Vermont
Civic Center
Wilshire / Normandie
Wilshire / Western
Santa Monica
20 720

Oxnard & Moorpark
Van Nuys
Bob Hope Airport
Glendale

Lancaster
Sun Valley
Downtown Burbank
Chinatown

Southwest Museum
Highland Park
Mission
Fillmore
Memorial Park
Allen
Del Mar
Lake
Sierra Madre Villa
Heritage Square / Arroyo
Lincoln Heights / Cypress Park

Gateway Center / Patsaouras Plaza
Cal State L.A.
El Monte
Baldwin Park
Covina
Pomona
Claremont
San Bernardino

Pico / Aliso
Soto
Maravilla
Atlantic
Little Tokyo / Arts District
Mariachi Plaza
Indiana
East LA Civic Center

Union Station
Pershing Square
Westlake / MacArthur Park
7th St / Metro Center
Pico
Grand
Washington
San Pedro

Umsteigen über kurzen Fußweg auf der Straßenebene oder oberirdisch
Umsteigen möglich
Lancaster   Zielstation
© Communicarta Ltd. 2010 UDN.7
Map user Ref: 9C02117/SG/CAL/LAX/GB

Expo / La Brea
Expo / Western
Expo Park / USC
23rd St
Expo / Crenshaw
Expo / Vermont
Jefferson / USC
La Cienega / Jefferson
Venice / Robertson

Commerce
Montebello / Commerce
Industry
Downtown Pomona
East Ontario
Pedley

Norwalk / Santa Fe Springs
Norwalk I-605 / I-105
Buena Park
Fullerton
West Corona
North Main Corona
Riverside - La Sierra
Riverside - Downtown

Los Angeles International
Aviation Blvd / I-105
Crenshaw Blvd / I-105
Harbor Freeway / I-105
Imperial / Wilmington Ave (Rosa Parks)
Vernon
Slauson
Florence
Firestone
103rd Street / Kenneth Hahn
Lakewood Blvd / I-105
Long Beach Blvd / I-105
Anaheim
Orange
Santa Ana

Hawthorne Blvd / I-105
Vermont Ave / I-105
Avalon Blvd / I-105
Imperial / Wilmington
Compton
Artesia
Del Amo
Tustin
Irvine
Laguna Niguel / Mission Viejo
San Juan Capistrano

Mariposa Ave / Nash St
El Segundo Blvd / Nash St
Marine Ave / Redondo Beach Ave

A Communicarta
Style 45 design

Long Beach
Oceanside

MetroRail
Rot
Blau
Grün
Gold
Lila
Expo*

Metrolink
Riverside
Ventura County
Orange County
San Bernardino
Antelope Valley
Route 91

MetroBus
FlyAway Flughafenbus
kostenloser Shuttlebus
20 & 720

*Expo Linie im Bau